フッサールの倫理学　生き方の探究

フッサールの倫理学

——生き方の探究——

吉川　孝著

知泉書館

凡　例

一　フッサール全集（Husserliana, Martinus Nijhoff/ Kluwer/ Springer, 1950-）からの引用に際しては、巻数をローマ数字で、頁数をアラビア数字で表記する。資料集（Husserliana Materialien）からの引用に際しては、Mat という略号を、記録集（Husserliana Dokumente）からの引用に際しては Dok という略号を用い、巻数をローマ数字で、頁数をアラビア数字で表記する。

一　フッサールの以下の著作・論文からの引用に際しては、略号を用いる。

EU = *Erfahrung und Urteil*, hrsg. von L. Landgrebe, PhB 280, Felix Meiner, 1985.

WW = "Wert des Lebens.Wert der Welt. Sittlichkeit (Tugend) und Glückseligkeit <Februar 1923>", *Husserl Studies* 13, 1997, 201-235.

一　フッサール以外の以下の著作からの引用に際しては、略号を用いる。

USE = Brentano, Franz: *Vom Ursprung sittlicher Erkenntnis*, PhB 55, Felix Meiner, 1969.

PES/2 = Brentano, Franz: *Psychologie vom empirischen Standpunkt.* Band 2. Von der Klassifikation der psychischen Phänomene, PhB 193, Felix Meiner, 1971.

PES/1 = Brentano, Franz: *Psychologie vom empirischen Standpunkt*. Band 1. PhB192, Felix Meiner, 1973.

FW = Fichte, Johann Gottrieb: Fichtes Werke , Walter & Co., 1971.

HGA = Heidegger, Martin: Gesamtausgabe, Vittorio Klostermann. 1975-.

SZ = Heidegger, Martin: *Sein und Zeit*, 19.Aufl. Max Niemeyer, 2006.

PM = Henry, Michel: *Phénoménologie matérielle*, Presses Universitaires de France, 1990.

KW = Kant, Immanuel: Kants Werke Akademie Textausgabe, Walter de Gruyter, 1968.

TIPH = Lévinas, Emmanuel: *La théorie de l'intuition dans la phénoménologie de Husserl*, Alcan, 1930.

TI = Lévinas, Emmanuel: *Totalité et infini*, Martinus Nijhoff, 1961.

RSW/1 = Reinach, Adolf: Adolf Reinach Sämtliche Werke 1, Philosophia, 1989.

PW = Pfänder, Alexander: *Phänomenologie des Willens. Motive und Motivation*, Johann Ambrosius Barth, 1963, 1-121.

VI = Ricoeur, Paul: *Le volontaire et l'involontaire*, Editions Montaigne, 1950.

SGW = Scheler, Max: Gesammelte Werke , Francke/ Bouvier, 1954-1997.

TPP/1 = Taylor, Charles, *Philosophical Papers 1: Human Agency and Language*, Cambridge University Press, 1985.

ELP = Williams, Bernard: *Ethics and the Limits of Philosophy*, Harvard University Press, 1985.

TT = Walzer, Michael: *Thick and Thin: Moral Argument at Home and Abroad*, University of Notre Dame Press, 1994.

一　引用文における〔　〕の内容は、すべて引用者によるものである。

目　次

フッサールの倫理学

——生き方の探究——

序章

哲学は生き方についてどのように語るのだろうか。生き方について哲学的に考えるということは、そもそもどのようなことであろうか。哲学が生き方についての学問であるということに、どれくらいの賛同をえられるのであろうか。

哲学にまつわる通俗的なイメージのなかには、人間の生き方と深いつながりを示すものもある。そのため、人生に対する規範的メッセージを哲学から引きだそうという期待もあるだろう。あるいは反対に、哲学の本来の姿はそのような人生論とは程遠い合理的思考の営みとして、哲学から生き方の問いを退けることもできる。哲学の徹底した合理性は、生き方という曖昧で不確定な事柄を扱うのに適していないのかもしれない。しかし、「よく生きる」ことは古くから哲学のテーマであり、生き方にかかわらない哲学というのも空しいように思われる。哲学と生き方の関係は一筋縄ではいかないようである。

E・フッサール（一八五九―一九三八年）の現象学も、哲学の学問性を重んじる「厳密学」と、生成変化する生の具体性に切り込んでゆく「生の哲学」という二つの顔をもつと言われている。フッサール現象学はもともと、論理学の基礎づけをプログラムに掲げる「学問論」として成立した。無時間的に妥当する論理学的真理の客観性を重んじるとき、個人の状況拘束的な生というのは、問うに値しないものであるばかりか、真理の価値を損ないかねない危険をはらんでいる。しかしながら、フッサール現象学は、生、身体、他者、歴史、受動性などの主題に深くコミットしたことでも知られている。現代思想におけるフッサールは、「生の世界」「間主観性」などの概念を提起した哲学者として評価されてきた。このような二つの側面は、初期の「厳密学」から後期の「生の哲学」への変遷というイメージとともに定着している。(1)

一　本書の問題設定

本書は、フッサール現象学のなかに、生き方についての哲学を見いだそうとする試みである。生き方（＝生）というテーマは、フッサール研究において、ある意味ではありきたりのものである。しかしここでは、これまでの研究ではあまり光があてられなかった観点を採用している。つまり、本書は、フッサールにおける生き方をめぐる探究が、「実践理性の学問としての倫理学」の発展とともに生じたことを示そうとしている。

フッサール現象学は、意識体験が「何かについての意識」という方向性をもつことに注目し、「志向性」という概念を練り上げた。しかも、意識体験の志向性を解明する「志向的分析」は、たんなる心理学的探究を意味するわけではない。志向的分析においては、あらゆる対象性が意識体験において与えられる様式が明らかにされる。たとえば、世界内に実在する対象と想像上の対象とは、それぞれ異なった与えられ方の様式をもっている。そのような対象が意識のなかで構成される様式を記述するという課題は、「構成分析」と呼ばれている。現象学的構成分析はさらに、実在的対象についても、それが現実に（真に）存在する場合とそう見えるにすぎない場合とを区別するのであり、「現実性」や「真理」の構成をめぐる認識論的課題に本格的に取り組むことになる。このように、志向的分析は認識論的問題を中心とする哲学的問題への取り組みであり、フッサール現象学においては、「志向性」があらゆる哲学的問題を解決する場となっている。

本書は、ある時期からのフッサールが、認識論的問題のみならず、倫理学をめぐる諸問題をも現象学的に探究していることを明らかにする。その倫理学は、価値や善という対象性やそれらにかかわる感情や意志などの志向的体験を主題として、道徳的判断の正当性や行為の善さなどの倫理学的問題を探究することが予想されるだろう。フッサールが倫理学を「実践理性の学問」と特徴づけるときには、志向性のなかに「実践的合理性」を見いだしている。「理論理性」というのが、「真理」にかかわる志向的体験の合理性のことを意味するのに対して、「実践理性」というのは「善」にかかわる志向的体験の合理性を示すことになる。実践理性の現象学の課題は、善さにかかわる志向的体験の特徴を明らかにすることである。しかも、「生き方の探究」においては、「善き生き方」をめぐる志向性が主題化されなければならない。その志向性というのは、ある個人が自己の生を主題として、何らかの評価を下したり、その評価に基づいた実践を行ったりするプロセスにかかわるものである。生き方についての現象学的探究もまた「志向性」に根ざして行われるが、認識論や一般的な倫理学の問題への取り組みには収まらない特徴をもつことになる。(2) あらかじめ見通しをつけるために、その特徴をあげておくならば、次のようになる。
1　生き方についての志向的分析の第一次的主題は、自己の生である。したがって、そこで焦点があたる志向性の様式というのは、自己へとかかわるものであらねばならない。道徳的・実践的問題が考察されていても、何らかの世界内の出来事（被災地に義援金が集まること、自殺者が減少すること）の善悪やその根拠を問うかぎりでは、まだ生き方の探究にはならない。
2　生き方の探究は、自己の生の全体性を視野に入れたものとなる。たしかに、一つの行為を取りだして、その善悪や根拠を問うことは、倫理学の問題であるかもしれない。しかし、単独の行為（赤信号を渡る、子供を虐待する）の善悪の検討は、それだけではまだ生き方の探究を意味するわけではない。ある行為が問題になるとしても、生の全体との関連が視野に入らないかぎりでは、生き方の問題へと展開することはない。

３　自己の生にかかわる評価・判断は、当事者の個別的な状況に拘束される可能性がある。したがって、生き方の探究は、価値の客観的妥当性を求めるよりも、自己の主観的観点における評価になることを排除しない。人命を救助することが客観的に価値あることだとしても、生き方の問題としてはそれを避けるということも考えられる。自己にとって大切なものとしての価値が主題化されないかぎり、生き方を問うことはできないだろう。

自己の生き方にかかわる志向性の現象学的探究は、「実践理性の学問としての倫理学」の名のもとに行なわれる。フッサール現象学が生き方という主題に向き合うときにも、理性論であることを放棄するわけではない。したがって、「厳密学」が「生の哲学」にとって代わられるわけではなく、厳密学が生き方について取り組むまでにその射程を拡大・変更するのである。フッサール現象学は、生き方の問題をあくまでも「理性論」の発展のなかで考察しており、自己が生き方にかかわることの合理性を示すだろう。生き方にかかわる合理性というのは、論理学的認識の合理性や通常の道徳判断の合理性に解消されることはない。フッサール現象学の現代的意義の一つは、生き方をめぐる探究を理性論の枠組みのなかで試みたことにある。本書は、現象学が生き方の問いにコミットすることで、どのような変貌を遂げ、どのような合理性を見いだすことになるのかを明らかにする。そうすることで、生き方を哲学的に探究することの意義や困難が間接的にでも示されるならば、本書の目的は達せられたことになる。

二　フッサールの倫理学

「フッサール倫理学」というと、馴染みのないものであるばかりか、不適切なものと思われるかもしれない。このテーマは、フッサール研究者のあいだでも無視されるか、取り上げられても脇に置かれているにすぎなかった。(3)フッサールについての概説書などにおいても、倫理学という項目を設けているものはかなり少ないように思われる。(4)M・シェーラーは『倫理学における形式主義と実質的価値倫理学』(一九一三／一六年)を公刊し、その立場は二〇世紀を代表する倫理学説として認知されている。彼の「現象学的倫理学」は、倫理学の歴史に確固たる地位を占めたのに対して、フッサールは倫理学の著作を公刊しているわけでもない。フッサール倫理学の動向に焦点を合わせる研究の意義は、それほど自明なものではないかもしれない。

もっとも、彼のいくつかの著作においては、倫理学的モチーフがはっきりと表明されており、とりわけ後期の『形式的論理学と超越論的論理学(FTL)』、『デカルト的省察』、『ヨーロッパ諸学の危機と超越論的現象学(危機)』では、現象学が実現する「哲学の理念」への言及において、「自律」(I, 47; VI, 272)や「自己責任」(I, 47; VI, 200; 272; XVII, 9; 285 Vgl. auch, V, 162)という概念が用いられている。とはいえ、これらはときにフッサールの個人的心情の吐露とも受け止められてきたようである。つまり、これらの概念を伝統的な倫理学の文脈において検討することも、現象学的意識分析との関係を明らかにすることも、ある時期まであまり試みられてこなかった。(5)

しかしながら、八〇年代の後半から新しい資料が公刊されるにつれて、フッサールが「論理学の基礎づけ」と並んで「倫理学の基礎づけ」をもみずからの現象学の課題と見なし、「倫理学」の問題にかなり早い時期から取り組んでいることが明らかになってきている。*Husserliana*（フッサール全集）として、一九八八年にゲッティンゲン時代の講義を収めた第二八巻『倫理学と価値論についての講義（一九〇八―一九一四年）』、一九八九年には『改造』論文の全体が収められた第二五巻『論文と講演（一九二二―一九三七年）』、二〇〇二年には二〇年代初頭の講義や講演が収められた第三五巻『哲学入門』、二〇〇四年にはフライブルク時代の講義を収めた第三七巻『倫理学入門』が刊行された。さらには一九九七年には、『フッサール研究（*Husserl Studies*）』誌に、「生の価値、世界の価値、道徳（徳）と幸福（一九二三年二月）」草稿が発表されている（ww）。さらに刊行予定のものとしては、『悟性、心情、意志。意識の構造の研究』、『現象学の限界問題』があり、前者は感情や意志の志向性の具体的分析として、後者は倫理学の延長線上にある目的論や神学の問題を検討する資料として、貴重なものとなるだろう。(6)

それらの資料によって、現在のところ、おもに一九〇二年から一九二四年までのフッサールの倫理学への取り組みを追跡できるようになっている。本書は、そうした資料に基づく文献研究を試みながら、フッサール倫理学の発展を描きだすことになるだろう。

三　フッサール現象学における倫理学の位置

本書の射程はフッサールの倫理学に限定されるわけではなく、フッサール現象学全体にかかわっている。フッサールによる倫理学的問題への取り組みは、特定の領域内に収まるものではなく、現象学そのものの在り方と深くかかわっている。ゲッティンゲン時代（一九〇一―一六年）における『論理学研究（論研）』（一九〇〇―〇一年）から『純粋現象学および現象学的哲学のための諸構想第一巻（イデーンI）』（一九一三年）への移行は、倫理学が現象学の内部で確立されて行くプロセスである。前者は倫理学を扱う枠組みをもちあわせていなかったのに対して、後者は倫理学をも一部に組み入れる体系を確立している。フライブルク時代（一九一六―二六年）には、倫理学の問題への取り組みをめぐって、かなりはっきりとした立場の変更が行われている。ゲッティンゲン時代の倫理学は生き方を問うことができなかったが、フッサールは自己批判を加えて、一九二〇年代初頭には生き方を探究する倫理学の大枠を完成させている。こうしたフライブルク時代の倫理学の成果は、ロンドン講演（一九二二年）や『改造』論文（一九二二―二四年）において公表されている。しかもこのような変化は、現象学全体の意味と可能性への再考をうながし、現象学そのものにおける倫理学の役割を拡大させている。つまり、フッサール現象学全体が、倫理学的問題設定を機軸に動くようになり、現象学そのものの倫理学化・実践哲学化が進んでいる。本書はこのような変化を「倫理学的転回」[7]と特徴づけ、その意味と可能性を検討することになるだろう。

本書はフッサール哲学の発展史に、倫理学という視座を導入している。そうすることで、従来のフッサール研究において取り上げられていたトピックにも新たな知見を加えることを意図している。たとえば、『イデーンI』においてノエシス・ノエマ論が成立していることはよく知られているが、本書はここに倫理学的問題への関与を指摘することになる。判断論や知覚論だけではなく、意志や評価の現象学的分析の成果を考慮しなければ、『イデーンI』の意義は明らかにできない。さらには、これまで静態的現象学から発生的現象学への移行と特徴づけられてきた時期（一九一〇年代後半から二〇年代前半）について、本書は、現象学そのものの倫理学的転回という別の視座を提起することになる。そうすることで、一九二〇年代の現象学（や晩年の著作）の可能性について、従来とは異なる理解を提起することになるだろう。[8] 一九二〇年代のフッサール現象学が、倫理学的転回という大きな変化を成し遂げるとともに、習慣性などの発生的現象学の概念を用いた倫理学的考察を行い、豊かな成果をあげていることが確認できる。(9) このように、倫理学に目を向けることは、フッサールの哲学的発展を見通すための一つの豊かな視座を設定するはずである。

四　研究方法

本書の研究方法の特徴をあらかじめ示しておくことにする。

本書は、フッサールのテキストを読み解いて行くにあたり、現象学の問題設定、方法、概念などに大きな注意をはらうことになる。もともと、現象学の出発点においては、真理の客観性を念頭において、それに関連する論理学的体験の解明がなされていた。客観的な真理が体験される意識様式とは、どのようなものであろうか。このような問題設定のなかで、志向性、体験、明証、本質分析などの現象学の根本概念や方法が形成されている。とすれば、フッサール現象学は、倫理学において、どのような問題をたて、どのような方法や概念を用いているのだろうか。さらには、それがどのように生き方の探究につながるのだろうか。本書は、そのような関心からフッサールのテキストを追跡している。フッサールが事象を分析しているときには、その分析の前提としてまずは問題設定や根本概念の形成がそれなりになされている。生き方というトピックにしても、事象としてはいつでも見いだされうるのであるが、それにふさわしい問題設定（倫理学）や根本概念（志向性）の定式化が不十分であるために、当初は現象学的分析の視野に入ることはなかった。したがって、事象そのものが生き方の現象学を要請したというよりも、問題設定、概念形成、方法論などが、生き方を探究の主題として浮かび上がらせることになる。(10)

本書は、公刊された著作や論文、生前に行われた講演などを重要視している。それらのなかでは、フッサール自身によって承認された「公式」の見解が表明されていることは言うまでもない[11]。たしかに、未公刊の草稿にもフッサール現象学の可能性を引きだすような記述が含まれており、そうしたテキストの内容を明らかにする意義は小さくない。その一方で、フッサール研究においては、フッサールの草稿の断片を恣意的に組み合わせ、生の哲学者、身体の哲学者、無意識の哲学者、論理主義者、実在論者などのさまざまなフッサール像を築く研究が行われやすい。しかし、講義録や草稿は、フッサールの一時的な思索の流れを反映しているだけの可能性も否定しきれず、それらを過大評価してはならない。講義や草稿を利用するのは、基本的には、それらが公刊されたテキストの読解に寄与する場合にかぎりたい。著作で解決されなかった問題の最終解決や著作とは大きく異なる見解を、草稿だけに依拠して組み立てることは慎まなければならない。そうすることで、フッサール像を恣意的に構築することを避けることができるだろう。

本書は、フッサール現象学の発展のゆるやかな年代記的追跡を試みようとする。そのなかで、現象学としてのフッサールの哲学が成立しつつある一八九〇年代から、『論研』（一九〇〇―〇一年）や『イデーンⅠ』（一九一三年）という二つの主著の公刊を経て、フッサールの倫理学がいちおうの到達点に至る『改造』論文（一九二二―二四年）までの流れが明らかになる。「ゆるやかな」としているのは、年代順に追跡することが有効でない場面があるためである。たとえば、『イデーンⅠ』から二〇年代にかけての時期は、それほど多くの資料が公刊されているわけではなく、詳細な年代記的研究を行うことができない。また、『イデーンⅠ』のような公刊著作と同時期の講義・草稿などとのあいだに、異なった見解が見いだされることもある。そうしたとき、『イデーンⅠ』には反映されていない同時期の成果を、『イデーンⅠ』以後の思想圏との関連で検討することもある。生前に発表されたテキストを重視するという研究方針は、編年体の論述の流れと重なるわけではない。

フッサール倫理学（さらにはフッサール現象学）の可能性と限界を検討するにあたって、フッサール以外の哲学者にも目を向けている。フッサール倫理学の成立に強い影響を与えたF・ブレンターノはもちろん、フライブルク時代のフッサール現象学に大きな意味を持つI・カントやJ・G・フィヒテなどのドイツ観念論が、本書の主題に関連するかぎりで取り上げられる。現象学運動の担い手であるシェーラー、A・ライナッハ、A・プフェンダー、D・フォン・ヒルデブラントなどのミュンヘン・ゲッティンゲン学派は、『論研』のフッサールから強い影響を受けて、感情、行為、意志などを現象学的に解明している。彼らとフッサールとを比較することで、現象学的倫理学のなかでのフッサールの独自性を際立たせることができるだろう。また、ブレンターノを起源とする初期の現象学的倫理学について、共通の手法、認識、立場などを明らかにすることにもなるだろう。[12] さらには、フッサール以後の現象学者であるM・ハイデガー、M・メルロ＝ポンティ、P・リクール、E・レヴィナス、M・アンリなどに目を向けることで、フッサール現象学の可能性や限界を検討することも重要である。彼らはフッサール現象学から大きな影響を受けながらも、その主知主義的傾向を批判することで共通している。彼らのフッサール批判に目を向けて、行為、感情、他者関係などについて考察することは、フッサール倫理学の可能性と限界を検討するための格好の素材となるだろう。また、フッサール倫理学の基本的な立場は、英米圏を中心とする現代の倫理学・社会哲学における議論を参照することで、よりはっきりしたものになる。本書では、C・テイラー、B・ウィリアムズ、M・ウォルツァーなどを引き合いにだしながら、フライブルク時代のフッサール倫理学の可能性を探ろうとしている。

五　先行研究

以下において、フッサール倫理学という分野におけるおもな先行研究を概観したうえで、本書との研究手法や立場の違いについて確認しておきたい[13]。

先駆的業績となるのは、一九六〇年に発表されたA・ロートの『エトムント・フッサールの倫理学的研究』[14]である。この研究書は、フッサール倫理学がほとんど知られていない時代に、関連する資料の全体を概観したものである。そこでのテキストの読解は正確であるし、倫理学史と向かい合うフッサールに焦点をあてるという特徴をもっており、いまなお有益なものであり続けている[15]。しかし、ロートの研究は、次の二つの点で限界をもっている。第一に、フッサールの倫理思想の発展における時代区分を行っておらず、ゲッティンゲン時代（一九〇一―一六年）とフライブルク時代（一九一六―二六年）とのかなり異なった二つの立場を混同している。第二に、ロートの研究は、基本的には未公刊の講義や草稿に限定されているため、フッサールの倫理思想が公刊された著作や論文（さらにはフッサール現象学全体）とどのように関連するのかが示されていない。これらの点から、ロートの研究は、フッサール研究全体に対して、それほど大きな影響力をもつことはなかった。

全集第二八巻が公刊されてから、フッサール倫理学に関する研究はしだいに進んでいく[16]。編集者でもあるU・メレが一連の論文を発表し、この分野についての本格的な研究の道を拓いている[17]。メレの最大の功績は、フッサールの倫理学を「ゲッティンゲン倫理学」と「フライブルク倫理学」とに区分し、その相違を指摘した点である[18]。ゲッティンゲン倫理学は、ブレンターノの影響下のもとで、理論的意識との類比のうえに情緒的・実践的意識の合理的な機能様式を考察するとともに、「形式的論理学」に並行する「形式的倫理学」の根拠づけを目指している。これに対して、フライブルク倫理学は、フィヒテの影響下にあり、ゲッティンゲン時代の合理主義を批判的に克服することで、人格的生の愛の概念を重視する。未公刊草稿を引用するメレの研究は、資料として高い価値が見いだされるものも多いが、フライブルク倫理学の特徴づけに問題点が見いだされる。というのも、メレは、フッサールが一貫して「実践理性の学問」としての倫理学を構築しようとしたことを見落としているからである。たとえば、「理性から愛へ」[19]という論文のタイトルは、フライブルク倫理学が実践理性の現象学的定式化を放棄したかのような印象を与えている。しかし、本書の立場からすれば、ゲッティンゲン倫理学からフライブルク倫理学への移行は、前者の主知主義・理論理性の優位が解体され、実践理性が包括的な射程を獲得してゆくプロセスであって、主知主義の克服は理性論の放棄や限定を意味するわけではない。

J・G・ハートは、『人格と共同の生　フッサール社会倫理学の研究』(一九九二年)やそのほかの論文で、フッサール倫理学をふまえた研究を展開している[20]。その研究は、狭義での倫理学に限定されることなく、共同体、宗教、文化、神などとの結びつきを視野に入れたものである。そのような試みは、フッサール現象学のなかから、社会哲学、宗教哲学、文化哲学、哲学的神学への展望を引きだそうとしており、きわめて示唆に富んだものになっている。しかし、本書は、フッサール倫理学の中核を「社会倫理学」ではなく「個人倫理学」に見いだしており、研究の方向性を異にしている。

ノエマ論の本格的な研究で知られるJ・J・ドラモンドも、一九九〇年代の半ばからフッサール倫理学に関連する研究に取り組み、優れた成果をあげている[21]。ドラモンドは、アリストテレス、イギリス経験論、カントなどの倫理学との対比のなかで明確な論点を提起している。とりわけ、カントの尊敬感情論やアリストテレスの徳倫理との関連においてフッサールを理解する試みは、倫理学全般におけるフッサールのスタンスや意義を考えるうえできわめて重要な意味をもつであろう。しかし、ドラモンドの研究は、フッサール倫理学の発展を見据えてその全体像を視野に入れたものではない。

C・シュパーンは『現象学的行為論　倫理学についてのエトムント・フッサールの研究』[22]（一九九六年）において、フッサール倫理学の全体像に目を向けている。本書では扱うことのできなかったディルタイとの関連、間主観性論にかかわる倫理学などの示唆に富む指摘がなされている。しかし、フッサール倫理学の重要な資料が未公刊だった時期に出版されているため、とくに一九二〇年代のフッサール現象学の特徴づけに関して不十分な点がある。そのため、倫理学が現象学全体にもたらした影響（倫理学的転回）を指摘するには至っていない。

J・ドノホーは『フッサールにおける倫理と相互主観性　静態的現象学から発生的現象学へ』[23]（二〇〇四年）において、発生的現象学との関連という観点からフッサールの倫理学に本格的に取り組む研究を行っている。さまざまな資料を駆使した研究は、フッサール倫理学における重要なテーマに言及している。しかし、その研究は、発生的現象学や間主観性という既存のテーマを踏まえたうえで、そこにフッサールの倫理学の成果を継ぎ足しており、倫理学的考察そのものがフッサール現象学を変貌させた可能性について検討していない。

山口一郎は『人を生かす倫理――フッサール発生的倫理学の構築』[24]（二〇〇八年）において、フッサール倫理学に根ざした研究を展開している。その研究は、おもに全集第三七巻の「倫理学入門」講義に焦点をあてており、一九二〇年代の発生的現象学の枠内での倫理学の可能性を追求している。フッサール倫理学を検討する時代やテキストや問題設定などがあらかじめ限定されており、フッサール倫理学の全体に向きあったものではない[25]。

シレス・イ・ボラスは『フッサール現象学の倫理　責任と倫理的生』[26]（二〇一〇年）において、現象学そのものの倫理性に焦点をあてた研究を展開している。この研究は、フッサール倫理学のもっとも重要な論点に切り込んでおり、自己責任という倫理学的含意をもった無前提性の要求がフッサール現象学を貫いていることを指摘している。しかし、フッサール現象学のなかに倫理学の可能性を探っている試みではない。

後藤弘志は『フッサール現象学の倫理学的解釈　習性概念を中心に』[27]（二〇一一年）において、フッサールの倫理学のなかに徳倫理学を見いだす試みをしている。フッサールの「人格」の概念の発展を追跡したうえで、「習性」の機能のなかに徳の形成の可能性を探っている。発生的現象学との関係についての本格的な研究のなかで、フッサール倫理学を徳倫理学と位置づけたことは大きな意味をもつであろう。これに対し、本書は徳倫理学という観点からフッサール倫理学を概観したものではない[28]。

このほかにも、倫理学との関連において「実践」[29]、「意志」[30]、「人格」[31]、「感情・価値」[32]などのトピックを扱ったものもある。『改造』論文を扱った論文だけでも、筆者が知るだけでもかなりの数がある[33]。フッサールの立場を倫理学史に位置づける試みとして、カント倫理学との関連を扱うものやアリストテレス倫理学との関連を論じたものなどがある[34]。

本書は、以上のような先行研究を踏まえながら、フッサール倫理学の全体像についての文献研究を行っている。具体的には、一八九〇年代から一九二〇年代前半までのフッサール現象学の発展を、生き方についての倫理学の確立という観点から追跡している。そこでは、論理学の認識論的基礎づけという理論理性の問いから出発したフッサールが、実践理性の学問としての倫理学を確立するプロセスのなかで、みずからの現象学そのものの意味を変化させていることが明らかにされる。フッサールの倫理学的立場の妥当性・有効性は、ミュンヘン・ゲッティンゲン学派、ハイデガー、レヴィナス、リクール、アンリなどの現象学者、テイラー、ウィリアムズ、ウォルツァーなどの現代倫理学との関連において検討されている。

註

（1） Held 1985; 1986; Zahavi 2003.

（2） フランクファートは、「いかに生きるべきかという問いに対して、道徳性はごく限られた不十分な回答を与えるにすぎない」と、生き方の問いが道徳的問題と重ならないことを指摘している（Frankfurt 2004,7）。

（3） Siles i Borras 2010, 1; Spahn 1996, 230.

（4） たとえば、代表的な概説書やアンソロジーにも、倫理学にかかわる章や項目は設定されていない（Held 1985; 1986; Waldenfels1993; B. Smith/D. W. Smith 1995; Bernet/Kern/Marbach 1996; Zahavi 2003）。しかし近年では、概説書（D. W. Smith 2007; Mayer 2009）や論文集（Vandevelde/ Luft 2010）などに、倫理学の項目が設けられたものがある。さらには、現象学的倫理学にかかわる論文集も編集されている（Hart/Embree 1997; Drummond/Embree 2002; Centi/Gigliotti 2004）。

（5） いくつかの例外もある（Hoyos Vasguez 1976; Held 1989; Kuster 1996）。

（6） *Verstand, Gemüt und Wille. Studien zur Struktur des Bewusstseins.* および *Grenzprobleme der Phänomenologie*。ともに *Husserliana* として Springer 社から刊行される予定である(Mitteilungsblatt für die Freunde des Husserl-Archivs Nr.33 (2010), Online available (http://www.hiw.kuleuven.be/hiw/eng/husserl/)。

（7） 筆者は「倫理的転換」（吉川 2006）と呼んでいたが、現象学そのものの特徴づけにかかわる変化という意味を込めて「倫理学的転回」に統一する。

（8） 発生的現象学の成立と倫理学的転回との関連をめぐる考察の必要性も生じることになるだろう。発生的現象学の成立がはじめにあって、そのような転回を可能にしたのだろうか、あるいは、倫理学的問題設定が拡大することで発生という観点が導入されたのであろうか。榊原は、発生的現象学が転回を準備したと述べている（榊原 2008）。シレス・イ・ボラスは、無前提性や自己責任への志向という現象学の倫理学的モチーフが、起源への発生的解明を動機づけたとしている（Siles i Borras 2010）。この点については、本格的に検討することはできなかったが、本書は後者に親近性を見いだしている。

（9） とりわけ、後藤（後藤 2009a; 2011）やドラモンド（Drummond 2010）は、徳倫理の成立を見てとっている。

（10） 本書が明らかにするように、フライブルク時代の現象学において大きな意味をもつ「志向性の情緒的性格」や「習慣性」などの事象は、すでに一八九〇年代のフッサールの視野に入っている（第一章）。そのような事象について、フッサールは先現象学的・心理学的水準においてはじめから熟知していた。しかし、現象学を確立するさいに、そのような事象は現象学的問題設定と結びつかないために、現象学の水準からあえて捨象されている。それらがふたたび現象学に導入されるためには、現象学の問題設定、根本概念、方法などが変更されねばならない。本書はそのような観点において、フッサール現象学の変貌を追跡することになる。

（11） フッサールの著作、論文、講演のうち、本書で検討されるものを挙げると、次のようになる。

一八九四年　『哲学月報』誌「基礎論理学のための心理学的研究」（XXII, 92-123）
一九〇〇年　『論研』第一巻（XVIII）
一九〇一年　『論研』第二巻（XIX/1-2）
一九一一年　『ロゴス』誌「厳密学としての哲学」（XXV, 3-81）
一九一三年　『イデーンⅠ』（III/1）
　　　　　　『論研』第二版（XVIII-XIX/1-2）
一九一七年　講演「フィヒテの人間の理想」（XXV, 267-293）
一九二二年　ロンドン講演「現象学的方法と現象学的哲学」（XXXV, 58-60; 68-73; 75-85; 91-93; 267-277; 280-284; 292-307; 311-340）
一九二三年　『改造』誌「革新、その問題と方法」（XXVII, 3-13）
一九二四年　『改造』誌「本質研究の方法」（XXVII, 13-20）、「個人倫理学の問題と革新」（XXVII, 20-43）
一九二九年　『FTL』（XVII）
一九三一年　『デカルト的省察』（I）
一九三六年　『フィロソフィア』誌「危機」（VI）

（12） 「（広義での）現象学派の倫理学」の土俵から、シェーラーの倫理学も成立している。H・G・ガダマーは、フッサールの倫理学関連の草稿を念頭に置きながら、「シェーラーはフッサールの足跡をたどっている」（Gadamer 1987, 204f.）とすら述べている。

(13) 関連するトピックに関する文献を含めると膨大な数にのぼるため、フッサール倫理学という分野の文献に限定している。
(14) Roth 1960.
(15) ロートに依拠した研究が日本で行われている（小倉 1970; 遠藤 1973; 田中 1975; 深谷 1991）。
(16) 日本でも、以下のような研究がはやくから行われている（森村 1990; 堀 1992; 1993; 水谷 1992）。
(17) Melle1988;1989; 1990; 1991; 1992; 1995; 1997; 2002; 2004.
(18) Melle 1991. ただし、後には一九〇八―一四年、一九二〇―二五年、一九三〇―三五年の三つの時期を区別している（Melle 2002）。
(19) Melle 2002.
(20) Hart 1986; 1990a; 1990b; 1992a; 1992b; 1992c; 1993; 1994; 1995; 1997; 2003; 2006.
(21) Drummond 1995; 2006; 2008; 2010.
(22) Spahn 1996.
(23) Donohoe 2004.
(24) 山口 2008.
(25) 吉川 2009b.
(26) Siles i Borras 2010.
(27) 後藤 2011. これに先んじてドイツ語版が公刊されているが（Goto 2004）、詳しく検討することはできなかった。
(28) 本書もフッサール倫理学のなかに徳倫理学の側面を見いだしているが、その意義を限定的なものと考えている。本書の第八章において、「職業的生」と「倫理的生」を区別するが、徳倫理は前者の水準にあるように思われる。しかし、理性論としてのフッサール倫理学の終着点は後者にある。
(29) Sepp 1997; Lee 2000; Brainard 2007; Peucker 2008a.
(30) Nenon 1990; Melle 1992; Mertens 1998; 吉川 2005; Vargas Bejarano 2006; Peucker 2008b; 八重樫 2007a; Ferrarello 2010.
(31) Cho 2001; Beyer 2008; Poli 2008.
(32) Schumann 1991; Mulligan 1998; 2004; Crowell 2005; 吉川 2007b; 中山 2009; Fröhlich 2011.

（33） Welton 1991; Orth 1993; Sepp 1994; Steinbock 1994; 森村 1998; Gmainer-Pranzl 2001; Caygill 2005; 吉川 2006; 2007a; ヘイナマー 2008; Gubser 2009; 八重樫 2010.

（34） アリストテレス倫理学（Hart 2003; Drummond 2002; 吉川 2008）、カント倫理学（Funke 1983; Prechtl 1991; 工藤 2000; 2009; Crowell 2002; Cobet 2003; Peucker 2007; Luft 2007; Loidolt 2009; Rinofner-Kreidl 2010）、ブレンターノ倫理学（Melle 1989; Gubser 2009）、イギリス経験論（Drummond 1995; 後藤 2009b; 島田 2009a; 2009b; 2010）、マッキーやロールズなどの現代倫理学（八重樫 2009; Steele 2010）。

第一章　感情としての志向性

――ブレンターノの倫理学と一八九〇年代の志向性理論

この章では、フッサールの倫理学を本格的に検討するに先だって、まずはフッサールの師でもあるＦ・ブレンターノの倫理学に遡り、その基本的な立場を確認したい。ブレンターノによる「心的現象」の志向的性格の指摘が、フッサールの志向性概念に受け継がれた経緯はよく知られているが、倫理学においても、ブレンターノはフッサールやシェーラーに大きな影響を与えている。ブレンターノの『道徳的認識の起源について』（一八八九年）は現象学的倫理学の起源であり、その基本的発想を確認することは、今後の論述に大きな意味をもつであろう。さらにそのうえで、フッサールがブレンターノの影響のもとで独自の現象学を形成しつつある一八九〇年代のプロセスを見渡すことにする。フッサール現象学が成立するのは『論研』（一九〇〇―〇一年）であり、それ以前には「志向的性格」の概念をブレンターノから受け継ぎながらも、志向性が現象学の根本概念にまで練り上げられていない。現象学の成立に先立つ時期において、意識の志向的性格はどのようなものと考えられていたのか、そこにはどのような問題点が含まれているのか、倫理学と関連の深い「感情」「関心」という意識がどのような位置を占めているのか。そうしたことがここで問題になるだろう。

一　ブレンターノにおける心的現象

ブレンターノは『経験的立場からの心理学』（一八七四年）の第一巻において、心理学の研究領域である「心的現象」を自然科学の研究領域である「物的現象」から区別するために、いくつかのメルクマールを挙げている。そのなかでもとりわけ重要なのは、心的現象の志向的性格の指摘であり、以下の箇所はかなりよく知られている。

すべての心的現象は、中世にスコラ学者たちが、対象の志向的（ないしは心的）内在と呼んでいたものによって特徴づけられ、さらには多少なりとも曖昧な表現であるが、内容への関係、客観（ここでは実在の意味で理解すべきではない）への方向、もしくは内在的対象性とわれわれが呼ぼうとするものによって特徴づけられている（PES/1, 124）。

どのような心的現象も、何かを客観としてそれ自身のうちに含んでいるのであり、表象においては何かが表象され、判断においては何かが判断され、愛においては何かが愛され、憎しみにおいては何かが憎まれ、欲求においては何かが欲求されている。このように心的現象は客観へと方向づけられ、関係しているのであり、客観への方向性や関係性という特性をもっている。(1)

このような志向的内在は心的現象に固有の特性であって、物的現象はこのような特性を示されない。それゆえ、心的現象とは、志向的に対象をそれ自身のうちに含む現象であると、定義できる（PES/1, 124）。

ブレンターノはこうした心的現象を、「第一類を表象と名づけ、第二類を判断と名づけ、第三類を心情活動、関心あるいは愛と名づける」というように、志向的関係の様式に応じて三つのクラスに分類している（PES/2, 33）。とりわけ『経験的立場の心理学』第二巻の「心的現象の分類について」においては、三つのクラスの分類が詳細になされている。

第一類の「表象」は、「精神活動を何らかの方法で、表象されないものに関係させることは不可能である」（PES/2, 34）とされるように、あらゆる心的現象の基礎にあり、その志向的性格の実質を形成している。「判断や愛はつねに表象をみずからのうちに含んでいる」（PES/2, 127）というように、心的現象が志向的関係をもつのも、基礎にある表象のうちで何かが表象されるからである。表象は、他の意識様式の根底にあるゆえに「最も独立的なもの」であるし、心的現象の全般にかかわるゆえに「最も普遍的」である（PES/2, 127）。第二類の「判断」は、表象において表象されたものを「真として承認する、偽として拒絶すること」（PES/2, 34）であり、これによってたんに表象されたものが「真なるもの」や「偽なるもの」という意味を担うことになる。こうした判断の次元においては、承認と拒絶という対立する意識様式が見いだされ、そのような対立をもたない表象から区別される。第三類の「心情活動」は、判断と同じように、表象されたものに対してある種の承認と拒絶を行うものであり、その機能は「愛」と「憎しみ」と見なされている。

愛と憎しみが表象現象に結びつくことで〔……〕道徳的善悪が精神活動の領域に出現する（PES/2, 67）。

心情活動は、たんに表象されたものに、善や悪という意味を授けることになる。このクラスに位置づけられているのは、「愛と憎しみ」「関心」「願望、希望、意志決定」などの意識である（PES/2, 35）。ブレンターノは、感情と意志とを区分するカント的伝統に逆らって、それらを一つのクラスにまとめている。そして、認識・意志・判断力（感情）の三分法に代わって、表象・判断・心情活動の三分法（あるいは、表象という基礎のうえでの判断と心情活動の二分法）を提起している。(2)

このように「表象」を基礎としてそこにさらに「判断」や「心情活動」が形成されることで、真偽や善悪が問題となる。このような発想は「あらゆる心的現象は表象であるか、表象を基礎にもつかのいずれかである」という志向的性格の理論に根拠づけられている。

二　ブレンターノにおける心情活動の合理性

倫理学にとって重要な意味をもつのは、言うまでもなく第三類の心的現象である。『道徳的認識の起源について』で展開されるブレンターノ倫理学の基本課題は、心情活動という心的現象に依拠して、善悪の概念の起源を探究することにある。したがって、ブレンターノは善悪の概念の起源を、理論的意識としての認識や判断、つまり「悟性」ではなく、愛や憎しみとも呼ばれる「感情」のうちに見いだしている。そのうえでブレンターノは、「〔倫理学の〕基礎に感情が関与していると信じた人々のうちで、このように原理的かつ完全に、倫理学上の主観主義と絶縁した者は誰もいない」（USE, 4）と自負している。したがって、その最大の特徴は、善悪の起源を感情に求めながらも、それが主観に相対的であるという発想を、可能なかぎり退けた点にある。

ブレンターノが善悪の起源と見なす感情というのは、非合理な感性的感情ではなく、何らかの秩序や法則や合理性を担ったものである。この点において、「愛が現実に生じることでただちに愛に値するものを生みだすわけではない」（USE, 20）というように、ブレンターノがたんなる愛という感情の内容（愛されるもの、愛されうるもの）を「愛に値するもの」から区別していることは大きな意味を持っている。善というのは、たんなる愛によって愛されるものではなく、適切な愛によって愛されるもの、すなわち「愛に値するもの」とされる。

〔判断において〕何かに関する承認が適切であるならば、われわれはその何かを真と呼ぶ。何かに関する愛が適切であるならば、その何かを善と呼ぶ。適切な愛によって愛されうるもの、愛に値するものが、最も広い意味での善である（USE, 19）。

ここでは、判断や愛のなかには「適切（richtig）」と形容されるものがあり、そうした判断や愛が真や善に関係すると見なされている。そのような意識が「適切」と性格づけられるかどうかは、そこに明証があるかどうかにかかっている。判断における明証的、洞察的なものの例としては、「矛盾律」に関わるものや「内的知覚」に基づくものなどが挙げられる。そのような明証的判断のうちには、盲目的判断にはない「ある内的優位」（USE, 13）が見いだされる。つまり、判断を下す者は「双方の判断様式の区別」を「みずからのうちで経験する」（USE, 21）のである。したがって、判断する者のうちで明証や洞察という優位とともに判断されるものが、真理という意味をもつことができる。これと同様に心情活動においても明証的なものと盲目的なものの区別が生じている。たしかに、通常の意味での「気に入ること（Gefallen）や気に入らないこと（Mißfallen）」は、「本能的ないし習慣的な衝動」にすぎないのであって（USE, 22）、盲目的判断が真理にかかわらないように、善の形成に何ら寄与することはない。しかし、感情のなかには、「より高い種類の気に入ることや気に入らないこと」が存在している（USE, 22）。たとえば、アリストテレスが『形而上学』の冒頭で「人間は誰もが生まれながらに知ることを欲している」と述べたときには、盲目の衝動的な欲望が念頭に置かれていたのではなく、「判断の領域での明証の類比体」としての「高次の形式の気に入ること」が指摘されていた（USE, 22）。このような高次の心情活動は、盲目的、習慣的な感情ではなく、判断領域における明証や洞察の類比体として、「適切」と形容されうるようなものである。(3)(4)

一方において衝迫は本能的な衝動であり、他方において自然に気に入ることは、適切と性格づけられる高次の愛である。われわれがこのような愛をみずからのうちに見いだすことによって気づくのだが、その客観というのは、たんに愛され、愛されうるばかりか、また、その欠如や対立物はたんに憎まれ、憎まれうるばかりか、むしろ、一方は愛に値し、他方は憎しみに値するのであって、それゆえ一方は善であり、他方は悪なのである。〔……〕適切と性格づけられる愛のそうした経験から、何かが本当に疑いもなく善であるという認識が生じる（USE , 23f.）。

ブレンターノ倫理学は、こうして盲目的・衝動的な感情と明証的な感情とを区別したうえで、後者のうちに、善悪の起源を求めている。心情活動のなかに明証的判断の類比体を見いだすこの立場は、合理性と非合理性という名のもとで理性と感情とを峻別することなく、感情にも判断と類比的な合理性を認めようとする試みである。

このような感情の合理性の探究は、『イデーンI』のフッサールや『倫理学における形式主義と実質的価値倫理学』のシェーラーにも継承されることになる。

三　「基礎論理学のための心理学的研究」における表象の分析

ブレンターノの倫理学の基本的特徴を確認したので、このような背景からフッサール現象学がどのように成立したのか、そこにおいて倫理学がどのように展開されるのかを明らかにできる。フッサール現象学の「突破口」(XIX, 8)となるのは『論研』(一九〇〇―〇一年)であり、そこにおいてフッサール現象学は成立した(第二章)。ここでは、それ以前の一八九〇年代の論文と草稿から、この時期の意識の志向的性格の分析の意味と射程を確認したい。

一八九〇年代のフッサールは、次のような思想上の進展状況にあった。最初の著作『算術の哲学』(一八九一年)は、「数の概念の内容と起源」を解明する心理学的な研究として公刊されている(XII)。この著作は、基数(Anzahl)という概念の起源を、「数える」、「集合的に結びつける」という心的作用との関連において探究している。ある「概念」の「起源」をそれと関係する「心的作用」との関係において明らかにするという方法は、真偽の起源を判断に、善悪の起源を心情活動のうちに見いだす師のブレンターノから継承したものである。『算術の哲学』の出版の後、フッサールはこの方法を、算術のみならず幾何学にも適用し、兄弟子であり師でもあるC・シュトンプフが取り組んだ「空間表象の心理学的起源」(5)という問題を引き受け、空間についての体系的著作も準備していた(XXI, 261-310)。一八九二―九三年頃に本格的に取り組まれた「空間論」に関連する草稿では、「日常的生の空間」「直観の空間」と「学問的思考の空間」「幾何学の空間」の区別がなされ、直観経験においては空間が決して全面的には与えられないことが指摘されている(6)(XXI, 270ff.)。このような「算術」や「幾何学」における心理学的研究は、次第に「論理学」にも「拡張」されるようになり、一八九四年には『論理学月報 三〇号』に「基礎論理学のための心理学的研究」(XXII, 92-123) が発表される(以下「心理学的研究」と略記する)。

この「心理学的研究」は、「抽象と具体の区別について」という第一部と「直観と代表象について」という第二部から成っている。第二部では、ブレンターノによってあらゆる心的現象の基礎にあるとされた「表象」に関する解明がなされており、当時のフッサールによる意識の志向的性格についての見解を知る手がかりとなる(7)。そこでは、「根源的な意味での直観とは、見ることであり、それゆえ、可視的な客観を知覚することである」というように、まずは「事物知覚」に焦点があてられ (XXII, 101)、かならずしも論理学的体験には限定されない意識の一般構造が視野に収められている。この考察を導くのが、これに先立つ空間論ですでに指摘された、事物知覚の一面性や非十全性の洞察である。事物知覚の内容には、本来的に表象されたものと非本来的に表象されたものとが含まれていることから、「知覚表象の直観的内実」と「その志向された全内実」とが区別され (XXII, 102)、これに対応して作用面でも次の二つの「表象」が区別されている(8)。第一に、「たんに志向する」ことにおいて、「意識のうちで与えられた何らかの内容を介して、与えられていない別のものを目論む」ことが行われている (XXII, 107)。このような表象は、現前しないものを記号的に指し示しており、「代表象 (Repräsentation)」と呼ばれる。第二に、「その対象をたんに志向するだけではなく、内在的内容として現実的にみずからのうちで把握する」ことが行われており、このような表象が「直観」と呼ばれる (XXII, 109)。さらには、「代表象」が「直観」へと移行するときには「充実された志向の意識」が登場し、「代表象がその充実を見いだした」という言い方もなされる（XXII, 109）。したがって、直観は、志向との関連においては、その志向の充実と特徴づけられることになる。このように、事物知覚が非本来的表象と本来的表象をもつことを手がかりとして、代表象（志向）と直観（充実）とが区別され、前者から後者への移行が志向の充実と特徴づけられている。ブレンターノがあらゆる心的現象の基礎に見いだした「表象」(9)が、代表象と直観という二つの様式に区別される点が興味深い(10)。

とりわけ注目すべきは、代表象と直観とのこの区別を「意識内容」や「生理学的状態」の相違に見いだす立場が退けられたうえで、「はっきりとした記述的区別が、つまり、意識の様式（『意識状態』（Zumutesein）、心的参与（Anteilnahme）の様式）が、代表象と直観とを分離する」（XXII, 115）とされる点である。こうした発想は、志向的体験において対象が与えられる様式の相違から意識対象と意識体験の関係を問題にする『論研』の現象学の萌芽であろう。表象の意識様式の相違としての直観と代表象の区別は、『論研』を先取りする観点であるし、『論研』でもこの論文が参照され、同じ事象に言及されている（XIX/1, 398）。しかも、代表象としての「志向」というのは「意識に与えられた何らかの内容を介して、与えられていない別の内容を〔……〕思念する（meinen）こと」（XXII, 107）とされ、志向が何らかの内容についての「思念」と特徴づけられている。そして「心的作用がみずからの内在的内容を超えて、決して意識されていない別のものを指し示すということは、すでにそれ自体で、最も驚くべきことである」（XXII, 120）というように、この志向的思念が探究に値する現象であると考えられている。

さらに、一八九七年に発表された「一八九四年における論理学のドイツ語論文に関する報告書」では、みずからの「心理学的研究」にも言及して、「代表象」や「代表象を基礎にもつ」ゆえに「対象への志向的関係を獲得する」ような「心的作用」の例として、「肯定、否定、推測、疑い、問い、愛、希望、勇気、意欲など」が挙げられている（XXII, 135 Anm.）。ここでのフッサールは、意識作用の志向的性格を代表象に見いだし、理論的意識から実践的、情緒的意識にまでおよぶ広範な志向的関係を分析しようとしている。[11]

四　感情としての志向・充実

「心理学的研究」発表とほぼ同時期（直前の一八九三年頃）に書かれたいくつかの草稿（XXII, 269－302; 406-416; XXXVIII, 159-189）では、代表象（志向）と直観（充実）の関係について詳細に分析されている。それらを手掛かりにして、この時期の志向性の実質的特徴を明らかにしてみたい。ここで取り上げられるのは、志向としての代表象が生じたり、その志向が直観によって充実を見いだしたりすることの分析の場面であり、より積極的な言い方をすれば、意識の連関という時間的なプロセスのなかで志向や充実が生じることの、いわば「発生」の解明の場面である。[12]フッサールはそこで、すでに親しんでいる習慣性から逸脱する現象が生じるような事例に注目している（XXII, 293ff.; 414f.）。たとえば、いつも聴いている馴染みのメロディーが途切れる、いつもは「パパ」と呼べば来てもらえるはずの父親が来ない、慣れ親しんでいる言語空間において外国語を耳にするなどが、その例である。

習慣的なものが〔……〕直観の連関のうちに登場しないならば、空虚や欠如や妨げ（Hemmung）の感情（Gefühl）が生じる。〔……〕習慣的なものではなく別のものが、多少なりとも近いものが登場するならば、びっくりする（XXII, 294）。

このように、馴染んでいる出来事がいつものようには経験されずに、いわば「確固とした習慣に対する相克」や「習慣性の破れ」（XXII, 295; 414）が起きるときは、「欠如や不満足や、多かれ少なかれありありした妨げの感情」、「驚きやびっくりすることや期待がはずれるという感情」が生じ、「直観されたもの」が「不完全性や欠如性や中途半端という性格」を刻みつけられる（XXII, 271f.; 294）。これに対して、習慣と親和的に、完全なメロディーが演奏されたり、父親がいたり、語の意味が理解できるときには、「親しみ」「満足」「解放」という「肯定的感情」が登場する（XXII, 296ff.）。これらの感情が生じるときには、規範性・正常性としてのある種の習慣性が成立することになる。

あらゆる欠如は存在すべきではないものの感情であり、ある種の優位ないしは存在すべきものとしての目標を前提にしている。それゆえ、欠如はみずからを超えて指し示す（当然ほとんどの場合は含蓄的、性向的であるにすぎないが）（XXII, 294; Vgl. 298）。

このように、習慣からの逸脱や習慣との相克は、習慣に根ざす「べき（sollen）」という当為性格による修正をうけ、それによって「存在すべきもの」としての目標の充実の意識が指し示される。「不満足の感情がその客観を欠如的なものとして、ある種の仕方でみずからを超えて何かを指し示すものとして現象させる」ことによって、「この感情が現象に志向や代表象という性格を印す」ことになる（XXII, 293f.）。したがって、ある体験に対して「志向」や「代表象」という性格を与えているのは、まさに不満足や欠如という「否定的感情」ということになる。「志向の直接的感情」（XXII, 300）という表現がなされていることから、より積極的には「志向それ自身も〔……〕

感情である」と言うことができるかもしれない。(13) また、これまでの考察から、ある種の体験に充実や直観という意識を与えているのも、満足という「肯定的感情」であることも明らかであろう。代表象（志向）に特有の意識様式が不満足の感情であるのに対して、直観（充実）に特有の意識様式も満足の感情である。(14) このように、志向と充実とが互いに結合しながら、意識は感情を媒介とする目的論的な連関を形成している。

妨げと解放、不完全性と完全性は、まさに必然的に互いに関係しあう感情や感情のメルクマールであり、前者は後者へと駆り立てられ、それゆえ後者を示唆しており、否定的なものはもちろん肯定的なものを示唆している。後者は満足であり、それゆえ目標である（XXII, 297）。

直観と代表象を特徴づけるこうした感情は、「関心（Interesse）」として特徴づけられている。「志向は張り詰めた関心である」のに対して、充実は「解き放たれた関心」ということになる（XXII, 406）。したがって、関心という感情が、直観と代表象、志向と充実という異なった意識様式を貫いて統一的に機能しており、この関心の緊張の度合いに応じて、ときには志向が、ときには充実が登場することになる。もともと、ブレンターノが「心的現象の第三の根本クラス〔心情的意識〕」にときおり「関心の現象」（PES/1, 262）という表現を用いたり（XXXVIII, 162）、シュトンプフがこうした「関心」を「気づくことの快」と定義したり、当時のブレンターノ学派においては、「関心」は「感情」と強い結びつきをもっている（XXXVIII, 143; 159ff.）。関心の二つの様態が、「張り詰めた好奇心」と「満足した好奇心」と表現されており（XXII, 293）、関心という感情によって意識の志向的性格の全般が特徴づけられている。

とりわけ重要な意味をもつのは、こうした分析の主題となっているのが、「表象」という心的現象である点であろう。ブレンターノが「表象」をあらゆる心的活動の基礎と見なしたときには、そうした表象の志向的性格を「意図」や「目標追求」と同一することをはっきりと避けていた。ブレンターノにおける志向性は、基本的には、意図や目的追求といった実践的意味を含んでいない。[15] しかし、フッサールは「あらゆる心的現象は表象であるか、表象に依拠するかのいずれかである」というブレンターノのテーゼに反するように、次のように述べている。

あらゆる認識の活動は、関心の活動であるか、関心に依拠している（XXXVIII, 163）。

認識という理論的認識も、それが志向と充実という様式において機能するかぎり、関心という感情と同一視される。[16]「緊張感から解消への移行のなかに認識が登場する」ということはまさに、認識が「理論的関心」という一種の感情であることを示している[17]（XXXVIII, 159）。

五　先現象学的分析から普遍的相関性のアプリオリの発見へ

このように、一八九四年頃のフッサールは、「空虚な志向」と「直観」という二つの意識様式を区別し、前者に、本来的所与を超えて「思念」する機能を見いだし、前者から後者への移行を「充実」と特徴づけていた。こうした成果は、その後のフッサールによって一度も否定されないばかりか、彼の志向性理論の中核を形成しつづけている見解でもある。それにもかかわらず、こうした分析がなされたテキストには、後年のフッサールによって「まだ先現象学的」(XXII, 475; XXXVIII, 159)と書き付けられている。これらの分析が「先現象学的（＝哲学的に不十分）」とされる理由はどこにあるのだろうか。その理由は、この段階においてはまだ厳密な意味での「志向性」が発見されていない点にあるように思われる。フッサールにとって志向性は、認識論的問題を中心とする哲学的問題の解決の場となるものである。しかし、目下の段階で考察されている志向と充実の連関は、認識論的問題を十分に顧慮したものになっていない。

本章において際立たせた、認識と関心との、さらに一般的には理論的意識と情緒的意識との同一視は、この時期の志向性の特徴づけの問題点を示していると言える。さまざまな対象性がそれぞれにふさわしい意識様式のなかで与えられるというのが志向的分析の基本的発想であり、これがブレンターノからフッサールへと継承され、現象学として完成することになる。しかし、ここでの分析のように、認識と関心とを同一視してしまうと、知覚の対象である自然事物と関心・感情の対象である価値対象とを、その意識の与えられ方において区別できないことになる。しかも、フッサールのテーマが論理学的対象性やそれにかかわる意識であるならば、そうした論理学的対象についての意識もまた感情と見なされることになるだろう。そのときには、たとえば「満足」のなかで「真理」が、「不満足」のなかで「虚偽」が体験されることになる。このように、真理が満足という偶然的・主観的な体験に依存すると考えることは、大きな問題をはらんでいる。真理という無時間的に妥当する理念的なものが、時間的に生成消滅する事実的な体験へと解消されるとすれば、真理の理念性を損なうことになるであろう（後にフッサールはこうした発想を「心理学主義」と名づけて批判している）。

一八九四年の時点では、意識の志向的性格全般が「関心」という「感情」に求められているが、こうした分析は『論研』が断固として斥けるものである。したがって、この時期のフッサールは、さまざまな対象性をその意識様式にさかのぼって解明する志向的分析の発想をもっているが、志向性一般を感情と重ね合わせる発想がその現象学的展開を妨げている。[18] 一八九八年にすでに、フッサールは次のような視座を獲得している。

関心と知覚する志向とを同一視する誘惑はきわめて大きい。実際に、わたしは以前にそのように確信していた。だが、そうした確信はもはや疑わしいどころのものではない[19]（XXXVIII, 106）。

ここでは明らかに、一八九四年の論文において関心と知覚する志向とを同一視していたことが批判的に回顧されている。しかも、「この問題についての最初の公刊の続編が書かれていないのは、そのためである」（XXXVIII, 106）というように、このことがその論文の続編が書かれなかったことの理由であるとも言われている。このように、志向や思念という意識の志向的性格と関心という感情との同一視が一八九八年のフッサールによって早くも批判されている。[20] こうした点において、それらのテキストは「先現象学的」と位置づけられるのである。現象学的水準における志向性の発見は、あらゆる対象がその独自の身分を保ちつつ、それぞれの意識様式において与えられる普遍性を視野に収めていなければならない。

経験対象と所与性の様式とのこうした普遍的な相関性アプリオリを最初に思いついたとき（『論理学研究』の仕上げをしていた一八九八年頃のことだが）、それはわたしの心を強く動かしたので、それ以来、わたしの生涯の仕事の全体は、この相関性アプリオリを体系的に仕上げるという課題によって支配されてきた（VI, 169

Anm.)。

この最晩年の『危機』の有名な一節は、経験対象と所与性の様式との普遍的な相関性の発見を一八九八年と見なしているが、これまでの考察を踏まえると、このことは、一八九四年における志向と感情の同一視と一八九八年におけるその同一視への批判という事情と結びついているように思われる。一八九四年の立場から一八九八年の立場への移行の意味を正確に理解するには、K・トワルドフスキによって喚起された「志向的対象」やB・ボルツァーノの影響下での「表象自体」をめぐる考察を検討することが不可欠であろう。(21) おそらくそうした考察のなかで、心理学主義の克服がなされ、『論研』の突破口が開かれたことは確実である。とはいえ、そのプロセスを追跡することは、フッサールの倫理学に焦点をあてる本書の課題を超えている。目下の考察において重要なのは、次の点ということになる。1．一八九四年の「先現象学的」段階では、志向（思念）と関心（感情）とが同一視されていた。したがって、志向的体験の実質が情緒的性格のうちに見いだされている。2．一八九八年にその同一視が批判されるとともに、現象学的水準において、志向的相関性の発見がなされた。このような展開が『論研』における現象学を準備している。

註

（1）その客観は心的現象のうちに現実の客観としてではなく、志向的に内在している。

（2）Melle 1989.

（3）Aristoteles Metaphysica, 980a.

（4）Vgl. auch, Brentano 1977, 145f.

（5）　Stumpf 1873.

（6）　このテキストは、空間内にある有限な事物と無限の空間そのものとしての世界との差異を指摘しており、フッサールの世界論の萌芽としても注目すべきものである（吉川 2004）。

（7）　この論文をめぐるテキストではじめて、「志向」「志向する」という表現が本格的に使われはじめた（Schuhmann 2004c）。このテキストに注目した論考（伊集院 2001; 堀 2003）は、この時期のフッサールの心理学的分析のなかに『論研』の志向性理論の萌芽を読み取る試みであり、示唆に富んでいるが、ともに全集第二三巻に収められる準現在化（想像や空想）の分析との関連で考察されている。

（8）　事物知覚だけではなく言語や記号の体験においても、目の前の感性的形象をアラベスク模様と見なす場合（直観）と記号や文字と見なす場合（代表象）とが区別される（XXII, 115）。

（9）　ブレンターノは、心的作用の特徴として、あらゆる作用はそれ自身において表象であるか、表象に基づけられている（判断、心情作用）と指摘している。この意味での表象とは、意識の志向的性格をなす「あるものについての意識」のことである。

（10）　「〔直観と代表象の〕それぞれの場合において、内容を意識へと受け入れる別の様式が成立し、内容に関する、内容における心的活動の別の様式が成立する」（XXII, 116）。ブレンターノやシュトンプフは、表象の意識様式を区別することがなかった。

（11）　フッサール自身によって、この論文は「『論理学研究』のための最初の構想」（XXIV, 443）と回顧されてもいる。

（12）　Schuhmann, 2004c.

（13）　Schuhmann 2004c, 114. 厳密に言えば、欠如の感情そのものが何かへの志向と一貫して同一視されているわけではない。「欠如と充実、妨げと解放は、代表象する表象の本質の一方の断片、一方の要素を形成しているにすぎない。そうした要素や断片に依拠しているのが、規範的なものであり、代表象されるものが存在すべきということである。つまり、志向である」（XXXVIII, 188）。また、関心の感情性格そのものについては、志向的作用と対置される「状態」との親近性が認められてもいる（XXXVIII, 167; 177）。

（14）　ある箇所では、「関心は、特有の意識状態であるように思われる。それは内容への特有の参与であり、快とのある種の親近性をもっている」とされ（XXXVIII, 176）、関心という快に近い感情が、直観と代表象の区別となる「参与（＝意識の様式・意識状態）」であることが明言される。

(15) ブレンターノは「この表現〔志向的内在〕が誤解されて、目的および目標の追求と考えられている」(PES/2, 8 Anm.)と嘆いている。

(16) 「緊張は認識の原因でもある。それゆえ、認識は緊張した関心の第一の結果である。解消した関心は認識それ自身である」(XXXVIII, 159)とも言われている。

(17) ここでは、直観と代表象という二つの「表象」が検討され、それらがともに「関心」と特徴づけられたことが重要である。ブレンターノ的に言えば、理論的判断や愛や憎しみ(心情的活動)の基礎にある「表象」が心情活動である「関心」と同一視されている。つまりここでは、志向的関係の機能を担う「表象」が感情と同一視されることで、表象を基礎とする理論的認識や実践的情緒的意識のすべてが関心と見なされている。そのため、「理論的関心」以外にも「実践的関心」「情緒的関心」について語ることができるだろう。

理論的志向、つまり、理論的関心の現象と、実践的志向、努力との親近性。判断と意志との親近性。しかも、両者は承認、価値評価、愛という現象との明白な親近性をもっており、そのため、あらゆる作用は(本来的な意味において)互いに似通っている(XXXVIII, 179)。

ここでは、理論的意識と実践的意識の類似性が、関心のうちに求められている。このような立場は、『イデーンI』ではなく、一九二〇年代の志向性理論に近いものとなっている。

(18) とはいえ、いま検討したテキストの多くが含まれている全集第三八巻の編集者であるB・ラングの次のような指摘には、耳を傾けねばならない。ラングによれば、おもに一八九三年までに書かれた草稿が、しばしば感情の現象に言及するのに対して、一八九四年に発表された「心理学的研究」の論文は、感情への言及を一切していない(Rang 1979, lv.)。草稿と論文とのこうした差異に注目すれば、一八九四年の論文執筆時において、何らかの理由によって、意識の志向的性格の記述から感情の要素が排除されたとも考えられる。しかし、これに対して、草稿では多様な問題が包括的に扱われたのに対して、論文にはそのごく一部が盛り込まれているというシューマンの見解は説得力をもっている。シューマンによれば、「心理学的研究」という論文は、この時期の研究草稿の包括的問題圏から断片的成果だけが盛り込まれている。その論文には「純粋に記述的な心理学の一部分」

(XXII, 133) に限定されることで、「発生的心理学」に関する叙述は含まれていない (Schuhmann 2004c, 104)。シューマンの指摘するように、論文では直観と代表象の区別が「記述心理学」の枠内で展開され、意識の時間的なつながりは問題にならないのに対して、草稿では代表象の起源という発生的問題が主題になっていると考えることができる。したがって、草稿と論文とのあいだに決定的な立場の相違はない。

(19) いまは一九〇四／〇五年の講義として全集第三八巻に収められているが、ラングは一八九八年のテキストとして紹介している (Rang 1979, xlviii)。この事情は、この文言が書かれた草稿 (K I 64) が、一八九八年に執筆され、一九〇四／〇五年の講義でそのまま読みあげられたことに由来する (XXXVIII, 422)。

(20) 一八九八年において関心と思念が区別されることは、以下の箇所からも確認できる。「いずれにしても、関心の (この快の) 統一それ自身は、知覚連関の総合的統一ではない」(XXXVIII, 144)。

(21) 一八九四年の後半には「志向的対象」の草稿が書かれ (XXII, 303-348)、トワルドフスキとの対決が試みられている。また一八九六年の「論理学」講義 (Mat. I) において、「表象自体」「命題自体」などのボルツァーノ由来の概念がフッサールの議論の中で肯定的に扱われている。したがって、フッサールは遅くともこの時期には心理学的論理学を克服していた、と見なすことができる。ケルンは、一八九四、九五年に心理学主義の放棄がなされ、一八九六年の講義が成立したと指摘している (Kern 1964, 12)。

第二章　客観化作用と非客観化作用
――『論研』の志向性理論における倫理学の可能性

これまで確認したところによれば、一八九四年のフッサールは、意識の志向的性格に眼を向けながらも、その機能を感情の満足・不満足と同一視していた。しかし、一八九八年にはそのような同一視が放棄され、「普遍的な相関性」が発見されている。このような思索の発展を経て、『論研』（一九〇〇―〇一年）は公刊されている。この章では、『論研』における現象学の成立を確認したうえで、それが倫理学にとってどのような意味をもっているのかを明らかにしてみたい。フッサールはいうまでもなく、論理学の基礎づけというプログラムを念頭に置いて、現象学的意識分析を行っている。そこで練り上げられている「志向的体験」「表現」「意味」などの根本概念は、倫理学を視野に入れたときに、どの程度の有効性や限界があるのだろうか。

一　心理学主義の克服

「プロレゴメナ」と呼ばれる『論研』第一巻『純粋論理学へのプロレゴメナ』（一九〇〇年）においては、周知のように、論理学の基礎づけという「学問論」のプログラムのもとで、論理学において問題になる「真理」の理念性が主張されている。

真理は事実、すなわち時間的に規定されたものではない。〔……〕真理自体は、すべての時間性を超えている。すなわち、真理に時間的存在・生起・消滅を帰属させることに意味はない（XVIII, 87）。

論理学が扱っている真理の理念性は、意識体験などの実在性がもちあわせる時間的生成とは独立に成立している。[1] このようにして、論理学的真理の理念性を意識体験の事実性に解消する立場から、すなわち論理学における心理学主義から決別することが、フッサールの現象学的哲学の出発点にある。しかし、『論研』が論理学の命題の理念性を擁護するだけの著作でないことも、よく知られている。フッサールは、論理学的意味の理念性を、事実的体験の主観性から切り離すだけで満足しているわけではない。『論研』は、「論理学」のみならず、それに対応する「認識論」にも新しい基礎を与えるものであり、たんなる事実的体験に眼を向けるのではないにしても、認識の「可能性の条件」の探究として、主観的側面を視野に入れている（XVIII, 6; 23）。認識は、客観的論理学の命題や法則という客観的条件に制約されるが、それと同時に主観的側面における可能性の条件にも従わねばならない。

認識の可能性にとっての理念的条件には、〔……〕二種類のものが考えられる。すなわち、それらはノエシス的条件であるか、つまり認識そのものの理念に〔……〕基づいているか、あるいは純粋論理学的条件であり、純粋に認識の内容にのみ基づいているかのいずれかである（XVIII, 239f.）。

したがって、認識の可能性の条件として、「客観的・論理学的条件」と「主観的・ノエシス的条件」とが区別され、双方の探究が現象学の課題と見なされる。形式論理学において解明される前者は、「理論」が成立するための条件であり、論理学的体験の現象学として解明される後者は、認識が真理を獲得するために充たさねばならない条件である。このように、『論研』は、論理学の認識論的根拠づけを目標に掲げており、このような枠組みのなかで、現象学の根本概念のいくつかが定式化されることになる。一八九四年の「心理学研究」における「表象」の探究は、事物知覚と言語理解とを全く同列に置いていた。それどころか、それに先立つ空間論への取り組みの結果として、事物知覚に主眼が置かれていた。しかし、『論研』では「論理学的体験」の比重が大きくなっており、そうした体験の志向的性格が意識の一般的構造のモデルになって行く。

二　表現と意味

『論研』第二巻『現象学と認識論のための諸研究』（一九〇一年）の第一研究「表現と意味」は、「記号」一般の使用に目を向けることから始まっている。そのうえで、理論的認識の場面で用いられる記号としての「表現」の純粋な機能形態が取りだされ、その表現の有意味性の所在が現象学的に確認される。こうした考察は、純粋な「論理学的体験」として機能しうる意識体験に依拠して、志向性を現象学的に定式化する試み（第五研究）へと通じている。

第一研究の冒頭では、「記号（Zeichen）」のうちで「指標（Anzeichen）」と「表現（Ausdrück）」とが区別される（XIX/1, 30ff.）。「記号」というのは、何かに対する記号であり、何らかのものを「表示（bezeichen）」している。「指標」の場合には、あるものが別のものを表示するときに、両者の関係がいわば外的‐偶然的な関係になっており、物質的要素が介在している。たとえば、湿った風が未来の悪天候を表示するとき、鳩の図形が平和を表示するとき、指標という関係が成立している。これに対して、「言語表現」の場合には、通常の表示とは異なって、「意味する（bedeuten）」という特別の様式の表示機能が働いており、ここでは物質的要素が介在する必要はない。たしかに、通常の言語使用では、語り手がみずからの心的体験を「告知（Kundgabe）」し、聞き手がその告知されたものを「聴取（Kundnahme）」するという仕方でコミュニケーションが行われており、この場合には、語音や文字という表現の物的側面（言語身体）の現実存在が伝達に不可欠な媒体となっている。しかし、フッサールによれば、この言語身体の現実存在を捨象しても（想像上の語音でも）、表現は「孤独な心的生」において有意味に機能することができる（XIX/1, 41ff.）。重要なのは、どのような表現も物的側面をもっているのであるが、その身体性は現実存在する必要がない点である。このことは、表現をめぐる次のような叙述からも明らかである。そこでは、表現の体験における「現象学的区別」として、1「物的な表現現出」にかかわる「感性的作用」、2「意味付与作用」「意味志向」、3「意味充実作用」が指摘され（XIX/1, 43ff.）、これに対応する対象側での「理念的区別」として、1「スペチエス的表現」、2「意味」、3「対象」が指摘されている（XIX/1, 48ff.）[(2)]。たとえば、1何らかの語音についての意識と、2語の意味についての意識と、3意味が指し示す対象についての意識とが区別される。注目すべきは「スペチエス的表現」と呼ばれているものであり、それはまさに表現の物的側面としての言語身体に相当するものであるが、ここでは瞬間的に発せられた音声や印刷されたインクなどの事実的存在が念頭に置かれているわけではない。むしろ、純粋な表現においては、言語身体も「スペチエス」における「表現」であり、この点において、まさに表現の全体が現実の世界に何ら関与することなく成立しうる。すでにJ・デリダによって指摘されるように、このような表現は、現実世界の遮断というある種の還元によって獲得されるものであり、ここでの純粋な意味作用を取りだす試みは、フッサール現象学のその後の歩みを方向づけている。(3) このような様式において表現を用いる主観というのは、コミュニケーション関係に入ることなく、ひたすら孤独のうちで対象性を認識し、言明するような主観であろう。

意味のなかで対象への関係が構成される。したがって、意味をもつ表現を使用することと、表現しながら対象へと関係すること（対象を表象すること）とは、同じことである（XIX/1, 59）。

ここでは、言語使用のなかでも、対象に指示的に関係する「名指し」や「述定」などの理論的・記述的使用が現象学的考察の中心に据えられる。このように純化された記号としての「表現」に依拠して、現象学的に主題化される意識作用が、「意味作用」（意味付与作用と意味充実作用）である。このような記号やそこに関連する意識体験からは、徹底して情緒的・実践的ニュアンスが排除されている。

三　客観化作用としての志向的体験

フッサールは、孤独な心的生における言語身体と意味との関係に、表現の純粋な機能形態を見いだした後に、このような表現に依拠して、「志向性」という現象学の根本概念を定式化する。表現が主題化され、「意義」や「意味」の機能に焦点が当てられるのは、「意味のなかで対象への関係が構成される」（XIX/1, 59）ためであり、表現にかかわる論理学的体験は、対象への関係という志向性の定式化にとって決定的役割をはたすことになる。(4) つまり、「有意味な記号」としての「表現」のなかで機能する「意味作用」は、対象への関係を担っており、ここに意識の志向的性格が探り当てられている。一八九〇年代初頭の見解とは異なって、意識の志向的性格は感情ではなく、意味作用が担うことになる。同一の対象への関係性という志向性の実質的機能を担う働きは、「意味付与作用」や「意味充実作用」と呼ばれている。このような作用は、可能な対象への関係を目論んだり、現実の対象への関係を担ったりしているため、第五研究や第六研究においては、「客観化作用」と呼ばれている。少なくとも『論研』においては、「あるものについての意識」としての「志向性」の規定のすべては、上記の表現論に依拠して練り上げられた「客観化作用」に求められている。客観化作用とは、どのような特徴をもっているのだろうか。

この客観化的作用というクラスに対して、われわれは次のように言うことができる。その充実統一は、同一化統一という性格を、ときには認識統一というより狭い性格——したがって、対象的同一性が志向的相関項として対応している作用という性格——をもっている、と（XIX/2, 584）。

より詳しく言えば、客観化的作用は「その充実綜合が同一化という性格をもち、その幻滅綜合が差異化という性格をもつ作用」として定義され、つねに対象の同一性やその規定を目ざし、「可能な認識機能」のうちで「あるものについての意識」という志向的特性を一手に引き受けている（XIX/2, 585）。このような客観化作用というクラスには、表現論で示唆されたように、「意味志向」「意味付与作用」と「意味充実作用」とが属している。意味志向というのは、志向的体験が意味のうちで何らかの対象を思念することであるが、このときに思念されたものは現実に存在する対象である必要はない。

> わたしが、神、天使、叡知的存在自体、物的事物、丸い四角などを表現するならば、ここで挙げられたこのものと超越とがまさに思念されており、したがって〔……〕志向的客観が思念されている。その場合、この客観が存在するかどうか、捏造されたか不条理であるかどうかは重要ではない（XIX/1, 439）。

これに対して、目の前の机を「知覚」する場合には、対象が有体的にありありと現れており、対象それ自体が与えられている（XIX/1, 434）。さらには、机の写真を見る場合にも、机はたんに空虚に思念されるのではなく、ある種の直観（像的直観）によって与えられている。このように、たんに空虚な思念では問題にされなかった対象の所与様式が、知覚や像意識のような直観的志向において見いだされるのであり、このような意識においては、空虚な思念としての意味志向が「意味充実」されている[5]。

「認識」というのは、たんに「志向されたもの」と直観的に「与えられたもの」との「合致」であり、このような合致においては、「明証」とともに対象が与えられ、その対象についての意味の「真理」が体験されている。意味志向と意味充実とが合致するときには、同一の対象がたんに思念されているだけではなく、直観されているのであり、明証のうちで与えられている（XIX/2, 651）。したがって、客観化作用というのは、このような志向と充実の連関のなかで、対象の同一性を確証し、その対象をさまざまに規定するような「認識」の機能ということになる。

このような客観化作用に依拠して定式化される志向性からは、満足や不満足などの感情が払拭されている。フッサールはわざわざ術語上の注意を促して、志向性から情緒的・実践的性格を取り除いているほどである。「志向的体験」と言われるさいの「志向的」という語は、「思念という仕方や何らかの類比的仕方で対象的なものへと関係すること」としての「志向という特性」を表している（XIX/1, 392）。したがって、そこに「意図」「目論み」のような実践的ニュアンスは読み込まれるべきではない。さらには、「充実（Erfüllung）」という語には「満足」というニュアンスがあるが、客観化作用における充実（＝満足）という言い方は「たんなる比喩にすぎない」のである（XIX/1, 583）。思念された対象が思念された通りに与えられるとき、その志向が充実されたと言われるが、そこでは感情としての満足が生じているわけではない。むしろ、その場合には、対象の自体所与が成立しているだけであり、思念されたことが現実性をもって与えられ、その思念が正当化されるのである。このように、志向性そのものから意図や欲求や満足という実践的・情緒的ニュアンスは取り除かれている。(6) 論理学の認識論的基礎づけという問題設定のなかで取りだされたこの志向性の概念は、『論研』の現象学の全般を導くものとなる。

どのような志向的体験も客観化作用であるか、そうした作用を「基礎」にもつかのいずれかである（XIX/1, 514）。

こうして「客観化作用」によって「志向性」が定式化されるために、『論研』の現象学は基本的に「認識の現象学」という意味をもつことになる。「突破口の著作」（XVIII, 8. Vgl. auch,14）とされる『論研』は、志向性をまさに認識論的観点において純化することで、その突破を成し遂げたとも言えるだろう。

四　非客観化作用の解明

とはいえ、『論研』のフッサールは、あらゆる作用を認識（客観化作用）に還元しているわけではない。つまり、理論的意識としての表象、知覚、判断などの「客観化作用」には、情緒的・実践的意識としての評価、意志、願望、疑問、命令などの「非客観化作用」が対置されている。『論研』における倫理学の可能性を探るためには、非客観化作用の分析に目を向けなければならない。

「非客観化作用」と呼ばれる心情的意識は、それが「作用」であるかぎり、たんなる感情の「状態」とは区別される(7)。「気に入ることは気に入られるものなしに考えられない」(XIX/1, 404) というように、気に入るという非客観化作用も対象への志向的関係をもつことができる。しかしながら、非客観化作用は、客観化作用と無関係に志向的性格を獲得することはできない。

非客観化作用は〔……〕みずからの志向的関係をその基礎にある表象に「負っている」(XIX/1, 404)。

つまり、「客観化作用（表象、真と見なすこと）における非‐客観化作用（喜び、願望、意欲）の基づけ」(XIX/1, 519) が、喜びや願望や意志などの志向性を可能にしている(8)。「作用質料」と「作用性格」という『論研』に特有の概念を考慮するならば (XIX/1, 425ff.)、非客観化作用の特殊性がいっそう明らかになるだろう。「質料」というのは、その作用が「何に」ついての作用であるかを特徴づけるものであり、たとえば、机についての知覚と机についての想像とは、同じ質料をもっている。そして、この「質料」は「意味」と呼ばれるものであり、対象への関係を実質的に担っている。「性格」というのは、ある質料をもった作用が知覚であるか、想起であるか、喜びであるかなどを規定するものであり、そのようなさまざまな意識の様式を区別している。すでに示唆されたように、客観化作用はまさにそれ自身が意味付与作用や意味充実作用であるため、みずからのうちに独自の質料をもっている。しかし、喜びなどの非客観化作用はみずからのうちに固有の質料をもたないため、それを知覚などの客観化作用から借りてきて、そこに「喜ばしい」という「性格」を与えているにすぎない。

対象性への関係は一般的に質料のなかで構成される。しかし、どの質料も〔……〕客観化作用の質料であり、そうした作用を介してのみ、その作用に基づけられた新たな作用性格の質料となることができる(XIX/1, 515)。

したがって、客観化作用はそれ自身において「作用質料」と「作用性格」の統一であるのに対して、非客観化作用は客観化作用の「質料」にみずからの「性格」を付け加えることで成立する複合的意識であり、それだけでは独立した志向的意識と認められることはない(9)。

非客観化作用は、客観化作用に依拠して成立する意識様式であるが、客観化作用には還元されない独自の性格をもっている。客観化作用に対する特有性という点において注目すべきは、非客観化作用の充実様式である。非客観化作用が客観化作用に基づけられていることから、非客観化作用の充実は二重の側面をもつことになる。たとえば、願望の充実の場合、願望を基づける客観化作用の段階において「直観的認識」が成立すると同時に、基づけられる願望の段階で「固有の、別種の作用性格」として「満足」が生じている（XIX/1, 583）。『論研』において指摘された二重の充実の理論は、『論研』の思想圏に属する一九〇二／〇三年の講義で、よりはっきりと際立たされている。願望が充実されるときには、基づける層において「知性的領域に特有のこと」としての「同一化」が生じており、さらに基づけられる層において「満足の感情」「願望する希求や追求の特有の解消」「快の状態」が生じるとされる（Mat. III, 124）。つまり、基づける層においては、客観化作用の内部において志向から充実への移行が行われ、志向される対象の同一性が確証されるのに対して、基づけられる層においては、感情としての満足が生じることになる。このような非客観化作用の充実の特殊性を考察するとき、体験の「強度」という観点が重要な意味をもつだろう。強度というのは、強さや激しさなどの表現によって示される度合いのことである。『論研』の基本的見解によれば、「強度のあらゆる相違」は「感覚」（や感情）に帰属するため、「作用志向」は「強度を欠く」ことになり（XIX/1, 410）、純粋な客観化作用については「強く、激しく思念する」などの言い方はなされない。これに対して、感情的契機を含む非客観化作用の場合には、とりわけその心情的契機に関して「激しく願望する」とか「強く満足する」といった言い方がなされうる。このような非客観化作用は、認識論的問題設定のなかで細心の注意を払って定式化された志向性の枠組みを逸脱するものでもある。

五　非客観化作用の表現

さらに非客観化作用の特性が際立つのは、「客観化作用の表現」と「非客観化作用の表現」の差異に関する研究においてである。これまでの考察からも明らかなように、客観化作用はそれ自身が「意味の機能のうちにある」

ため、みずからのうちにおいて「表現を見いだす」ことができる（XIX/2, 585）。たとえば「ソクラテスは死すべき者である」と判断する場合には、すでに「ソクラテスは死すべき者である」ということが言語的に意味されており、その限りで表現されている。もともと表現において機能する意味作用から志向性が特徴づけられたために、ここにはいかなる困難も見いだされない。さらには、知覚判断（知覚の表現）においては、知覚それ自身が言語的に表現する作用（意味の担い手）ではないにしても、対象を思念する客観化作用としての知覚に依拠して、言語的判断が下されるのであり（「作用に依拠した判断」）、ここでは「知覚されたもの」が言語的意味によって新たに表現されている（XIX/2, 548）。この場合には、表現される知覚と表現する判断の関係がさらに問われなければならないだろうが、この問題は『イデーンI』や『論研』の第二版のための草稿において本格的に検討されている。これに対して、疑問表現や願望表現などの非客観化作用の表現の場合には、事情が全く異なっている。たとえば、「πは超越数だろうか、天よわれらを助けたまえのような文」（XIX/2, 737）においては、疑問や願望などの作用が固有の質料を欠いているため、そこにおいて疑問や願望に対応する客観的な対象や事態が言語的ないし非言語的に思念されているわけではない。それゆえ、ここでは次のような問いが生じることになる。

疑問、願望、命令などのような種類の非客観化作用も、表象や判断と同じ意味において「表現」されることができるかどうか（XIX/2, 781）。

第六研究は、疑問や願望などの表現に特有の言語形式がどのように形成されるのかについて、踏み込んだ解明を行っている。フッサールによれば、知覚が表現される場合と、非客観化作用が表現される場合とでは、全く事情が異なっている。知覚はあくまでも対象への関係をもっているため、表現においては知覚が思念する対象が新たに言語的に表現される。しかし、対象へと関与することのない非客観化作用が表現されるときには、表現は何らかの対象を表現しているわけではない。むしろ、そこでは対象的に思念されたものではなく、非客観化作用それ自身が「表現されて」おり、その意味でその作用が「たんなる対象」となっている（XIX/2, 585）。したがって、非客観化作用自身が反省（ある種の客観化作用）によって対象化され、疑問や願望といった作用そのものが表現されることで、疑問や願望などの表現が形成されるのである。(10)

このように、非客観化作用の表現は「作用についての判断」という構図をもっており、その点で「作用」が端的に「表現」であったり「作用に依拠する判断」であったりする客観化作用の表現と異なっている（XIX/2, 548）。客観化作用の表現が名辞や記述文のスタイルをもち、志向される対象や事態への志向の如何（充実・幻滅）によって真偽が判定されるのに対して、そもそも対象性を志向しない非客観化作用の表現は、記述文のように真偽の判定にかけられることもない。(11)このことは、非客観化作用の固有の充実がたんなる感情の満足にすぎないことからも明らかであろう。このような表現の機能を積極的に捉えれば、非客観化作用の表現は、言明文に還元されない機能をもつと言うこともできるだろう。ここでは、次の二つの点を際立たせる必要がある。

第一に、非客観化作用が表現されるときには、内的直観が発話主観の非客観化作用に眼差しを向け、その作用を表現することになる。したがって、非客観化作用の表現は発話する自我主観との関係を含む主観的・偶因的表現となる。しかもそれは、おのずから話し手が聞き手にみずからの心的体験を表明する「告知」とならざるをえない。

表現というのは、それが名指す〔……〕対象的なものを同時に告知するような表現と、名指された内容と告知された内容とが別々に登場する表現とに区分される。前者のクラスの例を提供するのが、疑問文、願望文、命令文であり、後者のクラスの例を提供するのが、外的事物や過去の体験や数学的関係などへと関わる言明文である（XIX/1, 84）。

告知はコミュニケーション関係として、言語身体の現実性を必要としており、指標的要素をあわせもっている。第二に、非客観化作用の表現は作用についての判断であるが、たんなる反省的記述という意味での主観的体験の理論的記述ではない。したがって、「天よわれらを助けたまえ」という願望文は、「われわれは天に助けてほしいと思っている」という願望体験の記述ではない。非客観化作用に向かう内的直観としての意味作用は、ある種の認識であるが、その体験を名指し、述定するわけではない(12)。

ここでは、〔非客観化作用に向かう〕認識は理論的に機能するわけではない――というのも、述定化においてのみ認識はそうした機能を行うが、ここで述定はなされていないためである（XIX 2, 747）。

非客観化作用は、たんなる理論的認識における言明の主題となるわけではないので、「たしかに認識され、表現されている」けれども、「主語化されているわけでもなく、述定的作用の主語や目的語となっているわけでもない」のである（XIX/2, 747）。

非客観化作用の表現というのは、みずからの体験を他者に向けて表明する「告知」であり、そして、そこで機能する意味作用（内的直観・認識）は非理論的に機能している。このように、「非客観化作用の表現」の理論は《言語の告知機能》と《意味作用の実践的機能》とを示唆しており、『論研』が依拠している二重の限定を、つまり「孤独」のなかで「理論的」に認識する主観への還元を、事実上は失効させている。しかも、非客観化作用の表現は、「実践的には、しかもコミュニケーション的には」きわめて「重要」であるということが、フッサールによって確認されている（XIX/2, 749）。こうしたことから、『論研』のなかに言語行為論の可能性を読みとることができるであろうし、実際に幾人かの論者はそうした試みを行っている。[13]

六　『論研』における倫理学の可能性

しかしながら、フッサールはこのような注目すべき場面を視野に収めながらも、非客観化作用を「新たな類の意味付与作用」として取り上げることはなく、客観化作用としての意味作用の「偶然的な特殊化」と位置づけて、客観化作用の一元論の枠内において処理しようとしている（XIX/2, 748f.）。したがって、『論研』における非客観化作用の解明は、あくまでも「何かについての意識」としての志向性を根本概念とする現象学にとって、非本来的位置づけをもつにすぎない。[14]つまり、非客観化作用の充実の理論にしても、その表現の理論にしても、現象学的観点から承認されたものになっていないのである。したがって、『論研』に実践哲学が見いだされるとしても、それが現象学の枠内にどのように収まるのかは依然として曖昧なままと言わざるをえない。

たしかに、フッサールの倫理学への取り組みは、一八九〇年代にまで遡ることができ、一八九一、一八九三、一八九四、一八九五、一八九七年の夏学期に、倫理学関連の講義を行っている[15]（Dok I, 30; 35, 41; 50; 51）。たとえば、一八九七年の「倫理学と法哲学」講義の断片からは、当時のフッサールが倫理学を「それ自体において価値があり、あらゆる間接的な派生価値に目的を与えるような最高の目的」「最高の実践的目的」の探究とみなしていたことがわかる（Vgl. XXVIII, xv）。これは、倫理学を最高目的についての学問と考えるブレンターノに倣っている。[16] さらには『論研』からまもない一九〇二／〇三年の講義では、近代のイギリスを舞台に行われた「悟性道徳」（R・カドワーズ、S・クラークら）と「感情道徳」（シャフツベリー、F・ハチソンら）との論争が取り上げられている。善悪などの倫理的概念の起源を悟性に求める「悟性道徳主義者たち」は、「真正な意味での善」が真理と同じような「絶対的な規範」であることを主張し（XXVIII, 386）、善悪の起源を感情に求める「感情道徳主義者たち」は、「感情が捨象されているならば、『善』『悪』という言い方はされないことは自明である」と、善悪に対する感情の関与を強調している（XXVIII, 394）。フッサールによれば、このような双方の立場は傾聴に値するが、「道徳」が「感情」に根ざすことが「倫理的規範の厳密な一般妥当性や一般的拘束性の廃棄」につながるという結論を共有する点に問題がある（XXVIII, 390）。そのうえで、双方がともに前提にしている「感情」の「経験的性格」に対して疑義を唱えて、「感情や感情に根ざす概念の本性のうちにも、アプリオリな合法則性が根ざすことができないとでも言うのだろうか」と、感情のなかの合理性を探究するプログラムを示している（XXVIII, 396）。

しかしながら、『論研』やその思想圏のなかから、そのようなプログラムの実現を見いだすことは困難である。そこでの倫理学は、現象学的に根拠づけられたものになっていない。よりはっきりと言えば、『論研』や同時代のテキストから読みとれる倫理学は、善悪の概念の起源を心情作用の合理性に求めるブレンターノ的記述心理学の水準にも達していない。というのも、『論研』における志向的体験の解明は論理学の認識論的基礎づけという問題設定の枠内を動いているが、非客観化作用の概念は善悪の規範的概念と関連づけられることもなく、倫理学の根拠づけという問題とは無関係に導入されているからである。『論研』は、「論理学的体験の現象学」であるのと同じ意味において、「倫理学的体験の現象学」にはなっていない。[17]『論研』の思想圏における意志や評価の意識体験の分析は、学的倫理学の根拠づけとして不十分な次の二つの要因を含んでいる。第一に、基礎にある客観化作用の部分を別にすれば、非客観化作用の志向と充実は、感情の動き（不満足・満足）より以上のものではない。したがって、そこに思念の充実という正当化の役割を見いだすことは困難である。[18]第二に、非客観化作用の表現は、おのずから「告知」であり、主観性や偶因性を排除することができない。したがって、このような表現の理論に依拠しては、真理の理念性に匹敵する善の理念性を確保することが困難になる。このような志向性の理論に依拠するかぎり、「論理学」においては退けられようとした「心理学主義」に対して、「倫理学」はあまりにも無防備にさらされている。『論研』の思想圏においては、生き方の探究どころか、合理的な倫理学を確立する枠組みさえ用意されていない。したがって、倫理学の問題をめぐっては、まだいかなる「突破」もされてないと判断すべきであろう。『論研』の志向性理論をもってしては、フッサールの倫理学は懐疑主義に陥ることになる。

註

（1）『論研』における意味の理念性と体験の現象学的分析との関係については、植村が明確に論じている（植村 2009）。

（2）浜渦 1995, 29-36.

（3）Derrida 1967.

（4）感性的知覚や想起のような非言語的直観の意識も対象的関係を有する志向的意識であるが、それというのも「知覚意味」や「想起意味」を介しての対象への関係という「表現図式」が採用されるからにほかならない。後の『イデーンⅠ』では拡大された表現の概念が提起されている（III/1, 285）。

（5）一八九四年論文では、アラベスク体験（直観）と記号体験（代表象）との違いとして、ある種の「意識様式」の相違が指摘されていた。ここではその相違が明確に「作用性格の様相化」（XIX/1, 398）と指摘され、直観と代表象の区別が、意識が対象を思念し、対象が意識に与えられる仕方の相違のうちに求められている。

（6）さらには、志向や作用という概念がもつニュアンスにも注意が喚起されている。「志向（Intention）」という語は、「目論み」だけでなく目標の「達成」にも該当する広い意味をもち、意識の一般的な対象的関係を示している（XIX/1, 393）。また「志向的体験」としての意識の「作用（Akt）」は、決して身体行為を連想させる「活動（Betätigung）」というニュアンスをもつことはなく、「心的活動としてではなく、志向的体験として、われわれは作用を定義する」（XIX/1, 393 Anm.）と言われる。このような特徴はリーやブノワによっても確認されている（Lee 2000; Benoist 2008）。

（7）あらゆる心的現象が志向的性格を見いだすわけではない。フッサールは「非志向的感情」を容認し（XIX/1, 406ff.）、心的現象がかならずしも志向的であるわけではないと考えており、この点でブレンターノから一線を画している。

（8）AがBに基づけられる場合、AはBなくして存在しないという形式的関係が「基づけ」である。フッサールは非理論的意識を理論的意識に基づけられるものと考えており、その内実は時期や問題設定に応じて変化している。

（9）Vgl. Melle 1990, 39.

（10）非客観化作用は「認識され表現されるが、〔……〕述定作用の主語や目的語にされているわけではない」というように、ここでの反省的認識は「理論的ではない仕方で機能している」のであり、ここから疑問文や願望文が形成されることになる（XIX/2, 747）。したがって、「意義作用は判断のなかでのみ遂行されるのか」「あらゆる形式の文が判断と見なされるのか」という論争に対して、『論研』のフッサールは、意味の担い手は客観化作用という一種類の作用でしかないが、あらゆる文が述定という意味での判断の表現であるとは言えないという立場をとる（XIX/2, 748）。

（11）Cf. Bernet 1994, 241. このような現象学的分析から再構成するかぎり、『論研』の倫理学上の立場は、道徳的言明を主観的心情の表現と見なし、そこに真理値を認めない点において、情緒主義（emotivism）と言える。しかし、後述のように『論研』には現象学的に承認できる倫理学はない。

（12）先の引用で「名指し」と言われるように、この点でのフッサールの立場は揺らいでいる。

（13）B. Smith 1988; Benoist 2002; 八重樫 2006. フッサールが「伝達」「コミュニケーション」という主題を現象学的考察の対象と

するのは、『イデーンⅡ』の精神的世界の分析においてである。

(14)　フッサールは一九〇八年に「『論研』の関心は〔……〕客観性に対して構成的である限りでの作用の本質へと優先的に向けられている」(XXVI, 35) と振り返っている。

(15)　なお、一八八九／九〇年の冬学期は、聴講者が二名だけだったので、中断された (Dok I, 24)。もともとフッサールは一八八四／八五年と一八八五／八六年にブレンターノの「実践哲学」に関する講義を聴講したほか、一八八四／八五年にはブレンターノの演習にも参加して、ヒュームの『道徳の原理』を講読している (Peucker 2004, xix; xxxi)。

(16)　ブレンターノによれば、諸々の善をめぐって、「第一次的に善いもの」と「第二次的に善いもの」との区別が、つまり「それ自身において善いもの」と「他のもののゆえに善いもの〔有用なもの〕」との区別がなされねばならない (USE, 19)。この区別は「目的としての価値」と「手段としての価値」との区別に関わっており、倫理学はこのような区別の原理を探求する。手段の善さは「目的へと実際に導く」ことに求められるので、手段の価値の検討は目的の価値の検討に送り返される。目的の価値の検討においては、その実現可能性が考慮され、実現不可能なものではなく、「現実に到達できると理性によって見なしうる目的」が価値をもつとされる (USE, 15)。しかも、諸々の到達可能なもののなかでも、比較検討によって「到達可能なものの最善」を選択することが求められる (USE, 16)。このように、最高善の選択の原理が倫理学にとって最も重要な課題となる。

究極目的もさまざまであり、それらのあいだで選択が行われる。究極目的がすべての基準となる原理であるため、この選択はあらゆる選択のなかで最も重要な選択である。何に向かって努力すべきか。どの目的が適切で、どの目的が不適切なのか。それゆえ、すでにアリストテレスが強調するように、こうした問いは倫理学の最も固有で最も主要な問いである (USE, 15)。

(17)　本書で考察する余裕はなかったが、第一巻『プロレゴメナ』における理論的学科と規範的学科の区別に関する論述のなかに、倫理学の可能性を見いだす試みがある。フンケは、事実から規範を導出することをめぐる問題についての考察を読みとっている (Funke 1983)。エンブリーは事実と規範の関係をめぐる考察を行っている (Embree 2000)。D・W・スミスは「根本規範」をめぐる論述のなかに「メタ倫理学」の可能性を探っている (D.W.Smith 2007, 361-368)。シレス・イ・ボラスは現象学の営みを導く規範性の考察を見いだしている (Siles i Borras 2010)。

(18)『論研』の「非客観化作用」は理性性格をもちえないという指摘がなされている(Melle 1990; Vargas Bejarano 2006, 56f.)。

第三章　意志、行為、感情の現象学

――ミュンヘン・ゲッティンゲン学派の可能性

『論研』の影響下において、ミュンヘン・ゲッティンゲン学派が形成されることになる。フッサールによって確立された現象学が方法や問題設定を共有する一つの運動にまで高まったのである。(1) この学派の特徴は、『論研』の本質分析の方法を受け入れて、事象の緻密な本質分析を行っていることである。(2) しかも、その研究領域は、必ずしも論理学に限定されず、美学や倫理学などの問題にまで拡がっている。たとえば、フッサールによって編集された『哲学および現象学的哲学年報』（一九一三―三〇年）には、この学派のなかから倫理学や実践哲学の成果があいついで発表されている。第一巻の第一部（一九一三年）と第三巻（一九一六年）にはA・プフェンダーの『心情の心理学』(3) が、第一巻の第二部（一九一三年）と第二巻（一九一六年）にはM・シェーラーの『倫理学における形式主義と実質的価値倫理学』が、第一巻の第二部（一九一三年）にはA・ライナッハの『民法のアプリオリな基礎』が、第三巻（一九一六年）にはD・フォン・ヒルデブラントの『道徳的行為の理念』(4) が、第五巻（一九二二年）にはフォン・ヒルデブラントの『道徳と価値認識――倫理的構造問題についての研究』(5) が、第七巻（一九二五年）にはE・シュタイン『国家についての研究』(6) が発表されている。

この学派の実践哲学を取り上げることは、『論研』の「認識の現象学」とは別の現象学の可能性を示唆するとともに、『論研』への考えられうる批判の内実を確認する意味をもつだろう。以下では、「意志」「行為」「感情」

というテーマについて、それぞれ本格的な分析を展開したプフェンダー、ライナッハ、シェーラーを取り上げ、この学派の実践哲学の特徴やフッサールとの関係を明らかにしたい。

一　プフェンダーの意志の現象学

プフェンダーは『論研』と同じ一九〇〇年に『意志の現象学』を発表している。もともとT・リップスが、生理学や精神物理学に依存しない、心の心理学的記述に「現象学」という呼称を用いていた。プフェンダーのこの著作も意志の現象をめぐる「『主観的』方法」(PW, 7) による記述的分析を意図しており、その意味で現象学という表題が付されている。

意欲することの心理学も、とりわけ意志それ自身の意識事実に限定されねばならない。とくに、意欲することを〔……〕肉体の運動によって規定することはできないし、たとえば意欲することを単純に「身体運動の原因」と定義することはできない (PW, 9)。

こうした立場は、まさに意識への自然科学的アプローチを避けて、直観的に経験される意識の記述的分析を試みる点で、フッサール現象学と共通している。さらには、プフェンダーは、意識の「事実成素」のうちに、「質料」や「対象的なもの」という「客観的側面」と「自我」という「主観的側面」という二つの側面を見いだし、両側面の分析を行っている (PW, 4; 15f.)。したがって、プフェンダーの現象学においては、「自我が『対象的』意識内容へと関係すること」が主題となっており（PW, 15）、意識の志向的性格が主題化されている。このような方法や主題の共通性から、この著作はまさに広義での現象学の試みと見なすことができる。とはいえ、この試みは『論研』のフッサールの影響を受けずに展開された意識体験の分析であり、その対象が「意志」という「実践的意識」であることも含めて、フッサールとは別の現象学の可能性を示している。たとえば、「思考すること、感じること、意欲することとは〔……〕密接に結びついているため、これらの一種類を単独で心理学的分析におきいれることはできない」（PW, 3）という立場は、現象学の主題をあらかじめ「認識」に限定した『論研』のフッサールとは大きく異なっている。

プフェンダーの『意志の現象学』の前半は、「意志（Wille）」「願望（Wunsch）」「欲求（Begehrung）」などを含めた「広義での意志」を「努力（Strebung）」と総称し、その一般的特徴を分析しており、後半は、そこから狭義での「意志」を輪郭づけている。「努力」の特徴として最初に挙げられるのは、その内容が特殊な時間規定をもっていることである。

> 努力の事実成素においては、非現在的なものが思念されているか、あるいは自我が非現在的なものへの注意関係にいる。すなわち、努力されるものとして注意される表象は、現在的なものと特徴づけられるのではなく、多かれ少なかれ特定された過去や未来の時間点に属するものとして見いだされる（PW, 55）。

このように、努力の意識においては、たしかに、努力されるものが表象されてはいるが、しかし、この表象は非現在のものを代表象している。したがって、努力が向かうのは、この表象によって「代表象される」ような非現在のものである。それは、意識されているかぎりにおいて意識に現前しているが、そこには現在という性格が欠如している。

さらには、努力の対象というのは、たんに非現在のものであるというわけではなく、積極的には「目標」という意味をもっている（PW, 39)。

意識のうちに目的表象が見いだされるならば、この表象はたんに何かについての表象のうちにあるのではなく、この表象のほかにさらに表象されたものに向かう〔……〕努力がある（PW, 39)。

このような目標への方向性の契機は、「駆り立てる」「内的傾向」「尽力する（Sich Bemühen)」と表現されており、こうした目標への志向が「努力」の概念の実質的意味を形成している。しかも、「この契機が意識されているかぎり、この契機を努力感情と呼ぶ」（PW, 58）というように、この契機は「努力感情」というある種の「感情」と特徴づけられている。

プフェンダーにとっての「感情」とは、意識の主観的側面にかかわるものであり、客観的なものにかかわる「感覚」と対比されている。「温かさや冷たさ」などの「感覚」は、「外界と呼ばれるもの」を「構成」している。すなわち、感覚は「意識に与件をもたらす」ことで、「『対象的』内容」となることができる（PW, 60f.)。これに対して、感情は「自我を構成する」のであり、感情によって「自我が『対象的』内容へ関係することのなかでどのような状態であるか」が形成されるため、感情は「自我の変遷する状態性」「意識‐自我の様相化」とも呼ばれている（PW, 60)。より正確に言えば、感情のなかで「われわれは自分自身を感じ、同時に、自分が向かい合うものへと関係しているのを感じる」（PW, 16）のであり、感情は、自我が対象へと関係する仕方を規定すると同時に、その自我自身を非対象的に意識させるような二重の機能をもっている。つまり、感情は自我が対象へと関係する様式を形成しつつ、それ自身は対象的にならないため、「『非対象的』内容」とされている(7)（PW, 60）。このような感情は、能動性や受動性の区別を問わない広い意味で用いられ、「自我が『対象的』内容へ肯定的ないし否定的に参与する様式」（PW, 61）を意味している。

こうした自我感情は、つねに同時にあるものへと関係していることの感情である。そのさいに、自我感情は、すでに自我が内容へと関係することを含んでいる。自我、自我が内容へと関係すること、「対象的」内容は、一つの意識事実成素であって、説明のうえで分離される契機にすぎない（PW, 16）。

このように、意識成素の主観的側面が自我感情と特徴づけられており、しかもそれは、自我が対象的なものへと関係することの感情とも見なされる。したがって、ここでは意識の志向的性格の特徴づけが、まさに感情を中心になされている。自己と世界との関係やそうした関係についての自己知が、感情を手がかりに解明されることになる。

努力感情が現に存在することが、努力の意識を努力のない意識状態から区別する。それゆえ、努力感情というのは、努力一般の概念にその特殊な意味を与えるような直接的経験でもある（PW, 63）。

努力の意識は、現前しないものとしての目的への関係や努力感情によって一般的に特徴づけられたが、ここからさらに狭い意味での「意志」が際立たせられることになる。「努力することの特殊事例」（PW, 76）としての意志に特有の性質を明らかにするために、努力の一事例である「願望」との比較考察がなされている。まず注目されるのは、「願望」は何らかの不可能なものに向かい、意志は何らかの可能なものへ向かうことから、「願望」は「不可能性への信念」を含むのに対して、「意志」は「可能性への信念」を含んでいることである。とはいえ、「可能性への信念」というのは、自然の過程のなかに生じうる「明日は晴れる」のような可能性の信念のことではない。意志にかかわる可能性は、「現実的になることの可能性の意識」であるだけではなく、「努力されるものを現実的にする可能性の意識」でなければならない（PW, 77）。すなわち、「意欲することには、努力されるものの『現実化』の可能性の意識が属している」（PW, 78）と言われるように、意欲する主観が何かを「現実化」する可能性がここで問題になっている（PW, 77）。より明確に言うならば、みずからの能力によって何かを現実化することが、意志にとって決定的な意味をもつ。

意欲することには、〔……〕意欲されるものを自分で現実化できることへの信念が属している（PW, 78）。

したがって、目標の現実化の見込みがなくなるとき、「わたしの努力は〔意志ではなくて〕たんなる願望になる」（PW, 79）のである。さらには、「過ぎ去ったものにわたしの影響力が及ぶことはない」ので、「意欲することは、未来の体験にのみ向かいうる」とも言われている（PW, 79）。したがって、意志は、みずからの能力によって現実化する可能性への信念を含んでおり、未来のものに向かうような努力の一形式と言うことができる。

プフェンダーの意志の現象学は、意識体験の志向的性格を記述的に解明しながらも、意志という実践的意識を範例とし、その志向的性格のうちに、感情の契機の積極的関与を認めている。フッサール的観点から見れば、このような意識分析がそのまま論理学や倫理学の基礎づけに寄与することは、ありえないであろう。というのも、真や善などの規範を感情と関係づけることは、『論研』以前の先現象学的段落に逆行することになるからである。しかし、プフェンダーはそのような学問論的問題設定に囚われることなく、意識現象としての意志の記述心理学を行っている。したがって、この時点でのプフェンダーは、論理学や倫理学を心理学的枠組みで根拠づける試みが陥る「心理学主義」を危惧することもなく、意志の現象の解明に取り組み、一定の成果を挙げている。このようなプフェンダーの意志の現象学は、後にフッサールに「意志」や「努力」の志向性の考察を促す機縁となるばかりか(8)、P・リクールの「意志の哲学」の第一部『意志的なものと非意志的なもの(9)』にも影響を与えている。

二　ライナッハの行為の現象学

ミュンヘン・ゲッティンゲン学派に属するライナッハは、『論研』から多大な影響を受けつつも、その問題点を解消する形で、独自の現象学的分析を推し進めている。以下では、ライナッハの多様な現象学のなかから、「社会的行為」の概念に結実する「行為」の解明を追跡してみたい。ライナッハは、『否定判断論』(一九一一年)において、『論研』のフッサールに依拠しながらも、彼独自の枠組みによって志向的体験の本質を分析している(RSW/1, 95-140)。そこで注目すべきは、言語を用いる場合の意識の志向的機能について、かなり立ち入った探究を試みている点であろう。

言葉を発することで、わたしは何かを思念する（RSW/1, 102）。

このように、言語を発しながら何らかの対象を「思念（meinen）」するときには、「対象的なものへの自発的方向性」（RSW/1, 102）が見いだされる。この「思念」が「自発的」で「瞬間的」な作用であるのに対して、「表象」は対象を志向しながらも、「対象を端的に受容的に所持する」のであり、「多少なりとも持続をもちうる」とされる（RSW/1, 102）。ライナッハは、『論研』のフッサールが曖昧にしていた「表象」と「思念」を区別することで、意識の志向的性格に対して、「受容性」と「自発性」という二つの段階を設けることになる。

それゆえ、表象とは別に思念が登場するが、この思念は次のことによって表象から区別される。つまり、つねに言語の衣をまとうこと、方向性の自発性や時間的に点的な本性が本質的であることによって、思念は表象から区別される（RSW/1, 102）。

このような思念は、何かへの方向性という志向的機能を担いながら、「語を理解しながら発話することと結びつく作用」（RSW/1, 103）である。ライナッハ的意味での「思念」というのは、自我が発話することとしてその身体性をもちうるような作用（Akt）であり、この「作用」は「行為」と訳すこともできるだろう。一九一三年に発表された『民法のアプリオリな基礎』では、こうした言語的、自発的作用という発想を基礎にして、「社会的作用・行為（sozialer Akt）」の概念が定式化されている(10)。

自我のさまざまな体験のなかにおいて、社会的行為というのはどのように特徴づけられるのだろうか。そこではまず、諸々の体験のなかで、「自我に属している」だけで自我が自発的、活動的に機能しているわけではない「状態的なもの」と、「そこで自我が活動的であるとわかる体験」「自発的行為」「自我の行動（Tun）」とが区別される。「われわれは、決意していることから、〔……〕決意することを、状態的なものから〔……〕瞬間的な体験を区別する」（RSW/1, 158）とされるように、受容的、状態的、持続的なものとしての「決意している」ことと、自発的、瞬間的な行為としての「決意する」こととが区別されている。そして、後者の自発的行為には「決心する、優先する、赦す、賞賛する、非難する、主張する、質問する、命令する」などが属すことになる（RSW/1, 158）。

このような諸々の自発的行為を検討してみると、「決心するという行為は内面的なものであり、声にださなくても、あるいは声にだす必要がなくても、その作用は遂行される」のに対して、「命令や懇願などは、純粋に内面的なかたちでは遂行されえない」ことがわかる（RSW/1, 159）。

とりわけ「命令」は「他人に向かうことにおいて告知され」、「他人に浸透し」、「他人に聞き届けられる」ことが重要な意味をもっている（RSW/1, 159）。こうして、他人に聞き届けられる必要のある「命令」「懇願」「伝達」などが、そうではない行為から、たとえば、赦し、愛、憎しみなどから区別される。前者においては、他人が聞き届けることが成立にとって必要不可欠である。

こうして最終的には、「自発性（Spontaneität）」と「他人に聞き届けられる必要性（Vernehmungsbedürftigkeit）」を特徴としてもっている体験が「社会的行為」と命名される。

自発的であり他人に聞き届けられる必要がある行為を、「社会的行為」と呼ぶ（RSW/1, 159）。

社会的行為は、自我に属する諸々の意識体験を分類することで際立たせられたものである。しかしながら、そこではたんに「何かについての意識」という契機のみならず、「他人に聞き届けられること」という契機も指摘されている。このことは、『論研』の客観化作用としての志向的体験の定式化とは異なった問題圏のなかで、体験の分析が進められていることを意味している。こうした文脈において、社会的行為の身体性が指摘されることは注目に値する。

ライナッハは、少なくとも人間同士の場合には、「行為がなんらかの仕方で現象しなければ、社会的行為の告知機能は充たされえない」と考えている（RSW/1, 160）。すなわち、社会的行為は物的なものを通じてのみ把握されうるので、他人に聞き届けられるためには、身体的な現象を媒介として（フッサール的意味において）「告知」されねばならず、指標的要素をふくむものとなる。

社会的行為は内的側面と外的側面を、いわば心と身体をもっている（RSW/1, 160）。たとえば、命令においても「表情や仕草や言葉」が「社会的行為の身体」となっており、この身体のうちで命令が現象することで、はじめて他人に聞き届けられる（RSW/1, 160）。より積極的に言えば、命令は、「純粋に外的な行動」でも、「純粋に内的な体験」でも、「そうした内的な意見の告知的表明」でもないのであり（RSW/1, 159）、むしろ「自発性、志向性、他人との関わり」とともに「聞き届けられる必要性」が本質的とされる「主観の特有の様式の体験や行動」である（RSW/1, 160）。命令は、それが表明されるに先立って何らかの内的体験として機能しているのではなく、「表明されなければまさに不可能である」（RSW/1,160）。

〔懇願、賞賛、質問、伝達、回答などの〕社会的行為は、それを遂行する者によって、遂行そのものにおいて、他人に投げかけられ、他人の心へと組み入れられる（RSW/1, 160）。

このように社会的行為は、その遂行が必然的に身体的な表明をともない、他人に聞き届けられるのでなければならない。それはまさに外的な身体性を欠くことができない体験であり、まさに行為と呼ばれるにふさわしい。ここには、『論研』のフッサールの「孤独な心的生」において機能する「表現」への批判と同時に、事実上は「告知」であらざるをえなかった「非客観化作用の表現」の理論の継承を読み取ることができるだろう。[11] このようにライナッハは、『論研』の客観化作用の二元論が陥っている主知主義からかなり自覚的に距離をとり、非客観化作用の表現の理論を発展させ、社会的行為という独自の概念を形成している。

三　シェーラーの感情の現象学

二〇世紀初頭を代表する倫理学説として知られるシェーラーの倫理思想は、感情の合理性を指摘する現象学的倫理学の流れに棹差している。『倫理学における形式主義と実質的価値倫理学』（一九一三／一六年）は、旧来の倫理学史において登場した「絶対的でアプリオリな、さらには合理的な倫理学」でも「相対的で経験的な、そして情緒的な倫理学」でもなく、「絶対的かつ情緒的な倫理学」の構想を実現しようとしている（SGW/2, 260）。絶対的かつ情緒的な倫理学というのは、価値と感情のアプリオリを探究する倫理学であり、客観的に成立する価値秩序とそれに対応する感情の様式という二つの側面を視野に入れている。価値そのものはアプリオリに成立するために、主観によって感得される必要はないが、それが感得されるさいにはそれぞれの価値の位階に対応した意識の様式が機能することになる。(12) 価値のアプリオリな構造と感性的なものに限定されない感情の働きを解明することが、シェーラーの価値倫理学の大きな特徴になっている。

価値のアプリオリを解明する実質的価値倫理学の成立にさいしては、ブレンターノの影響はもちろんのこと、『論研』のフッサールが影響を与えたことはよく知られている。

筆者〔シェーラー〕は、自分がそれまで傾倒していたカント哲学に満足せず〔……〕、われわれの直観に与えられているものの内容は、もともと、感性的要素やそこから派生したもの、さらにそれと結びついた論理的統一形式によって覆われているものよりも豊かである、と確信を抱くようになった。筆者がこのような意見をフッサールに説明し、理論哲学を構築するための実り豊かな原理はこうした洞察にあると考えていると述べると、フッサールはただちに、自分もやがて出版する新しい論理学に関する著作で、同じように直観概念を類比的に拡張して、いわゆる「カテゴリー的直観」に適用しようとしたと述べたのである。この瞬間からフッサールと筆者のあいだに精神的結びつきが成立し、筆者にとってそれは非常に実り豊かなものとなった（SGW/7, 308)。

新カント派のR・オイケンのもとで哲学的キャリアを歩み始め、次第に現象学に接近したシェーラーの自己回顧に従うかぎり、彼がフッサールの完全な影響下でみずからの立場を形成したわけではないようである。とはいえ、ほぼ同時期に同じような発想を抱きながら、フッサールがいちはやく論理学の著作を公刊し、シェーラーは

『論研』以降のフッサール現象学の受容と批判のもとで、独自の倫理学を築いたことは確かである。

それにもかかわらず、彼の倫理学は『論研』のフッサールに対する基本的な批判を含んでいる。その批判はまさに、『論研』が「認識」の現象学を中心に据えて、あらゆる志向的体験を客観化作用というモデルに依拠して定式化したことに向けられている。以下ではこうした観点から、シェーラーが「感得（Fühlen）」と呼ぶ「感情の志向性」の理論を追ってみたい。すでに確認したように、『論研』のフッサールは、感情そのものに対して志向的・構成的機能を認めておらず、感情が何かについての感情であるのは、客観化作用に基づけられることによると考えていた。これに対して、シェーラーは、いくつかの代表的な著作において、感情に独自の志向的・構成的機能を認めている。

「悟性」にとっては、その対象が閉ざされているような経験様式がある。耳や聴覚が色に近づきえないのと同様に、悟性はその経験の対象に近づきえない。しかし、こうした経験は、われわれに諸々の真正な客観的対象やそれらの対象同士の永遠の秩序を提供してくれる。その対象や秩序とはまさに価値であり、価値のあいだの階級秩序である（SGW/2, 261）。

ここでは、価値に接近するためには、悟性ではない経験が必要とされており、いわば「価値の世界への唯一可能な通路を形成する特殊な機能や作用」（SGW/2, 87）の探究が価値倫理学にとって不可欠であることが示唆されている。このような経験の様式というのは、シェーラーによれば、ブレンターノが心的現象の第三のグループに分類した、さまざまな様式をもつ情緒的意識にほかならない。

優先（Vorziehen）と後置（Nachsetzen）において、愛と憎しみそれ自身において、すなわち、そのような志向的な機能や作用において、価値とその秩序が瞬く！（SGW/2, 87）

このように、シェーラーの価値倫理学は、さまざまな感情そのものをある種の「客観化作用」と見なしており、それが価値に出会うために「媒介としての表象」の必要性を認めていない（SGW/2, 265）。しかも、この感情による価値の経験は、いかなる悟性の働きにも依存しておらず、独自の様式において機能している。

こうした感得の働きは、「表象」がその「対象」に関係するのと同じように、その価値相関項への関係をもっている――まさに志向的関係をもっている。ここでは、感得の働きは直接的であれ、表象を介してであれ、外的に対象と結びつくのではなく、感得の働きは独自の様式の対象へと、まさに「価値」へと根源的にかかわっている（SGW/2, 263）。

このような感情の独自の働きに着目する「価値現象学・情緒的生の現象学」は、「感得、優先、愛、憎しみ、意欲」などの「精神の情緒的なもの」がもっている「『思考』から借り受けたのではない根源的でアプリオリな内実」を明示しようとしている（SGW/2, 82f.）。シェーラーは、「ブレーズ・パスカルが適切に述べるように、アプリオリな『心情の秩序（ordre du coeur）』あるいは『心情の論理（logique du coeur）』が存在する」（SGW/2, 82）というように、パスカルやアウグスティヌスらの「愛の秩序」の思想家の系譜にみずからを位置づけている。価値や価値意識の現象学的解明は、価値と感情の秩序を探求することで、倫理学に寄与することになる。さらに重要なのは、感情が価値の世界を開示する能力をもつのみならず、価値の感得こそが、われわれの世界経験の根源的な様態と考えられていることである。

> 世界一般に対する第一次的な振る舞いというのはどんなものであれ、外界に対してだけではなく内界に対しても、他者に対してだけではなくわれわれ固有の自我に対しても、「表象的な」ものでもなければ、知覚するという関係でもない。それはつねに〔……〕情緒的で、価値把握的（wertnehmend）なものである（SGW/2, 206）。

このような発想は、客観化作用が非客観化作用を基づけると考えた『論研』のフッサール現象学とは全く異なる見解に到達している[13]。シェーラーが『論研』の主知主義に対する批判的見解をもっているのは明らかであろう。では、世界に対する根源的な関係としての情緒的関係というのは、どのようなものなのであろうか。価値としての世界が開示されるのは、表象と結びついてはじめて志向的機能を獲得するような「状態的感情」においてではなく、「志向的感得」そのものの「機能」においてである。「志向的な感得機能のクラス」というのは「価値」を「受容する感得」であり、価値の根源的な受容の経験として、非志向的な「状態」から区別されている（SGW/2, 265）。

> 志向的な感得の経過において、対象それ自体の世界が、まさにその価値側面からのみわれわれに「開示」される（SGW/2, 265）。

このような価値の感得の「機能」が価値の原初的受容として成立し、世界が価値側面から開示される。さらに、こうした「情緒的機能」のうえには、「作用」と呼ばれるような「情緒的で志向的な生のより高次の階層」が成立している。「情緒的作用」としては「優先」「後置」などの例が挙げられるが、そのなかでは「価値の位階や価値がより高いことや低いことが把握される」という(SGW/2, 265)。つまり、優先や後置は、感得の機能によって経験された諸々の価値を比較したうえで、それらの高低を把握するような高次の経験(作用)である。この経験は、意志や努力の領域に属する「選択」ではなく、あくまでも「情緒的な作用体験のクラス」であり、「優先はそれゆえまだ価値認識の領域に属しており、努力の領域に属すわけではない」とされている(SGW/2, 266)。

「愛と憎しみ」もまた、価値のたんなる受容としての「志向的感得機能」とは区別され、優先や後置とともに「情緒的作用」に位置づけられている(SGW/2, 266)。とはいえ、「愛と憎しみは、われわれの志向的で情緒的な生の最高段階を形成する」(SGW/2, 266)というように、情緒的作用のなかでも特殊な位置づけをもっている。愛や憎しみは、すでに感得され、ときには優先された価値へ「応答する」のではなく、愛や憎しみにおいて「価値領域が〔……〕拡張や縮小をこうむる」のである(SGW/2, 266)。『共感の本質と諸形式』(第二版、一九二三年)の言い方では、愛は、すでに獲得された「価値そのもの」に向かうのではなく、「価値を含んでいる対象」に向かい、価値の担い手となるものを愛する(SGW/7, 151)。そのとき、愛はそれが向かうもののなかに、より高い価値を発見することになる。したがって、愛はたんなる「応答」ではなく「『自発的』作用」として、「われわれの価値認識において本来的に発見的な役割を果たす」のであり、その経過のなかで「そのつど新しいより高い価値」「当該の者にまだ完全に知られていない価値」が、「煌き」、「輝く」ことになる(SGW/2, 266)。

それゆえ、この作用は価値感得や優先にしたがうのではなく、それらの先駆者や案内人として、それらに先立っている。そのかぎりで、この作用には、〔……〕ある者がそのつど感得し、優先しうる価値の範囲や総体に対しての「創造的な」働きが帰属している（SGW/2, 267）。

このように、愛や憎しみは、「情緒的態度のまったく根源的かつ直接的なあり方」であり、あらゆる価値受容の機能や作用に先行して、主観にとって価値を創造的に発見する役割を担っている（SGW/7, 152）。したがって、こうした愛によって発見されるより高い価値が、価値の感得によってあとから受容され、優先によってより高いものと認識されることになる。シェーラーの価値倫理学は、愛の作用という生の根源的様態のうちに、価値の発見的・創造的な働きを見いだしている[14]。ブレンターノにとって愛と憎しみは、他の心情作用と同列に置かれるものとして、心情作用の範例として取り上げられていたにすぎない。しかし、シェーラーは、愛と憎しみのうちに、価値を創造する機能を認めることで、他の心情作用に対するそれらの根源性を主張しており、この点に新しさがある。また、このような心情作用の全般が、世界を開示する能力をもち、いわば客観化作用として機能すると考えられている点において、『論研』のフッサール現象学とは異なった可能性を示している[15]。

註

（1）もともと、T・リップスの門下生たちが、一八九五年に「心理学協会」を発足させ、A・プフェンダーやJ・ダウベルトが中心となって、毎週のように会合をもっていた。彼らは、『論研』の心理学主義批判から強い影響を受けた後に、フッサールをミュンヘンに招くなどして、フッサールとの交流をもつようになる。そこには、A・ライナッハ、T・コンラート、M・ガイガー、A・フィッシャー、A・ガリンガーなどが属しており、一九〇六年頃にはM・シェーラーが参加しはじめている。このような活動に参加した人達がミュンヘン学派と呼ばれている（Spiegelberg 1982, 166-168）。また、ゲッティンゲン大学に赴任したフッサールのもとには、次第にその賛同者が集まるようになる。ミュンヘンのリップスの門下生たちも、『論研』の出版以降、ゲッティンゲンを訪れて、この地で活発な議論を交し合っている。一九〇五年には、ライナッハ、J・ダウベルト、ガイガーが、一九〇七年にはコンラートが、一九〇九年にはD・フォン・ヒルデブラント、一九一〇年にはH・コンラート＝マルティウスがゲッティンゲンに来ている。この他にも、一九〇五年にはW・シャップが、一九〇九年にはJ・エランが、一九一〇年にはA・コイレが、一九一一年にはH・リップスとW・ベルが、一九一二年にはR・インガルデンが、一九一三年にはF・カウフマンとE・シュタインがゲッティンゲンを来訪し、フッサールと研究をともにする。彼らがゲッティンゲン学派と呼ばれている（Spiegelberg 1982, 169-170）。

（2）『イデーンI』の超越論的観念論に批判的な態度をとることも、彼らに共通する特徴である。

（3）Pfänder 1913-16.

（4）Von Hildebrand 1916.

（5）Von Hildebrand 1922.

（6）Stein 1925.

（7）「感情が何であるかは、本来のところ定義されえないのであり、たんに体験されうるにすぎない」(PW, 61) とすら言われている。

（8）フッサールの一九一四年の講義「意志の現象学」の展開は、明らかにプフェンダーの影響下にある（第七章）。とりわけ、未来への志向、願望と意志の区別、現実化などの発想が受容されている。

（9）この内容について、第六章で紹介する。

（10）社会的行為の概念の成立や背景について論じた文献がある（榊原 1992、植村 2007）。

（11）「否定判断論」（一九一一年）においては、「声に出して発話することを表象することと内的に発話することとはあきらかに異なっている」ことが指摘され、「内的に発話することをたんなる言語の表象と見なそうとする」見解（フッサールの表現論）が批判されている（RSW/1, 98）。

（12）「快価値」「生命的価値」「精神的価値」「聖価値」という価値の位階秩序が、あらゆる歴史的・主観的相対性を超えて、アプリオリかつ客観的に成立するものと考えられている。まずは「快の価値」が最も低次の段階の価値として成立している。「心地よい、心地悪いという価値系列」は、快、不快という感覚状態とともに、「感性的感得」において根源的に与えられる。この価値に対しては、「享受」や「受苦」という対応をすることができる。こうした感性的感得において与えられる価値についても、快が不快に対して優先されるということは、経験的、偶然的な事態ではなく、価値や価値の感得のアプリオリな秩序として成立している（SGW/2, 122）。次いで「生命的価値」が第二の段階の価値として成立する。「高貴」「平凡」と形容されるものや「優劣」「幸福」などの身体的な価値がここに属している。こうした価値は「生命的感得」において根源的に与えられる。この価値への応答反応としては、「喜ぶ」「悲しむ」「気力」「不安」などが挙げられる（SGW/2, 122f.）。さらに高次の価値として「精神的価値」が成立している。ここには美醜のような美学的価値や正・不正などの社会的に見いだされる価値や知識の価値などが属している。これらの価値は、身体から独立した「精神的感得の機能、精神的な優先や愛と憎しみの作用」によって根源的に把握される。そしてこれらの価値に対しては、精神的な意味での「気に入る、気に入らない、是認する、否認する、尊敬する、軽蔑する」などの応答反応をとることができる（SGW/2, 124f.）。最も高次の価値とされるのが「聖と不聖という価値様相」である。ここでは一切の歴史的文化的現象から独立した聖なるものが念頭に置かれている。こうした価値は「人格へと向かう〔……〕ことを本質とする〔……〕特殊な様式の愛の作用」によって把握される。これに対する応答反応は、「信仰、不信仰、畏敬、崇拝」などである（SGW/2, 125f.）。このように、アプリオリに成立する四つの価値位階が示されたうえで、それに対応する価値の感得の意識が指摘されている。価値そのものはアプリオリに成立するために、主観にとって感得される必要はないが、それが感得されるさいにはそれぞれの価値の位階に対応した意識の様式が機能することになる。

（13）フッサールは『イデーンⅠ』において、評価の作用（ノエシス）にも独自の志向的客観（ノエマ）を認める。しかし、価値体験は、認識体験に基づけられるものと見なされている。

（14）とはいえ、価値は主観性に依存せずにアプリオリに成立している。したがって、主観にとっては価値の創造と言える事態も、客観的には価値の発見にすぎないことになる。

（15）『イデーンⅠ』のフッサールはあらゆる作用を客観化作用と見なすことで、心情作用にも世界を開示（構成）する能力を認めている（第五章）。

第四章　哲学の理念と価値構成のジレンマ

――理性批判としての現象学的哲学

「非客観化作用」の分析に見いだされる『論研』の実践哲学は、ライナッハの社会的行為の概念に影響を与えるなど、それ自体においては興味深い成果であり、その可能性は注目に値する。しかし、『論研』の思想圏においては、倫理学の基礎づけを可能にする現象学的枠組みは獲得されていなかった。フッサールは、みずからの現象学のそのような不備を自覚して、『論研』以後に現象学的倫理学の確立に尽力している。このときフッサールは、ミュンヘン・ゲッティンゲン学派とさかんに交流し、同学派による多様な意識体験の本質分析を知っていたが、そこから決定的な影響を受けたわけではない(1)。むしろこの時期には、現象学は「理性の批判」というカント的問題設定のもとに再編成されるのであり、「実践理性の批判」という課題のもとに意志や評価の体験の現象学的分析が試みられている。この章では、フッサール倫理学の成立と発展という観点から、『論研』と『イデーンⅠ』との中間期を年代記的に追うことにしたい。もともと認識論として出発した現象学は、倫理学に取り組むことでどのような困難に出会い、その困難をどのように克服するのであろうか。さらには、そこで確立される倫理学とはどのようなものであろうか。

一　現象学と理性批判

『論研』の思想圏における倫理学の不備は、少なくとも一九〇三年にはフッサールによって問題として自覚されはじめ、みずからの哲学的枠組みを拡張する方向性が示されている。一九〇三年頃には、次のような哲学の構想とともに、『論研』の思想圏を乗り越える問題設定がなされていたようである。

心理学と哲学

導　入

1　世界観としての哲学と学的哲学。学的哲学の主要学科。心理学と哲学の関係をめぐる構想。心理学主義とその主要議論。学的哲学に対する闘争の問いの基本的意義。

A　論理学における心理学主義と理論理性の批判。

2　心理学主義の懐疑的で極度に相対主義的な帰結。デイビット・ヒュームの心理学主義的懐疑。カントによるその克服の試み。

3　カントの認識批判における懐疑的人間学主義。新ヒューム主義と新カント主義。ヒュームとカントの和解の問題。一貫した観念論。理論哲学の批判という基本問題の最終的解決に対する方針。

B　倫理学における心理学主義と実践理性の批判。
4　悟性道徳と感情道徳。ヒュームの相対主義的倫理学とカントの絶対主義的倫理学。
5　続き。近代の懐疑主義。シュティルナーとニーチェ。近代の価値論。倫理学的懐疑主義の克服（XXVIII, xxii）。

ここでは、全体にわたって、たんなる「心理学」と理性の批判を課題とする「哲学」とが区別されており、現象学と記述的心理学とを同一視していた『論研』からの新たな歩みを示している。(2)「理論理性の批判」「認識批判」という課題とともに心理学と哲学との区別が示唆されたことは、認識論における心理学主義の解決の必要性が明確に自覚されたことを示している。(3)これによって、論理学的真理の理念性を確保するだけではなく、認識する意識の理性性格の究明が重要な課題と位置づけられる。しかも、論理学の哲学が「理論理性の批判」として実行される必要性が明らかになるとともに、倫理学における類似の問題への取り組みが「実践理性の批判」と見なされている。こうして、倫理学的問題は、いまや「実践理性」や「評価的理性」(4)の批判としての意志や感情の志向的分析において展開されることになり、この課題が『イデーンⅠ』への道を特徴づけることになる。

このような問題設定のあとも、フッサールはおもに論理学の基礎づけに取り組んでおり、心理学から区分された「理論理性の批判」としての現象学的哲学の樹立に向けての努力を続けている。「実践理性の批判」の本格的検討に入るのは、一九〇八／〇九年の講義になってからである。しかし、「理論理性」の問題についての考察のなかで、ときには「実践理性」や「評価的理性」の批判について言及されている。一九〇五年の「判断論」講義では、「純粋論理学」の理念とそれにふさわしい「理論理性の批判」に言及されたのちに、「純粋論理学を、純粋倫理学、純粋美学、純粋価値論に置き換えるならば〔……〕、認識論や理論理性の批判には、実践的、美感的、評価的理性一般の批判が対応する」とされ、倫理学における「認識論と類比的な問題や困難」に言及されている（Mat.V, 42）。客観的側面において「純粋論理学」と並んで「純粋倫理学」「純粋価値論」が成立し、それに対応する主観的側面において「実践的、美感的、評価的理性一般の批判」が成立すると言われている。そのうえで、「現象学的解明によって、認識論的問題が解決できるようになるが、これと同様に、価値論や〔……〕倫理学的、美学的懐疑の並行的問題も解決できるようになる」（Mat.V, 50）と、こうした問題設定のなかで現象学の果たす役割にも積極的に言及される。認識批判を実現するのが認識体験の現象学であるように、実践理性や評価的理性の批判も「倫理学的、美学的、その他の評価体験の現象学」として実行される（Mat.V, 42）。このようにして、フッサールは、論理学、倫理学、美学とそれらに対応する理性批判というカント的問題設定を意識したうえで、「これらの批判への必要性に、現象学の必要性も根ざしている」（Mat.V, 50）と述べている。

こうした文脈のなかで、一九〇六年の「個人的な覚書」には、全集第二巻『現象学の理念』の編集者序文にも引用された有名な言葉が書き記されている。

> みずから哲学者と名乗りうるのでなければならないとき、自分のために解決するべき一般的な課題を第一に挙げよう。わたしは理性の批判のことを念頭においている。論理学的理性や実践理性、評価的理性一般の批判のことである（XXIV, 445; II, vii）。

ここからは、倫理学や価値論に対応する包括的な理性批判への取り組みが切迫性を帯びていることがうかがえる。体系的理性批判としての哲学の構想が芽生え、「論理学的理性と倫理学的理性の実際の解明」に基づく「理性の現象学」の展開が急務となるとき（XXIV, 445）、『論研』の哲学は、その問題設定や方法において、フッサールにとって過去のものとなりつつある。(5)

実践理性の批判は、二つの方向性において展開されているように思われる。一方では、理性批判という課題は、絶対的理性の理想と哲学の理念を示唆している（二、三）。ここでは、哲学そのものにかかわる倫理性の問題が生じており、理性は生の理想と深く関係している。他方では、意志や評価の体験を現象学的に分析するなかで取り組まれる倫理学の課題がある（四、五、六）。こうした文脈では、現象学的分析は、認識の志向性を扱うように意志や評価の志向性を扱うことができるのかどうかが問題になる。このような二つの方向性が、『イデーンI』までのフッサールの歩みを導いている。

二　現象学的還元と絶対的理性の理想

一九〇六／〇七年の「論理学と認識論への入門」講義でも、「現象学は、たんに認識批判に対して有用な位置をもつばかりか、実践理性や一般的には評価的理性の批判に対しても有用な位置をもつ」（XXIV, 217）と、現象学が複数の理性の批判という課題を引き受けるという学問論的枠組みが示されている。しかもここでは、理性批判の現象学的プログラムが述べられるのみならず、一九〇五年の夏にゼーフェルト滞在中に着想されたと言われる「現象学的還元」(6)という方法についての踏み込んだ発言もなされている。しかも、体験にとって超越的なものを遮断してコギトという内在へと遡及する現象学的還元が、理性批判と関連づけられて、ある種の倫理的・実践的意味をもつことは、注目されるべきであろう。(7) 論理学と理論理性の批判を主題とするこの講義は、倫理学と実践理性の批判へと立ち入ってはいないが、認識の「正当化」をもとめる批判哲学そのものがある種の倫理性に牽引されていると指摘している。以下では、そこに焦点をあててみたい。

客観的論理学としての形式的論理学には、認識の「正当性(Recht)」の源泉への問いが欠如している。客観的論理学は「この正当性の源泉を必要としているが、それを研究することがない」(XXIV, 123) のである。あらゆる学問の活動が求めている正当性の源泉というのは、判断の真理を吟味するような「正当性意識」であり、「理性」や「明証」とも特徴づけられる主観性の営みである (XXIV, 119; 122)。

正当性の問いを原理的かつ一般性のうちで立てるならば、どんな場合にも主観性へと、たとえば判断作用の洞察的必然性へと訴えかけねばならない (XXIV, 125)。

正当性の源泉を探究する学問は、認識に規範を与える学問として、「認識の規範論 (Normlehre)」や「ノエシス学 (Noetik)」と呼ばれている。このノエシス学は、たんに客観的論理学から認識の作用へと視線を転じるだけで完結するわけではない。認識の正当性の源泉へと遡及することは、認識の営みの「表層」にとどまってその諸形態を分類するのではなく、認識の「深層」へと立ち入るのでなければならない (XXIV, 136)。(8) しかも、この学問は、客観的論理学やそれを模範とする客観的学問の正当性の源泉を探究するのみならず、みずからの正当性の源泉をも自分で証示しようとする (XXIV, 140)。したがって、認識批判の深さの次元において、それ自身において正当化されうるような絶対的に確実な認識(デカルト的コギトの認識)が求められている。フッサールによれば、「究極妥当的認識」や「絶対的認識」というのは、哲学の歴史のなかでは「超越論的哲学の問題」として展開されているが、そうした認識は「絶対的に優れた良心の認識」(9)という倫理的意味をもっている（XXIV, 139）。認識批判が認識の正当性を吟味するとき、その批判的吟味はある種の良心によってなされており、その良心を満足させる認識が、絶対的に確実な認識である。こうした点からすれば、客観的学問の認識は、「絶対的に優れたノエシス的良心」による批判によって、「ノエシス的に素朴」という位置づけを受け取ることになる。このように、客観的に論理法則が成立することではなく、そのことをみずからの認識の良心に照合して洞察的に確信することが、「深層」を目ざす認識批判の目標である。

認識批判の営みは、良心という倫理性に導かれ、認識の正当性を吟味しながら、みずからが正当化できる洞察的認識を実現する。このとき、みずからのあらゆる認識を正当化することが、理性の完全な形態という意味での「理想」と見なされる。しかも、この理想は、絶対的に確実な認識として、認識理性にかかわるだけではなく、絶対的に善い意志や絶対的に美しいものの評価として、実践理性や評価的理性にも関係することになる。真、善、美にかかわるあらゆる意識を正当化することが、理性一般の究極の理想であり、それは次のようにも表現されている。

> 認識や評価や行為における理性的な存在に対しての絶対的理想は、〔……〕あらゆるその生と努力において〔……〕純粋に理性の自律に〔……〕意識的に従うことにある（XXIV, 237）。

理性の自律とは、「素朴性という立脚点を、たんに本能的ないしは無反省的な自己確信という立脚点を放棄し、〔……〕最高で究極的な意識性と自己理解という位置へと〔……〕上昇すること」であり、真・善・美が無批判的に受容されることなく、それらの源泉が「洞察によってくまなく照射される」ことを意味している（XXIV, 237）。したがって、あらゆる意識様式における正当化の営み（理性批判の営み）そのものが「自律」という意味での「理性の理想」とされている。ここでは、理論理性、実践理性、評価的理性に共通する理想が、「理性の批判」を通じた素朴性の克服という意味での「理性の自律」という倫理学的概念によって特徴づけられている。(10)

こうした理性の自律を体現する確実な認識というのは、「純粋な内在」としての「意識体験」にかかわる明証的認識である。内在としての意識体験は、超越的なものの「遮断」し「現象化」する「現象学的還元」によって獲得される（XXIV, 211）。絶対的内在としての意識体験は、「哲学の真にアルキメデス的な点」であり、この地盤を確保することが「真の哲学の構成にとって決定的である」し、さらには「理論理性の批判のみならず、全理性の、それゆえ評価的理性や倫理学的理性の批判にも」決定的な意味をもっている（XXIV, 211）。注目すべきは、現象学がこのような理想を実現すると言われることである。

限定された範囲内であれ、絶対的認識が達成可能であり、理性の批判が実行可能であることを完全に明らかにすることが重要である。理性の批判は、現象学という道程において、われわれが現象学的方法と呼ぶものによって実行可能である（XXIV, 238）。

現象学的還元は、限られた範囲内においてではあるが、絶対的に正当化された認識を実現する。その意味で、現象学を営む者は、まさに現象学を営んでいるかぎり、理性の自律を達成していることになるだろう。(11) このように、現象学的還元への言及とともに、理性批判を実行する現象学そのものの倫理的性格が主題にされている。絶対的理性の理想の実現という「哲学の営みの倫理性」という観点において、倫理学的問題が展開されたことは注目すべきであろう。

三　哲学の理念

このような傾向は、一九一一年の「倫理学と価値論の根本問題」講義の「序論」における「哲学の理念」にも引き継がれている。そこではまさに「哲学の理念」が検討され、哲学が絶対的認識という目標に向かうことが指摘される。

> 哲学は体系的で包括的な認識の「理想」へと主題的に方向づけられている（XXVIII, 171）。

このように、哲学は「理想」への方向性をもつ学問と規定されている。しかもここでは、「哲学を、たんに絶対的認識の理念を表す学問と見なすのではなく、絶対的に完全な意識一般の理念、絶対的に完全な人格性一般の理念を表す学問と見なす」（XXVIII, 183f.）というように、認識論には限定されない広範な射程が哲学に帰されている。したがって、哲学は「最も完全な認識、最も完全な美の評価、最も完全な意志の活動」を含めた「最も完全な人格性、最も完全な生の理念」を探究する学問とされている（XXVIII, 175）。一九〇六／〇七年の講義における理性の理想という発想が、ここではさらに人格性や生という射程をもつようになっており、本書の主題に近づけるならば「生き方の探究」というプログラムが芽生えているようにも見える。[12] しかもここでは、「認識する意識は同時に評価し、意欲する意識でもある」(XXVIII, 174) というように、さまざまな意識様式の絡み合いが指摘されている。

完全な意識生の絶対的な全体理想において、さまざまな理性様式の理想が互いに浸透し合っている (XXVIII, 184)。

このように、一九一一年の「倫理学と価値論の根本問題」講義では、認識、意志、評価という意識様式のそれぞれに完全性の理想が見いだされ、それらの絡み合いを究明するのが哲学と見なされている。したがって、真・善・美にかかわる意識体験の理想が、哲学の名の下に探究されようとしている。同年に『ロゴス』誌に発表された論文「厳密学としての哲学」においても、このような哲学の包括的射程について言及されている。

そもそもの始まりから、哲学は厳密学であるという要求を掲げてきた。しかもその学問というのは、最高の理論的要望を満足させるだけではなく、さらに倫理的‐宗教的側面でも純粋な理性規範によって規則づけられた生を可能にする学問である (XXV, 3)。

このような哲学の理念の背景には、「厳密学の領域には、理論的、価値論的、実践的理想のすべてが属している」(XXV, 11) というように、複数の意識様式のすべてにかかわる理想という発想がある。『論研』以降のフッサール現象学は、カント的な理性批判の体系性を手がかりとして、理性の理想の探究という哲学の理念を構想している。そこには、認識の理想に限定されない意志や評価の理想が含まれ、完全な人格性の理想の探究が目標とされている。このような哲学の理念が、「厳密学としての哲学」という論文において表明されている。

四　認識の現象学とその射程

しかしながら、この時期において実際の現象学的分析を導いている方法、概念、成果は、そのような哲学の理念を実現するものになってはいない(13)。実践的・評価的体験の分析としての現象学的倫理学の試みが、具体的にどのような進展を見せるかを確認しておかねばならない。現象学的還元という方法に依拠する現象学的な理性批判は、『論研』の客観化作用の現象学を継承する理論理性の批判を足がかりとしている。このとき、論理学の認識論的基礎づけとして出発し、さらに理論理性の批判という形態を獲得しつつある現象学が、実践理性の批判にいかにして取り組むのかという問題が浮上することになる。

まず確認すべきは、一九〇七年の「現象学および理性批判の主要部分への導入」(『現象学の理念』と呼ばれる)講義の基本的立場である。そこで述べられる現象学の基本問題というのは、「認識論」の出発点となる意識体験を「現象学的還元」によって獲得してから、「認識現象と認識客観とのあいだの〔……〕驚くべき相関性」のうちで、「認識によるあらゆる種類の対象性の構成」を探究するというものである(II, 14)。ここでは、現象するものが現れにおいて与えられることが、対象が「認識」において構成されることと同一視されて、現象するものとその現れ方についての学問としての現象学が「認識現象の学問」と自己規定されている。したがって、現象、構成、所与性という現象学の基本概念のすべてが、理論的認識（客観化作用）というモデルによって形成されており、そのことに何ら疑いは差し挟まれてもいない。そのうえで、たんに補足的に「理性の普遍的現象学は評価と価値などの相関性に対する並行的諸問題をも解決しなければならない」（II, 14）と、価値論における並行的問題にも言及されている。講義で主題になる事例はいずれも理論的意識にかかわるものであり、感情や意志の現象学に取り組まれていない。

ところが、同じ一九〇七年に書かれた草稿では、このような現象学の方法に対して疑問が提起されている。

現実的、実在的なものとしての対象、美しいものとしての対象、意志にとってなされるべきものとしての対象が、並置されるべきではないだろうか。しかし、そのときに、いずれにしてもわたしは認識のうちにとどまっている。それゆえ、ここには数々の大きな困難がある（XXIV, 424）。

『現象学の理念』の検討によれば、あらゆる現象は「認識現象」であり、そのかぎりで現象学の主題になることができる。現象する対象性とその現れ方という相関性にとって不可欠の「現れる」「与える・与えられる」という機能を担うのが「認識」と見なされるかぎり、論理学的対象性のみならず、価値論的、実践的対象性などの「あらゆる種類の対象性」も「認識」のうちで構成される。しかし、真理のみならず、美や善までもが「認識」の問題に還元されることには、慎重であらねばならない。フッサールはきわめて大きな問題に直面している。

あらゆる体験が客観化する機能をもつのだろうか。それゆえ、認識の現象学が現象学全体を包括するのだろうか（XXIV, 424）。

同じ問題を扱う一九〇八年の草稿では、「自然の存在論」のみならず、「精神の存在論、倫理的人格性の存在論、価値の存在論」などにも、それらの対象性の構成を探究する「超越論的現象学」が対応すると指摘されたうえで、次のように述べられる。

こうした存在論の対象は、そうした対象に本質的に属している意識様式（作用）に関係づけられて研究され、しかも超越論的に研究される（XXIV, 428）。

ここでは、さまざまな存在領域には、それに対応するさまざまな意識作用があり、そのそれぞれにおける構成が研究課題とされている。しかし、精神、倫理的人格性、価値などが自然客観と同じ意味での客観であるのかどうか、それらもまた客観化作用において構成されるのかどうか、あるいはまったく異なった意識様式と関連するのかどうかは、はっきりとしていない。この段階におけるフッサールは、価値や実践的対象を構成する意識作用の身分を曖昧にしていると言わざるをえない。

五　価値構成のジレンマ

こうした問題状況でなされた一九〇八／〇九年の「倫理学の根本問題」講義は、倫理学や価値論をどのように展開すべきかを本格的に検討している。客観化作用の解明（認識論）として出発し、体系的理性批判というプログラムを掲げはじめた現象学は、ここにおいてはじめて「認識の現象学」に終始するのをやめ、複数の理性様式をもつ意識の現象学的分析に実質的に取り組もうとする。このとき、実践理性や評価的理性の批判としての意志や評価の作用の現象学が直面するのは、次のような問題である。一方では、認識の理性とは異なる「実践理性」や「評価的理性」の「理性性格」の本質はどこにあるのだろうか、それは理論理性とどのような関係にあるのだろうか。このように実践理性や評価的理性の理性性格が問題になる。他方では、「非客観化作用」にかかわる「現象学」はどのように進められるべきか、志向的相関性における価値や善の構成を探究することが価値や善の現象学になるのだろうか。現象学的倫理学や価値論の方法をめぐる問題が生じることになる。これらのことは、認識の現象学の枠内では不問にすることができたが、いまやその解決が急務となっている。

　こうした考察の出発点においては、『論研』以来の「客観化作用」のうちに、現象学的問題設定や理性概念の基本型が見いだされている。「認識主観性と、意味内容や認識された対象性として認識に属す客観性との相関性が、深遠かつ困難な問題をもたらす」（XXVIII, 248）と言われるように、「意味内容」を通じて「対象性」が与えられる様式こそが、現象学の取り組むべき問題とされている。[14] こうした現象学的問題設定において明るみにだされる「理性」とは、客観化作用が対象を思念するときに、その思念の「正当性」を「証示する」ような意識のことである。思念の正当化を通じて対象の現実性を証示することが理性と見なされるかぎりで、「理性と理論理性とは同じもの」とも言われている（XXVIII, 272; 276）。

　フッサールは、こうした理論理性を、概念化や自然経験の能力としての「悟性」というカントの表現になぞらえたうえで、「『悟性』が感情領域のなかで果たす機能」を明らかにしようとする（XXVIII, 251; 258）。そして「実践理性」「価値論的理性」をめぐる問いとして、次のような二つの問いが立てられる。一つ目は、「どのようにして、価値評価のなかに登場する感情という事実を超えて、客観性への要求を掲げる述語へといたるべきか」という非客観化作用の「表現」をめぐる問いであり、二つ目は「どのようにして、感情は対象性への関係を獲得するべきなのだろうか」という非客観化作用の「志向性」に関する問いである（XXVIII, 254)。

第一の問いについては、悟性が形式論理学にかかわる「論理的能力」であるかぎり、「あらゆる述語は、価値論的述語も含めて、述語一般に対する形式法則に服する」し、「あらゆる判断は、価値判断も含めて、真であろうとし、判断一般に対する真理法則や妥当法則に、それゆえ形式論理学に服する」ということになる（XXVIII, 261)。つまり、善や価値にかかわる言明であっても、言明一般の形式をもっているかぎり、形式論理学の法則に服し、理論的判断と同じスタイルをもつことになる。

それとともに、形式論理学的悟性の全支配が確立される（XXVIII, 261)。

ここで念頭に置かれているのは、「あらゆる価値論的判断や価値論的学問も理論理性の領域に属している」(XXVIII, 278）というように、理論的学問としての価値や倫理の探究である。実践的、評価的表現のすべてが、倫理学や美学における学問的理論と関係するのであれば、ここで指摘される「形式論理学的悟性の全支配」も妥当性をもつように思われる。しかし、もともと「非客観化作用の表現」が「願望文」「命令文」などの実践的・情緒的言明を意味していたことを考えると、この主張はかなり強引なものと言わざるをえない。あらゆる言語表現が判断言明に還元できる根拠が示されねばならないだろうし、その具体的方法も解明されるべきであろう。し

かし、少なくともこの講義ではフッサールはそれ以上の検討をしていない。(15)

フッサールの考察は、情緒的作用の志向的性格をめぐる第二の問いに移行してゆく。まず確認しなければならないのは、『論研』以来のフッサールの見解によれば、「喜びは〔……〕決してそれ自身のうちで何か或るものが現象するような意識ではない」ということである(XXVIII, 339)。言い換えれば、「評価する作用はそれ自身のうちに〔……〕その現象をもっていない」(XXVIII, 334)ため、対象の現象機能を基礎にある客観化作用に負っている。それ自身は対象を現象させないことが、まさに非客観化作用を客観化作用から区別しているのであり、非客観化作用が独自の現象をもつならば、非客観化作用の特有性は失われるであろう。

ここで重要な意味をもつのは、実践的・評価的作用の理性性格である。現象学が現象するものとその現れ方の相関性を問う以外の方法をもたず、さらには、思念の正当性を証示すること以外の理性性格を定式化していないかぎり、非客観化作用に特有の現象学的、理性論的解明は成立しないことになる。ここでは、そうした現状を受け止めたうえで、評価する作用を客観化作用に位置づけることを「避けることができるだろうか」(XXVIII, 276)と問いかけられている。つまり、情緒的、実践的意識の現象学が成立するためには、それらの意識が理性の名に値するためには、評価や意志の作用が対象を思念すると考えるべきかもしれない。(16)

注目すべきは、こうした状況のなかでフッサールみずからが「不可解なことに陥っている」と告白する点である(XXVIII, 277)。理性が客観化の能力でしかないならば、非理論的意識に理性性格を認めるやいなや「理論的理性」と「価値論的・実践的理性」との「区別」が不可解になってしまう。それどころか「評価することはやはり見つめることではない」(XXVIII, 276)とも指摘されるなかで、そもそも価値論的・実践的意識作用に構成の働きを認め、それを客観化作用に組み入れてよいかどうかも不可解である。ここでは価値論的・実践的理性の現象学の試みがある種の「ジレンマ」に陥っていることが自覚される。

われわれはジレンマに直面している。ここで実際に現象という言い方がされることを認めたうえで、客観化作用と非客観化的評価作用との区別を放棄するべきなのか、あるいは、この区別を確保したうえで、評価作用へと関係づけられる言明や欲望言明のような客観化作用がはじめて、われわれがここで現象や意味について語ることを可能にしていると言うべきなのか（XXVIII, 324）。

ここでフッサールを引き裂いているジレンマとは次のようなものである。一方では、価値意識を客観化作用と見なすことで、そこに何かを現象させる機能を認め、価値意識の現象学（構成分析）を展開する。しかし、この場合には複数の理性様式の区別はなくなり、非理論的理性の独自性は失われ、理性的問いの一切が「認識」としての「理論理性」の問題へと一元化されてしまう。他方では、非客観化作用にあくまでも構成的機能をもたせないことで、実践的意識や価値論的意識の独自性を確保する。しかしその場合、実践的・価値論的理性の現象学を樹立しようという目論見は失敗し、せいぜいのところ『論研』のように非客観化作用の表現が解明されるだけである。こうして、実践理性の現象学の試みは、実践意識を客観化作用と見なすことでその固有性を喪失させてしまうか、それとも、実践意識の独自性を確保しながらもその理性論的解明を断念するかというジレンマに巻き込まれてしまう。

六　ジレンマの突破と一つの理性

こうしたときには、やはりジレンマを脱却したうえで、価値論や実践論を哲学的に展開する可能性が模索されねばならないだろう。たとえば、『存在と時間』においてハイデガーが「ロゴス」概念を検討するさいには、理論的判断にかかわる「命題論的ロゴス」に限定されない「意味論的ロゴス」をも視野に入れていた（SZ, 32ff.）。道具の使用の場面がそうであるように、何かが何かとして理解されるということは、理論的に認識されることを意味するわけではない。そこでは、理論的判断に限定されないロゴスの探究が大きな課題となっている。こうした試みの延長線上において、後年には「思索すること」が「非客観化的に思考すること」とも特徴づけられており、ハイデガーの哲学は、非客観化的に機能する合理性の定式化というモチーフに貫かれている。[17] フッサールは、少なくとも理性と客観化との同一視によって非客観化作用の独自性を失うことは自覚していたのだから、非理論的理性の徹底的な探究に向かう可能性が開かれていたはずである。[18] しかし、この講義において実際になされた試みは、このジレンマを原理的に解消するというよりも、評価的・実践的作用の現象学の地盤を強引に確保しようとするものであった。「あらゆる作用そのものが〔……〕、それゆえ心情作用までもが、ある意味で思念を含み、ときには現象を含んでいないかどうか」（XXVIII, 323）という問いが発せられたとき、それに対する態度はあらかじめ決まっているも同然であった。フッサールは――価値の現象学が可能であるためにはという暗黙の含意を込めて――「何らかの仕方でこの問いは肯定的に答えられねばならないし、肯定的な答えは理解されうるのでなければならない」（XXVIII, 323）とし、「ある意味では〔……〕価値作用においても何かが現象しているし、〔……〕

しかも、たんに価値をもつ客観ではなく、価値としての価値が現象している」（XXVIII, 323）と答えている。こうした解決の方向性をはっきり伝えているのは、「全く正しい！」というコメントが欄外に差し挟まれた次のような部分である。

作用が〔何かが〕現象することであるならば、客観化作用と作用とは同じものである。評価する作用のなかで価値が現象すると言おうとすれば、価値はまさに対象的であるし、そのなかで対象が現象する作用は客観化作用である。それゆえ、「客観化作用」という表題がすべてを飲み込むことになる。そして、非‐客観化作用という概念をいかにして確保すべきかに留意する必要はなくなる（XXVIII, 333）。

このように実践的・評価的意識が客観化作用に組み入れられたときには、「価値の所与性とは何か」「評価することが、みずからのうちで価値を所与性にもたらすのは、いかにしてか」というように（XXVIII, 279）、価値と評価作用との志向的相関性の解明という課題が残されるだけとなる。実践理性や評価的理性というのも、理論理性と同じように、意志や評価によって思念されたものの現実性を証示する機能ということになるだろう。情緒的作用と理論的作用の同型性を指摘する立場は、合理性と非合理性という区別を対応させることで理性と感情とを峻別せずに、感情にも判断と類比的な合理性を認めようとする試みであり、すでにブレンターノが主張することによって、広義での現象学派の倫理学の基本的立場として受け入れられていたものである。フッサールもこうした「類比の方法」（XXVIII, 347）に倣いながら、「証示し正当化する充実」という客観化作用の理性性格を非客観化作用へと「転用」することで、「客観化的領域における明証という概念が非‐客観化作用の領域に正確な類比体をもつ」と考えるようになる(19)(XXVIII, 344)。認識と同様に願望においても、思念が充実によって正当化されることで、思念された対象の現実存在が確証される。こうして「実践理性は意欲することの適切性や不適切性(善、悪)に関係し、評価的理性は評価することにおける適切性と不適切性に関係する」(XXVIII, 366)のであり、「評価や意欲が適切であるならば、価値や為されるべきものや善が現実的に存立する」ことになる(XXVIII, 366)。フッサールの志向性理論は、実践的意識や情緒的意識の理性性格を考察する枠組みを手にし、理論理性に限定されない理性概念が獲得されることになる。

理性というのは、当該の作用領域を貫徹する目的論的アプリオリに対する表題である。ここでわたしがこのアプリオリを目的論的と呼ぶのは、これが正当性と非正当性に通じており、対象や価値への方向性が正当性という意味での方向性であるためである(XXVIII, 343)。

理論的、実践的、評価的意識のすべてに共通する理性というのは、それぞれの対象領域の内実に応じて差異をもちながらも、機能の点においては「一つの理性」ということになるだろう。

われわれは一つの理性についてのみ語ることができる。理性とは妥当な客観化に対する能力の表題である(XXVIII, 333)。

フッサールはこうして「客観化的作用」がすべてを包括するという一元的機能を容認しつつ、「一つの理性」

に全幅の信頼を寄せながら、『イデーンⅠ』（一九一三年）に通じる現象学的哲学体系を築き上げようとする。価値の問題はすべて、現れを通じて対象へといたる様式の「いかに」の問いに、価値対象性の現実存在をめぐる構成問題に還元されることになる。

こうした思索の進展のなか、「厳密学としての哲学」（一九一一年）が発表された頃のフッサールは、理性批判の体系的展開としての哲学の理念を現象学的哲学において実現するという構想を抱いているが、このことは、彼が二つの異なる方向性のなかで引き裂かれつつあることを示している。一方では、一九〇六／〇七年や一九一一年の講義におけるように、体系的な理性の理想を探求する哲学の理念が掲げられ、現象学的哲学がその理念を実現するというプログラムが描かれている。この理性の理想というのは、かならずしも認識の理性に限定されるものではなく、「最も完全な認識、最も完全な美の評価、最も完全な意志の活動」を含めた「最も完全な人格性、最も完全な生」にかかわっている。このような哲学の理念においては、現象学的理性論は認識論的問題のみならず、倫理学や価値論の問題に目を向け、さらには人格の生き方の問いに取り組むように思われる。しかし他方では、こうした哲学の理念のプログラムを現象学的方法において実行し、現象学的倫理学や現象学的価値論を確立する場合には、「認識におけるあらゆる種類の対象性の構成」という問題設定をせざるをえない。その場合には、広い意味での「認識の志向性（客観化作用）」において倫理学的、価値論的問題までもが探究されることになる。そこでは、善や価値の対象性としての現実存在が主題になることはあっても、生き方が扱われることがないであろう。このように、哲学の理念として描きだされるプログラムに対して、現象学的分析の道具立てが追い付いていないのである。

註

（1）　たしかにライナッハの「社会的行為」やプフェンダーの「意志」の概念は、後のフッサールによって受容されている。その意味では、この学派がフッサールに与えた影響は小さくはない。にもかかわらず、志向性という根本概念の定式化や現象学の問題設定に対する影響はほとんど見いだされないことが重要である。

（2）　一九〇三年に発表された「一八九五—九九年の論理学に関するドイツ語著作の概要」の第二論文でも、「現象学を記述心理学と呼ぶことはできない」（XXII, 206）と言われている。

（3）　『FTL』では、「論理学的心理主義」と「認識論的心理学主義」とが区別されている（XVII, 180ff.）。これに倣えば、『論研』は、意味のイデア性を擁護することで論理学的心理主義を克服したが、認識論的心理学主義の克服にはいたっていないことになる。「現象学的研究を心理学から分離することが〔……〕理性批判の可能性に対する前提である」（XXIV, 442）というように、理性の究明の場と心理学とが区別されることで、認識論的心理学主義が克服される。

（4）　「評価的理性」という発想には、H・ロッツェの影響があることが指摘されている（Schuhmann 2004a, 76）。

（5）　このことは同時に、『論研』の現象学を受け継いだミュンヘン・ゲッティンゲン学派との距離をも示している。「現象学は認識論的問題を全く顧慮することなく扱うことができる。そのとき、現象学は純粋な本質学であり、類と種についての学問である。しかも、内容の本質的な類と種についての学問である（スペチエスについての学問であって、たとえば「ゲッティンゲンの学徒」のやっているような偶然的なクラス分けについての学問ではない）」（Mat.V, 46）。一九〇五年の講義のこの表現では、認識論的問題（理性批判）を顧慮しない現象学が一般的な本質学として成立しうるとされ、その意味での現象学とゲッティンゲン学派とのある種の親近性が示されている（ここでは、ゲッティンゲン学派が本質分析に成功していないと、厳しい評価が下されている）。フッサールからみれば、ゲッティンゲン学派の試みが成功したときには、理性批判を顧慮しない本質学（存在論）が達成されることになる。本質学に取り組むこと自体は、何ら非難されるべきことではないが、「理性の批判」を「哲学者の課題」とみなすフッサールにしてみれば、理性批判なき本質分析がある種の素朴性にとどまり、真、善、美などの規範の地盤（理性）への問いを回避していることになるだろう。ゲッティンゲン学派による解明の成果は、フッサールにも部分的には受容されているが、その影響がフッサール現象学の問題設定や基本概念にとって決定的意味をもたないのも、このような理由による。感情や行為の解明のなかで客観化作用の現象学とは別の可能性が示されたとしても、理性論との関係が明らかにされないかぎり、その成果は、たんなる記述心理学の水準に位置づけられるにすぎない。

(6) 一九〇二／〇三年の講義でも「現象学的還元」という表現が用いられている（Mat. III, 199）。しかし、これはメレによれば、後からの書き込みの可能性を否定できない（Melle 1984, xxxvii）。

(7) 現象学的還元は、しばしば一九〇七年の『現象学の理念』講義と関連づけられる。しかし、一九〇六／〇七年の講義でも紹介され、その実践哲学的意味が述べられており、この点では『現象学の理念』よりも重要な意味をもつと思われる。

(8) この深さの次元の探求は、「さまざまな認識形態相互の目的論的な本質連関を明らかにする機能論」としての「解剖学」や「生理学」と言われ、表層を探求する「形態学的ノエシス学」から区別される（XXIV, 138）。

(9) 一九二〇年代には、このような認識の倫理的性格がよりはっきりと浮き彫りにされる（第八章）。

(10) このような理性の倫理学的意味は、一九二〇年代において、より本格的に取り上げられる。

(11) しかし、「現象学を営む者」が主題化されるには、「倫理学的転回」の時期を待たねばならない（第八章）。

(12) しかし、すべてはプログラムとして示されているにすぎない。

(13) 「厳密学としての哲学」において、哲学的問題の解決の場は「純粋意識」とされており、認識における対象性の構成が中心問題となっている（XXXV, 16ff.）。

(14) 「特別に現象学的なもの」というのは、「そこに現象し、そこで思念され、もしくは意味される対象的所与性に属する現象、思念、意味の本質連関」（XXVIII, 330）である。

(15) 疑問文や願望文をある種の言明文に還元することで、『イデーンI』のノエマ論が成立する。こうした過程は、『論研』の第二版のための草稿のなかに確認できる（XX/2, 417-475）。

(16) 価値構成をめぐる問題は、対象を与えない意識（非客観化作用）が価値という対象を与えることをめぐる問題と見なされる（Melle 1990; Schuhmann 1991）。

(17) ハイデガーは「思索（Denken）＝詩作（Dichten）」を「表象的に思考すること」としての「客観化的作用」に対置させ、「非客観化的に思考すること」と見なしている（HGA/9, 68-78）。

(18) 「評価する作用は客観へと『向けられて』おらず、価値へと向けられている。価値は存在者ではない」（XXVIII, 340）、「評価することは見ることではない」（XXVIII, 366）という指摘は、価値意識の特有性を示すものである。

(19)「この大いなる発見をしたのはブレンターノであった。明証のこうした類比体は、適切な愛や適切と性格づけられる愛と呼ばれている」(XXVIII, 344)。

第五章　理論理性の優位

――『イデーンⅠ』とゲッティンゲン倫理学

このように一九〇八／〇九年の講義における「価値構成のジレンマ」の強引な突破によって、『論研』よりも拡大された意味での客観化作用の一元論が確立されており、これに依拠して実践理性や価値論的理性の現象学は展開されることになる。こうした事情を背景として成立したフッサール現象学の主著『イデーンⅠ』（一九一三年）は、『論研』にはなかった体系性において「『諸々の意識対象性の構成』という問題」（III/1, 196）に取り組んでいる。この著作の末尾では、「構成問題の全面的〔……〕解決は、〔……〕理性の完全な現象学と明らかに等価になるだろう」し、「理性のそのように完全な現象学は、現象学一般と合致することになるだろう」（III/1, 359）と述べられ、志向的相関性に根ざした構成問題を、理性論の枠内で解明することが現象学の課題であると宣言されている。周知のように、客観化作用としての志向的体験は、ノエシスという作用面とノエマという対象面という二つの側面から解明される。ノエシス・ノエマ論が、あらゆる対象性の構成という現象学的問題を展開する枠組みを提供するのであり、理論理性に限定されない全般的な理性批判のプログラムを可能にしている。本書の関心は、客観化作用の現象学という枠内において、いかなる倫理学が構築されうるかにある。『イデーンⅠ』のノエシス・ノエマ論を検討しながら、ゲッティンゲン時代の倫理学の内容を確認したい。

一　実践理性のノエシス・ノエマ分析

『イデーンI』の普遍的体系を可能にしているのが、一九〇八／〇九年の講義を踏まえて導入された次のテーゼである。

あらゆる作用はそもそも――心情作用や意志作用も――「客観化」作用であり、対象を根源的に「構成する」ものである（III/1, 272）。

心情や意志などの非理論的意識も広義の「『客観化』作用」に組み入れられ、そこに独自の対象的関係が認められることが、『論研』との決定的な相違点になっている。非理論的意識もある種の「見ること」として、「気に入る眼差し」や「意志する眼差し」をもち、その眼差しが「喜ばしいものとしての喜ばしいもの、愛されるものとしての愛されるもの、望まれるものとしての望まれるもの」などの「志向的客観」へ向かっている（III/1, 75f.）。実践的意識や情緒的意識においても、知性的意識と同じように、「ノエシス」と呼ばれる作用面が「ノエマ」という対象面へと方向づけられており、この両側面の相関性がノエシス・ノエマ論というかたちで解明される(1)。

あらゆる志向的体験はノエマをもち、そのなかに意味をもち、それによって対象へと関係する（III/1, 310）。

以下では、若干のキーワードを整理したうえで、ノエシス・ノエマ論における実践的・情緒的意識の分析の概要を確認してみたい(2)。『論研』における志向的体験の分析は、「何についての作用であるか」を規定する「作用質料」と「知覚であるか、想起であるか、喜びであるか」などを規定する「作用性格」という「作用」の二つの本質契機を区別していた。『イデーンI』では「作用質料」に相当するものが「統握」「統覚」と、「作用性格」に相当するものが「定立」「措定」と特徴づけられている。しかも、『論研』が作用の側面にのみ焦点を当てていたのに対して、この二つのノエシス的特徴づけには、ノエマ的側面においてそれぞれ「意味」(「ノエマ的意味」「意味の核」)と「性格」(「定立性格」)とが対応している。したがって、『論研』における「作用質料」は、ノエマ的に「意味」とノエシス的に「統握」「統覚」となり、「作用性格」は、ノエマ的に「性格」とノエシス的に「定立」「措定」となっている。

ノエマ論において「意味」と「性格」というそれぞれの契機に関して、志向性的分析はこれまでにない成果をあげている。「意味」の契機に関しては、価値的・実践的意識においても「新種の『統握』」において「新しい意味が構成される」(III/1, 267)とされ、ここに独自の意味(質料)が導入されている。非客観化作用がその意味(質料)を客観化作用に負うとした『論研』に対して、この統握の理論は何を可能にしているのだろうか。この新しい意味(たとえば、価値の質料)は、やはり基礎となる意味に「基づけられる」ものであるが、同時にそれを「包み込んでいる」のであり、「価値」が「事物」に基づけられつつそれを包摂することで、「たんなる『事象(Sache)』」ではない「利用客観、芸術作品、機械、本」といった「具体的価値客観」が形成される(III/1, 267)。「性格」の契機に関しては、『論研』でも非客観化作用にも作用性格が認められていたことを受け継いで、「あらゆる作用領域」に「定立という概念」が「拡張」されていることから、ノエシス的には「適意定立」「願望定立」「意志定立」ということが可能である。ノエマ的側面においても、理論的意識において存在性格・信念性格（「存在する」）とその様相化（「可能的に存在する」「否定的に存在する」など）が見いだされるだけでなく、心情意識や実践意識において「気に入った」「願望された」「実践的になされるべき」という性格が見いだされる（III/1, 261）。さらには、理論的定立に存在の様相化が生じるのと同じように、非理論的定立にも「推測的に価値的」や「否定的‐価値的」といった様相的性格が認められている（III/1, 267）。

あらゆる志向的体験は、そのノエマ的側面において「意味」と「性格」とをもっており、そうした「意味と定立性格の統一」が「措定体・命題（Satz）」（III/1, 241）と呼ばれている。理論的意識に関してはもちろんのこと、実践的・心情的意識に関しても、「適意措定体、願望措定体、命令措定体」（III/1, 305）を分析しつつ、「何」がどのような「性格」で構成されるのかを現象学的に解明することができる。

こうしたノエシス・ノエマ論における実践的・評価的意識の分析は、次の二つの点において『論研』の非客観化作用の記述にはない成果をあげている。第一に、評価する意識は「『価値論的』対象性」を「新しい領域の一つの『存在者』」として構成するため、「諸々の存在領域の源泉」ないし「諸々の存在論の必然的源泉」となることができる（III/1, 272）。こうして現象学は理論的意識の相関項としての「自然」のみならず、非理論的意識の相関項としての「精神的世界」「価値の世界」の諸客観の構成を探究することになる。(3) このような価値という対象と意識との相関関係の解明は、シェーラーをも含めた当時の現象学的倫理学の共通の課題となっている。第二に、「構文論的形式が〔……〕心情作用に特有の定立的層に属している」（III/1, 279）というように、心情作用もカテゴリー機能をもち、「多光線的」「多定立的」に働くことが認められている。たとえば「他のもののゆえに意志する」や「何かを顧慮して喜ぶ」という意識はまさにカテゴリー機能を含んでいるし（III/1, 274）、愛する子供たちを見つめる母親の愛の眼差しは「集合的に愛する作用」として「愛の集合体」に向けられることになる（III/1, 279f.）。こうした点はまさに、実践的・価値論的意識が客観化作用であるかぎり、理論的意識と類比的な合理性を獲得していることを示している。客観的側面においては、価値や善に関する形式的法則を探究する「形式的価値論」「形式的実践論」が成立する。

二　『イデーンⅠ』の理性概念

『イデーンⅠ』は、このようなノエシス・ノエマ論のなかで、あらゆる対象性の構成を探究しているが、最終的には「理性の現象学」という特有の問題へと収斂してゆく。そこでは、以前の講義での考察の成果を踏まえながら、理性の概念が現象学的に定式化されている。ノエシス的意識が多様な現れを介して同一のノエマ的対象を思念するときに、その思念した同一の対象が「現実的に存在する」ものかどうかという問いが生じる。理性の問題とは、このような「対象」の「現実性」への問いであり、それに対応する「命題」の「真理」への問いであり、さらには作用の「理性性」「適切性」への問いである（III/1, 314-341）。つまり、思念された対象の現実性を「みずからのうちで証示する理性意識」（III/1, 313）が、理性問題の主題となっている。

原理的に、論理学の領域においては、言明の領域においては、「真に存在する」「現実的に存在する」ことと「理性的に証示可能である」ことは、相関性のうちにある（III/1, 314）。

差し当たりは、「論理学」の領域における理性が現実性の証示の機能と見なされ、対象の現実性が意識のうちで証示される様式の探究が「理性論的問題」(III/1, 337 ff.)と見なされる。そして、現実性を証示する機能は、対象それ自体を経験するという際立った意味での「見る」「知覚する」ことのなかに求められ、「明証」「洞察」が意識作用の理性性格を示す言葉とされている。[4] 見ることにおいて対象の現実性についての思念が正当化される。ここでは、理論的意識の領域が引き合いにだされ、理論理性という限定された領域(狭義での信念の領域)が主題にされているようにも見えるが、むしろフッサールは「理性と理性定立一般」(III/1, 338)を念頭に置いている。

明証というのは、決して信念領域における(それどころか述定的判断の領域だけにおける)そうした理性の出来事の表題ではなく、あらゆる定立的領域に対する表題である(III/1, 323)。

こうしたことから、「心情定立や意志定立の領域における理性についての最高の困難で包括的な問題群」が生じることになる(III/1, 323)。しかもそのさいには、「『論理学的真理』や明証が、『価値論的ないし実践的真理や明証』のうちに、みずからに並行するものをもっている」というように、異なった定立領域の並行性に言及される。ここからは、価値論や実践論の領域にも、評価や意志の明証がそれらに特有の思念を証示し、価値や善の現実性を定立するという発想をうかがい知ることができる。ここでは価値や善に対して客観性や実在性が認められており、理論的意識が対象や対象の性質や事態を意識するのと同様に、価値意識は「価値対象」「価値特性」「価値態」を意識する[5](III/1, 221)。

こうした文脈においては、ブレンターノの『道徳的認識の起源について』に対する「わたしが最大の謝意を捧げなければならないと感じている書物」という賞賛の言葉に注目すべきであろう（III/1, 323 Anm.）。『イデーンI』における実践的意識の理性性格というのは、理論理性との類比によって導きだされるブレンターノ的な「感情の合理性」である。ブレンターノによれば、心情活動もまた、判断と同じように、明証という優位をもつことができるのであり、そのような優位をもつ意識が善悪の概念の起源となることができる。フッサールによれば、情緒的・実践的意識もまた明証をもつことで、それらの対象性の現実存在を証示することができる。この点において、それらの意識にも理性性格が見いだされることになる。

さまざまな定立領域における諸々の理性機能は、明証による対象の現実性の証示という同型性をもちながら、ただ並行しているというだけではない。非理論的定立領域における真理や明証は、このような同型性のゆえに、理論的（信念的）定立領域における真理や明証に対して特有の関係をもっている。

たとえば心情作用のうちでも遂行される「客観化」のおかげで、あらゆる価値論的、実践的理性性は、われわれに理解できる仕方で、信念的理性性へと、ノエマ的には真理へと、対象的には現実性へと転換される（III/1, 340）。

つまり、実践理性や価値論的理性は独自の明証や真理や現実性をもっているが、それらは理論的領域との同型性ゆえに、いつでも理論的理性のうちに取り込まれる可能性がある。したがって、「信念の確実性やそれに対応した真理が、あらゆる理性のなかできわめて支配的な役割を果たしている」（III/1, 324）とも言われている。たとえば、絵画の鑑賞において、美的意識のうちで美の現実性を確証するとき、われわれは美的意識のなかで美的真理を意識している。しかし、このような意識は美しい絵画にただ見惚れることをやめて、この絵画の美しさについて理論的に言明する態度へと転換することができる。実際に、美術評論家はみずからの美的体験をそのような理論的態度に転換することで、美についての理論的言明を行っている。『イデーンⅠ』のノエシス・ノエマ論は、複数の定立様式の類比に依拠しながら、理論的態度への転換の可能性を主張しているのである。

信念的領域における理性の問題は、価値論的および実践的理性の問題よりも優先されるべきである（III/1, 324）。

『イデーンⅠ』の哲学的体系性は、たしかに善や価値の問題を取り上げることができる。しかし、そうした問題はいずれも、真理をめぐる問題と同型性をもち、そこに接続しうるかぎりでしか扱われることはないであろう。

三　『イデーンⅠ』の表現論

このような理論理性の支配的傾向は、表現論のなかでより具体的に明らかになっている。『イデーンⅠ』の表現論は、この著作の意義や可能性を検討するうえで大きな意味をもつだろう。フッサールは『論研』の初版を回顧して、「疑問文と願望文の現象学的解釈の問題に対するわたしの立場は、本書の初版の公刊後まもなく大幅に変更された」（XIX/2, 536）と述べている。つまり、「非客観化作用の表現」に対する立場が大きく変更されたのである。とはいえ、『論研』の第二版のためになされた表現論の再考（XX/2, 417-475）は、部分的な修正では手に負えないため、一九一三年の第二版には反映されることもなかった。このような重要な立場変更の内実は、『イデーンI』から読み取ることができる。

『イデーンI』における意味概念は、表現の層としての言語的「意味（Bedeutung）」から感性的直観の「意味（Sinn）」へと拡大されている（III/1, 285）。『論研』とは異なって、さしあたりは表現の層を考慮することなく、意味を介した対象への関係という志向性の一般的構造が考察されている。このとき、表現の活動の「生産性」は、非表現的意識の志向や充実の活動を「概念的に」取り上げて、「精神的に形成すること」に見いだされる（III/1, 286ff.）。たとえば、知覚判断においては、知覚というそれ自体では表現ではない層の体験が、より高次の表現の層の体験によって概念的に取り上げられることで、知覚判断が成立することになる。このような『イデーンI』の表現論は、表現作用と心情作用の関係を「論理学的意味の層とそれによって表現されうる下層」（III/1, 292）の関係と見なしている。「心情作用の表現」の問いも、「『表現する』というノエシス的層があらゆるノエシス的なものに（表現の層があらゆるノエマ的なものに）密着させられる」（III/1, 271）様式への問いという構図をもっている。したがって、知覚が表現されることと、心情や意志が表現されることには構造的な違いは見いだされない。『論研』の言い方を引き合いにだせば、「作用についての判断」ではなく「作用に依拠する判断」として、心情や意志の表現が解明されている。このことは、あらゆる作用が客観化作用となり、情緒的・実践的作用が知覚のような理論的認識の作用と同列に並んだことの反映と言えるだろう。

こうした枠組みのなかで、フッサールはかつての「非客観化作用の表現」の問題をふたたび取り上げて、次のような問題設定を行っている。

表現する意味という媒体は、ロゴスというこの特有の媒体は、信念的なものに特有のものなのだろうか。意味することが意味されるものに適合するさいには、この媒体はあらゆる定立的なものそれ自身に含まれている信念的なものと合致しているのではないだろうか（III/1, 293）。

ここで問題にされているのは次のことである。1．表現は理論（信念）的にのみ機能するのか、あらゆる表現は論理的判断言明であるのか。2．表現によって精神的に形成されるもの（表現される下層のもの）は、すでに何らかのかたちで理論的なものを含んでいるのではないか。

前者の問いに関して確認すべきは、一九一四年の講義で「評価的理性や実践理性はいわばもの言わず、ある意味では盲目である」（XXVIII, 68）とされ、それらの理性は「自分自身には隠されて」おり、「認識によってはじめて明るみにだされる」（XXVIII, 63）と考えられていることである。さらには、『イデーンI』で「表現的‐論理学的」という語法がしばしば用いられることも注目すべきであろう。こうしたことから、この時期のフッサールの立場は、価値や意志の意識が独自の表現機能をもたず、表現を理論的なものと見なし、論理学的表現と同一視していると言える。

後者に関しては、表現が基礎にある願望定立や疑問定立の性格を変えないからこそ願望文や疑問文が形成されるのであるが（III/1, 287）、やはり次のような記述が決定的意味をもっている。

心情体験に〔……〕内在する信念形式こそが〔……〕純粋に信念定立的な体験としての表現が心情体験に適合することを可能にするということになるだろう。それゆえ、心情体験はそうしたものとして〔……〕必然的に信念定立的でもある（III/1, 293）。

表現される層はもともと潜在的に論理学的なものを含んでおり、それゆえに「論理学的‐表現的に思念される存在」（III/1, 272）となることができる。

すべての作用、もしくはすべての作用相関項は、それ自身のうちに〔……〕「論理学的なもの」を含みもっている。それはつねに論理学的に明示化されることがありうる（III/1, 271）。

「表現されうる下層」と「表現の層」とのこうした関係は、ノエシス・ノエマ論の特色をもっともよく示している。表現されうる層は表現される以前からロゴスの層を潜在的に含みもち、表現に適合するように機能しており、表現の層はこの潜在的ロゴスを顕在化しているにすぎない(6)。

ここには、論理学的なものの普遍性が、究極的には、述定的判断の普遍性が解明されうるための諸源泉の最も深いものがあり〔……〕、そこから論理学そのものの支配が普遍性をもつことの究極的根拠も理解される（III/1, 272）。

こうした立場は、真理値をもたない「非客観化作用の表現」の「実践的」役割に触れられていた『論研』ときわめて対照的である。『イデーンI』では、理論的なものだけではなく、心情的・実践的なものまでをも含めて、意味と性格の統一は命題・措定体（Satz）とされている。ノエシス・ノエマ論はあらゆる命題を潜在的には「論理学的命題」と見なすことで（III/1, 269ff.）、道徳的言明の真偽を問う可能性を原理的に確保している。このような体系が目ざしているのは、美的意識や実践的意識を理論的意識に転換することで、美や善に関する理論的学問を形成する可能性を根拠づけることであろう。

このような表現論や理性論の成果が示しているのは、『イデーンI』がいわば《理論理性の優位》や《理論理性の全支配》によって、その体系性を築きあげているということである（Vgl.auch, XXVIII, 56; 59）。理性は対象性の現実存在を志向し、表現はそうした対象性を真なる命題として表現する。

四　形式的倫理学における定言命法論

『イデーンI』においては、フッサール現象学の体系的プログラムにおける倫理学や価値論の位置づけを確認できる。しかしながら、その具体的な展開は同時期の講義において行われている。ここではおもに一九一四年「倫理学と価値論の根本問題」の講義を中心として（ときには一九〇八／〇九年の「倫理学の根本問題」と一九一一年の「倫理学と価値論ための根本問題」の講義を援用しながら）、「ゲッティンゲン倫理学」と呼ばれるこの時期の倫理学の中核部分を明らかにしたい。

ゲッティンゲン倫理学が意図しているのは、「形式的論理学」に並行する「形式的倫理学（形式的価値論と形式的実践論の両者をあわせたもの）」とその構成的問題を、ノエシス・ノエマ論の枠組みにおいて展開することである。もともと、ブレンターノの倫理思想は、愛と憎しみのうちに認識に類比的な明証を見いだすとともに、価値比較の形式的法則を定式化していた。そこでは、「善と認識されるものの存在はその非存在よりも優先される」「善いものの全体はその一部よりも優先される」などの法則に言及されている（USE, 26f.）。これらは、心情活動の領域の合理性を解明するなかで定式化された法則である。[7] フッサールのゲッティンゲン倫理学も、こうしたブレンターノ流の「感情の合理性」を、みずからの現象学のなかで分析する試みである。

フッサールによってなされたブレンターノからの飛躍は、形式論理学に匹敵する精密な学的客観性において形式倫理学を展開したことであろう。さらには、ブレンターノは、カントの定言命法を学的根拠も実践的有効性ももたない「明らかな虚構（Fiktion）」（USE, 4）として退けている。[8] しかし、フッサールは、ブレンターノほどのカントアレルギーに陥ることなく形式主義の意義を認め、「定言命法の問題」を「倫理学の最も中心的な問題」と見なしている（XXVIII, 137）。それどころか、ゲッティンゲン倫理学は、形式的倫理学のなかで定言命法の現象学的定式化をその到達点としている。フッサールによれば、カント倫理学の形式主義すら学問的には不徹底であって、「形式的論理学」に並行する「形式的価値論」「形式的実践学」などの「分析的学科」のなかで、定言命法があらためて定式化されねばならない。[9]

形式的倫理学の諸法則のなかで、道徳的命法の根拠づけにとって重要なのが、目的と手段にかかわる「整合性（Konsequenz）の法則」（XXVIII, 70ff.）と、最高善の「選択」にかかわる「吸収（Absorption）の法則」（XXVIII, 129ff.）もしくは「最高の実践的善の法則」（XXVIII, 139）である。

「整合性の法則」は、実践的検討における「目的（前提価値ないし根拠価値）」と「手段（他の価値ゆえの価値）」の関係を示す法則であり（XXVIII, 71）、これによれば、手段の価値は目的との「整合性」に存しており、目的の価値から分析的に導出される。論理学的推論に関する法則が「前提」と「帰結」の整合性を表現し、前提の真理性を不問にするように、整合性の法則は目的そのものの価値を問うことがなく、「目的が価値あるならば」ということを前提にしているため、「仮言的法則」とされている（XXVIII, 350）。しかしながら、定言命法を根拠づけるには「整合性の要求だけではなく、絶対的要求、すなわち定言命法を表明する倫理学の最高の形式的法則」（XXVIII, 350）が必要である。それは、手段ではなく目的そのものの価値にかかわり、無条件性のもとで最高の目的を選択する原理であらねばならない。

「最高の実践的原理」としての「価値吸収の法則」は、主観の能力の及ぶ「実践領域」に存在する諸々の善を比較し、実現可能なもののなかで最高のものを合理的に選択する法則である。「あらゆる選択において、より善いものは善いものを吸収する」（XXVIII, 135）というように、単独では「価値」をもつものも、より価値あるものとの比較によって、「あまり価値がない」とされたり、「否定的価値」をもったりすることがある（XXVIII, 92; 131）。こうした比較においては、「絶対的な優位をもち、唯一の絶対的な実践的価値をもつ一つの善」が「あらゆる残りの実践的価値を吸収し、それ自身は吸収されることがないもの」として残ることになる（XXVIII, 220）。このように「最高善」としての「内在的価値」を規定する法則が確立されるなら、「目的が正しいならば」「他のものと比較しないならば」ということを考慮する「仮定的領域」から、無条件的に最高の善を確定する「定立的領域」への移行がなされることで（XXVIII, 238; 240）、形式的倫理学は定言命法を基礎づける地点に到達する。

「定言命法」を定義するものは何か。まさにそれは、吸収されえないということである（XXVIII, 135）。

フッサールは、カント倫理学における客観的な道徳法則と主観的命法との区別を、客観的な実践的法則とそれを主観的な作用へと転用したものとの区別として理解している。客観的法則としての「実践的領域全体において、到達可能なもののなかで最善のものは、比較のうえで最善であるのみならず、唯一の実践的な善である」は、作用に転用されることで「到達可能なもののなかで最善を行え」という命法の形式をもつようになる（XXVIII, 221）。ゲッティンゲン倫理学の定言命法論は、このような客観的法則に支えられており、形式的倫理学という基盤において解明されている。

このような形式的倫理学の構想は、『イデーンI』の第一四七節ではっきりと表明されている。「整合性の法則」が支配する「仮言的領域」と「吸収法則」が支配する「定言的領域」の区別は、そこでは形式的実践論の内部での「形式論」と「妥当論」と位置づけられている。[10] 論理学の領域において、命題の形式論が命題のカテゴリー形式を考察するのであるが、そうした命題の形式論は、命題の妥当を問題にするやいなや、真理の可能性の条件の探究という意味をもつとされている。「述定的（分析的）綜合の純粋形式のうちに、思念的理性確実性の可能性の条件が、ノエマ的に言えば可能な真理の条件が含まれている」というように、もともとは妥当を問題にしない形式論が、妥当を考慮に入れることで、可能な真理の条件の探究としての命題論理学が確立される。このような形式論と妥当論という階層性は、論理学のみならず、実践学にも該当する。

> この領域〔実践学の領域〕の純粋な綜合的形式のうちに〔たとえば、目的と手段の連関のうちに〕、まさに実際に、価値論的ないし実践論的「真理」の可能性の条件が含まれている（III/1, 340）。

まずは目的と手段の連関を形式的に探究する段階があって、そこでは目的と手段の連関の形式的関係が取り上げられるが、目的そのものの善さは問われていない。しかし、善（実践的真理）の妥当が問題になることで、そうした形式論は実践論的真理の可能性の条件に目を向けるようになる。まさに同時期の講義を引き合いにだすならば、整合性の法則による仮言的領域の探究が「形式論」に対応して、吸収法則による最高善の確定の段階が「妥当論」に対応する。このように、実践領域における形式的学科において、真理へと至る階層性が構想されており、それが論理学と並行関係にある。

五　価値の客観性と公平な観察者

このように形式的倫理学を形式的論理学との並行性において学問的に形成することの意義は、真理の客観性に匹敵する善や美の客観性を確保することにある。フッサールによれば、論理学における真理が認識主観の相対性に解消されないように、価値論や実践論における価値や善も、評価や選択の主観の相対性に解消されない客観性をもっている。論理学で、矛盾律や排中律によって真偽の一義性が定式化され、真理の客観性が保証されるように、価値論や実践論でも類比する諸法則によって価値や善の客観性が確保される。具体的には、価値評価において、その質料（何についての評価か）と性格（どのような観点からの評価か）が一定するときには、価値は肯定的、否定的、没価値的（たとえば、有益、有害、無益・無害）のいずれかに一義的に決定されることになる。

Mが安定した質料であるならば、次の三つのうちの一つが真である。すなわち、Mがそれ自身における肯定的価値の質料であるか、否定的価値の質料であるか、それ自身における価値自由であるかのいずれかが真である（XXVIII, 88）。

形式的価値論や実践学においては、肯定、否定、中立のいずれかを決定する法則、「排中律（第三項の排除の法則）」ならぬ「第四項の排除の法則」が成立しており、この法則が「排中律の類比体」と見なされる（XXVIII, 88）。この法則が示しているのは、「価値論的領域にとっての妥当の厳密性と本来的な客観性」であって、「『価値』は主観性に、この意味での評価することの相対性に解消されることがない」とされる（XXVIII, 88）。

とはいえ、価値や善に対する素朴な実在論が標榜されているわけではなく、志向性としての意識体験において、さまざまな客観性の構成を探究するのが、フッサール現象学の中心課題である[11]。ここでは、価値や善は「客観化作用」としての評価や意志と関係づけられ、そうした作用における価値や善の客観的妥当性が価値論的・実践的真理の問題として解明されている。そのため、価値や善の客観性を傷つけない主観性の存在様式の検討が重要な課題となる。

実践的な善がそれぞれの主観にとって別であるとしても、あらゆる理性的な主観は次のことを承認しなければならないだろう。ある者が適切にしかじかに善いと評価するならば、同じ質料を検討する者は誰でも一般的に同様に評価しなければならない、と（XXVIII, 138）。

それゆえ、道徳的善悪の合理的判定においては、それぞれの主観が状況への拘束性を脱することで「可能な理性主観」となり、適切な行為を客観的に判定することが肝要である。ここでは、カントの定言命法の「汝の格率が普遍的法則となることを同時に意志しうるような格率にしたがって行為せよ」（KW-IV, 421）という定式は、普遍的な理性主観の立場からの判定を要求する命法と解釈される。こうして、行為を「一般的法則へと一般化すること」（XXVIII, 138）が善悪の基準とされ、定言命法の客観性への志向が重視されるようになる。ここで登場する「理性的な主観」は、イギリス経験論（A・スミス）の道徳哲学において重要な役割を果たす「公平な観察者(12)（impartial spectator, unbeteiligter Zuschauer）」とも同一視されて、次のようにも語られる。

任意の公平な観察者がわれわれの状況に入り込み、われわれの行為を承認せねばならないとすれば、われわれは適切に振る舞っている。われわれがみずからの行為を適切性に関して評定するならば、われわれは自分自身を公平な観察者の役割に置きいれている。公平な観察者というのは、ここでは理性的に評価する主観のことである（XXVIII, 138）。

こうして善悪をめぐる倫理的問題は、「価値の客観性」を支える実践的法則とそれを傷つけない「公平な観察者」としての「可能な理性主観」とを両輪に解明される。こうしたことが、「客観化作用」におけるノエシス・ノエマの相関性を舞台に展開するゲッティンゲン倫理学の特徴をなしている。このような倫理学の主題は、価値や善の客観性とそれを志向する可能な理性主観であって、個別的状況拘束的な生そのものではない。対象性の構成の探究は作用に目を向け、その正当性を問うが、生そのものの善さを問うわけではない。このような枠組みにおいては、生き方の問いを発することはできないであろう。フッサール現象学が生き方を主題化するためには、問題設定、根本概念、方法などの練り直しを必要とするであろう。

註

（１）「いかなる志向的体験も〔……〕ノエマにおいて意味をもち、意味を介して、〔……〕対象性へと関係する」（III/1,278）とされるように、ここでも志向性は意味を介した対象的関係性と理解されている。
（２）『イデーンＩ』の実践哲学については、以下の文献を参照（Lévinas TIPH; Embree 1992）。
（３）こうした構成問題は、『イデーンII』で探究されている。その枠組みでは、「自然」は理論的態度としての「自然主義的態度」と相関し、「精神」は日常的実践的態度としての「人格主義的態度」と相関する。
（４）この見ることとしての理性は、現象学的理性概念の核心部に位置づけられる。これについては第一〇章を参照。フッサールにおける現実性の構成の解明が信念のネットワークと関連することについては、門脇が指摘している（門脇 2002）。
（５）こうした点において認知主義的・実在論的立場を読みとることができる（Crowell 2002; 八重樫 2009）。
（６）ここでは「信念的なものが信念的なものに合致する」（III/1, 293）。
（７）マカリスターは、ブレンターノ倫理学のなかに次のような感情の法則を見いだしている（Mac Arister 1982, 87）。

1　正しく愛され、かつ正しく憎まれるようなものが存在することは、不可能である。（対立の法則）
2　不正に愛され、かつ不正に憎まれるようなものが存在することは、不可能である。（心情領域における排中律）
3　正しく愛され、かつ不正に愛されるようなものが存在することは、不可能である。
4　正しく憎まれ、かつ不正に憎まれるようなものが存在することは、不可能である。
5　不正に愛されることも、正しく憎まれることもないようなものが存在することは、不可能である。
6　不正に愛されることも、不正に憎まれることもないようなものが存在することは、不可能である。
7　正しく愛されることも、不正に愛されることもないようなものが存在することは、不可能である。
8　正しく憎まれることも、不正に憎まれることもないようなものが存在することは、不可能である。

（８）この点については以下に詳しい（中村 1997, 58f.）。
（９）価値論は「評価」の対象である「価値」についての学問であり、実践論は「意志」の対象である「善」についての学問である。
（10）形式的実践学における仮言的領域と定立的領域の段階性は、『FTL』で表明される、形式論理学における「整合性論理学」と「真理論理学」の段階性に対応している。

（11）　Crowell 2002.
（12）　A. Smith 1759.

第六章　志向性への批判

――ハイデガー、レヴィナス、リクール、アンリの現象学

『イデーンⅠ』を中心とするゲッティンゲン時代のフッサール現象学は、さまざまな批判を受けている。なかでもミュンヘン・ゲッティンゲン学派がその「超越論的観念論」から距離をとったことはよく知られている。しかし、フッサールの倫理学を考察するうえで重要なのは、フッサール以後の現象学者たちによって、『イデーンⅠ』の「主知主義」が批判されたことである。M・ハイデガー、E・レヴィナス、P・リクール、M・アンリなどの独自の思索を展開した現象学者は、いずれも『イデーンⅠ』の主知主義、表象の優位、理論理性の優位を克服することで、それぞれ固有の現象学的哲学を形成したといっても過言ではない。以下では彼らのフッサール批判の内実を確認したい。彼らのほとんどは、何らかの形でフッサールの表象的志向性に限界を見いだし、志向性における対象性の構成という問題とは別の枠組みのうちに、現象学の可能性を見いだしている。

一　ハイデガーにおける志向性の存在

ハイデガーの『存在と時間』（一九二七年）は、周知のように、フッサールに「尊敬と友情をもって」捧げられている。そこでは、師のフッサールに対する表立った批判は展開されておらず、このことが、ハイデガーとフッ

サールの関係を見えにくくしている。しかし、同書に先立つ一九二五年夏学期の講義『時間概念の歴史のためのプロレゴメナ』においては、フッサール現象学との本格的な対決が試みられている。以下では、このテキストを中心として、ハイデガーによるフッサール批判の内実を確認してみたい。ハイデガーは、フッサール現象学の主題である「純粋意識」が、ある特有の観点から規定されていることを糾弾している。

フッサールを導いている第一義的なことは、絶対的な学の理念である。この理念、意識が絶対的な学の領域であるべきだという理念は、簡単に案出されたものではなく、デカルト以後の近代哲学が没頭した理念である。純粋意識を現象学の主題領野として取り出すことは、現象学的に事象そのものへの帰還において獲得されたものではなく、哲学の伝統的な理念へ帰還することによって獲得されたものである（HGA/20, 147）。

フッサール現象学の重要なモチーフは、デカルト的な認識の確実性の探究から汲み取られている。こうしたことは、ハイデガーにしてみれば、フッサールが意識の「存在への問い」を「怠っている」ことを意味している。つまり、フッサールは「本質的に理性論的ないしは認識論的と特色づけられる問い」によって導かれているため、意識はあらかじめ「絶対性」や「確実性」などの規定をもつものとされる（HGA/20, 159）。そのために、意識体験の独自の存在様式が問われることはない。さらに以前の一九二三／二四年の冬学期の『現象学的研究への入門』講義では、デカルトとフッサールとが関連づけられて、彼らがともに「認識された認識への関心」という特有の関心に規定されていることが批判されていた（HGA/17, 104）。ここでもまた、そうした認識論への関心が意識の規定に反映されていることが強調される。

フッサールでは、デカルトの伝統とデカルトに由来する理性問題性の受容がある。より詳しく見ると、それは自然主義に反して、本質存在を前面に押しだす反心理主義的契機であり、理性論的なものや認識論的なものの優先権――非実在的なものにおいて実在性を純粋に構成するという概念――と絶対的で厳密な学問性というその理念を強調する（HGA/20, 180）。

理性論と認識論が重なることで、現象学における理性的意識の探究は、純粋意識の認識の機能だけを照射することになる。「認識された認識」という言葉が示すように、フッサール現象学の方法も認識であると同時に、その主題も認識に限定されている。このように、ハイデガーが、フッサールの意識体験の「存在」への問いの怠りを批判するのは、みずからが「現存在の存在」の問いを独自に立てており、その存在を「認識」とは別のところに見いだしているためである。

気づかい（Sorge）は、現存在の存在そのもののための術語である（HGA/20, 406）。『存在と時間』で詳しく展開されるように、現存在の存在は「気づかい」という言葉で特徴づけられている。もともと、ブレンターノ学派やフッサールにとって情緒的作用に対する表題ともされていた「関心（Interesse）」を連想させる語を、あえて現存在の存在様式にあてがうときには、やはりフッサールの主知主義への批判が意図されている。「何かについての意識」としての「志向性」に対して、「気づかい」は、より複雑な方向性を示している。気づかいはたしかに「外に向かうこと」であり、みずからを超えでることではあるが、それは「みずからを先取りしている」ことを意味しており、「みずからに先立ってある」という未来志向的な契機をもっている。しかし、現存在が存在することはたんに未来に向かうだけではなく、すでに成立している状況のうちに置きいれられていること、つまり、世界のもとにあることを意味してもいる。こうしたことから、「現存在はいつもすでに何かのもとにある」とも言われ、過去への拘束性も指摘されている。こうして、気づかいとは、「いつもすでに何かのもとにあることにおいて、みずからに先立ってある」（HGA/20, 408）と規定される。そして、このような気づかいの解明を踏まえたうえで、次のようにフッサールの志向性への批判が展開される。

現存在の根本構造としての気づかいという現象から示されることは、現象学において志向性ということで捉えられていること、またそのように捉えたことが、断片的であり、たんに外から見られた現象にすぎないということである。しかも、志向性ということで考えられていること——たんに……へ向かうこと——は、むしろさらに……のもとで・すでに・存在すること・において・みずからに・先立って・存在するという根本構造に連れ戻されなくてはならない。これこそ本来的な現象であり、非本来的にたんに孤立させられた方向において志向性として考えられていたことに対応するのである（HGA/20, 420）。

このように、フッサール的志向性は、現存在の存在としての気づかいに送り返されることで、その一面性が暴きだされている。『存在と時間』では、気づかいに「……のもとに存在することとしての、……のうちにすでに存在することにおいて、みずからに先立って存在する」（SZ, 196）という三つの契機が指摘され、それぞれ現在、既在性、将来性という時間的意味が割り当てられる。このような気づかいの構造は、人間的現存在の生の全体を視野に収めたものであり、自己が歴史的世界という状況を引き受けつつ、みずからの未来へとその生を企てる運動が定式化されている。

さらに確認しておくべきは、ハイデガーが『イデーンⅠ』以後のフッサール現象学の進展にも言及していることである。

わたしのフライブルクやまた当地〔マールブルク〕での講義がフッサールによって知られており、またフッサールと対話もしているので、わたしの異議が本質的に考慮されている〔……〕。またわたしの批判は今日ではもはや十分鋭くは的中しない（HGA/20, 167）。

このような発言からは、『イデーンⅠ』以後のフッサールが、ハイデガーとの交流のなかで、かならずしも認識論に限定されない現象学の可能性を検討し始めていたことを示している。さらには、ハイデガーがフッサールの『イデーンⅡ』にも言及していることが興味深い。後に確認するように、『イデーンⅡ』の第三篇は、日常の実践的態度（人格主義的態度）に生きる人格が主題にされており、『イデーンⅠ』とは異なるフッサールの実践哲学の萌芽とも位置づけられるテキストである。しかしながら、これに対して、ハイデガーは次のような見解を表明している。

人格主義的態度や経験は自己考察として、志向性の自我、コギタチオの主観としての自我である自分自身の内的考察として特色づけられる。ここでその表現だけによっても、まったくはっきりとデカルトのことが思い起こされる（HGA/20, 169）。

したがって、『イデーンⅡ』の人格論も、ハイデガーにしてみれば、デカルト的認識論の枠組みを超える考察はなされていないことになる。そこでは、「第一に、〔……〕こうした考察は実在性や客観性の構成への問いを続行するにとどまっている」し、「第二に、人格に接近する仕方は、体験への先に規定された内在的反省（自己考察）、絶対的所与性などのあらゆるテーゼがそこから導出されるあの反省にほかならない」し、「第三に、体験連関の統一を精神や人格とする先行規定は、人間についての伝統的定義――人間ハ理性的動物デアル――を手引きとしている」のである（HGA/20, 171f.）。本書は、こうしたハイデガーのフッサール批判がどれほどの有効性をもっているかを、検討することになる。とりわけ『イデーンⅡ』の人格論に依拠するフッサールの実践哲学が、はたしてハイデガーの言うように、『イデーンⅠ』と同様の認識論的構成問題の内部を動いているか、人格の「自己考察」が認識による「反省」に限定されるのか、理性が理論理性に限定されているのかということに注意を払うことになるだろう(1)。

二　レヴィナスにおける享受の志向性

レヴィナスは、フッサールの現象学やハイデガーの存在の思惟を引き受けつつ、彼らが問うことのない「他者」や「倫理」の次元に目を向けている。彼の最初の著作、『フッサール現象学の直観理論』（一九三〇年）は、『論研』から『イデーンⅠ』にいたるフッサールの思考の発展を正確に見極めている。『論研』（一九〇〇―〇一年）と『イデーンI』（一九一三年）とのあいだに対象性概念や直観概念の拡大がなされていることを、レヴィナスは慎重に読み取っている。そこでは、『論研』において「非客観化的作用」と位置づけられていた意志作用や感情作用が、『イデーンI』では「客観化的作用」に組み入れられ、それによって「価値」という「対象性」の「構成」が現象学的に探究可能になったと指摘される。

『イデーン』は、非理論的諸作用が、新しいそして還元不可能な存在論的構造を有する諸対象を構成するということを主張している。〔……〕非理論的諸作用もまた、「客観化的」作用なのである（TIPH, 190）。

このことは、「現象学が豊かにされ、認識論を越えたところに移される」ということを意味しているのであって、「価値の世界との接触」によって、「理論的に表象された存在者の存在論的構造をもってはいない」ような「一つの価値の存在、つまりその価値が生に提示される」のである（TIPH, 191）。この点において、必ずしも認識の現象学に限定されない価値体験と価値の相関性を探究する現象学が確立されたことになる。

このようなフッサールの立場の変遷に対するレヴィナスの評価は両義的である。一方では、価値対象という新たな次元（評価や実践の次元）が現象学の領域に組み入れられたことが、好意的に評価される。しかし、他方では、それが客観化的作用（それは本来的には理論的作用である）の拡張によって成し遂げられてしまったことに、つまり「われわれを存在者と接触させる作用は〔……〕客観化的作用であろう」（TIPH, 99）ということに、ある種の「主知主義」の危険が嗅ぎ取られている。

フッサール的な直観概念は主知主義で汚されているのであり、しかもそれはあまりにも狭いのである。というのは、存在者の構成のなかに、理論的生からは生じえない諸範疇を導入しようとするフッサールのすべての試みは、かの理論的態度の優位をも、理論的態度の普遍性をも、除去するには至らないからである。［このような立場では］〈価値〉、〈日用的〉等々の諸性格は、表象の相関的存在者の存在に接木されたものとしてしか存在をもたないだろう（TIPH, 141f.）。

こうしたことから、レヴィナスは、「この哲学者にとっては、存在しうるものとしての対象にわたしが接近しうるのは、われわれが対象を理論的に認識しうるかぎりにおいてである」（TIPH, 190）という結論を下している。このように、レヴィナスは、『イデーンⅠ』に潜む《理論理性の優位》の発想をいち早く読み取っている。こうした指摘は、レヴィナスの第一の主著『全体性と無限』（一九六一年）でも受け継がれている。そこではフッサールの志向性について、次のようにコメントされている。

志向性はこのように人間的実存の普遍的事態である。しかしながら、志向性が哲学的主張として開陳されるやいなや、表象の特権性が姿をあらわしたのであった。どんな志向性も表象であるか、表象にもとづくものであるという主張が『論理学研究』を貫いている。それはまた、あたかも強迫観念のように、後年のフッサールの著作のうちにもくり返し姿を現している（TI, 127）。

表象の特権性というのは、まさに『イデーンⅠ』の主要概念である「ノエマ」の包括性のことである。「外部性」

を「ノエマに転換」する「運動」がフッサールの言う「エポケーの運動」であり、この運動は「表象」に特有のものである。フッサール現象学においては、「エポケーの可能性そのものが表象を規定している」（TI, 131）のであり、そうしたノエマ化にいかなる限界も設定されていない。

しかし、レヴィナスは、「表象は表象とはまったく異なる『志向性』に繋ぎ止められている」（TI, 131）として、このような表象の志向性がより根源的な志向性の変容にすぎないことを指摘する。そうして、フッサール現象学における表象の優位を解体しようとする。

表象は、享受および感受性の「志向的」構制において生じる分離という出来事を、反復しているにすぎない（TI, 128）。

享受というのは、身体的生の根源的次元における「……によって生きる」という事態であり、具体的には「糧」によって生きることである。空気を吸う、水を飲むなどの糧を享受することは、対象を内在化する表象としての認識関係とは異なって、「世界の異邦性」「糧の他性」といった「外部性」への関係を意味している（TI, 135）。享受の志向性は異他的なものとの出会いであって、表象を媒介としない世界への定位である。

享受の志向性が外部性への固着であるのに対して、表象に含まれた超越論的方法はこの外部性を一時中断してしまう。外部性に固着することはたんに世界を肯定することではなく、世界内に身体として自分を定立することである（TI, 133）。

糧を享受するときに、身体性は「『外部性』を構成されえないものとして肯定している」のであり、身体は「身体として自分を定立すること」によって「大地に触れる」のである（TI, 134）。重要なのは、大地と接触するときには、主体が「志向する存在の中心から引き剝がされる」ことであり、この場合には、「主体が内包する表象されたもの」が糧という意味をとりもどし、「主体の能動的活動性を支え養うもの」となるであろう。そうしたときには、現在のものとしての表象されたものは、すでに「できあがったもの」であって、「過去に属している」（TI, 192）。つまり、身体によって享受される大地の糧は、表象による現在化に先立っているという意味において、「表象の現在を通過することなき過去」という時間性をもっている（TI, 136）。

このように『イデーンＩ』の表象の志向性を批判したうえで、身体的生の探究の可能性を探るという方向性は、レヴィナスのみならずフッサール以後の現象学の基本的図式となっている。たしかにレヴィナスのように、『イデーンＩ』の理論理性の優位、表象の優位を、主知主義と断罪することができる。しかし、身体的志向性を引き合いにだすことが、その主知主義の克服につながるかどうかは、さらによく考えてみる必要がある。(2)『イデーンＩ』のフッサールは、理性論という問題系をふまえたうえで、実践理性や評価的理性の現象学を確立するために、情緒的・実践的意識をも客観化作用に組み入れたのである。客観化作用に回収されない身体的志向性を取り上げることは、実践理性や評価的理性の定式化にどのような貢献をなすのであろうか。このような問題が検討されねばならないだろう。(3)

三　リクールの意志の現象学

『イデーンI』の仏訳者でもあるリクールの主著は、『意志の哲学』という三部からなる大著として構想され、第一部が「意志の形相学」、第二部が「意志の経験論」、第三部が「意志の詩学」と名づけられている。第一部は『意志的なものと非意志的なもの』として一九五〇年に公刊されており、それは、経験論の主題となる「過ち」や「超越」を括弧に入れたうえで、意志の「本質学」を展開しようとする。その試みは、言うまでもなく、フッサール現象学における「体験の本質学」がモデルとなっている。したがって、そこで試みられているのは、「実践的および感情的な〈わたしは考える〉の志向的諸構造」を、「フッサールのタイプの記述」によって解明することにある（VI, 22）。リクールは、フッサール現象学が用いた還元という方法を、「人間の諸構造ないし根本可能性をわれわれに開示してくれるはずの特殊な抽象」（VI, 7）と見なしており、そこに一定の評価を与えている。意志の形相学の基本的発想は、『イデーンI』を中心とするフッサール現象学から借りてこられている。リクールは、本質分析の主題となる意志のプロセスを次の三つに区別している。

「わたしは意欲する」ということは、（1）わたしは決意する、（2）わたしはわたしの身体を動かす、（3）わたしは同意する、ということを意味する（VI, 10）。

ここには、認識の現象学に終始したフッサールを超えて、独自に意志の現象学を試みる発想がうかがえる。このようにリクールは、フッサール現象学の本質分析という方法に独自の意味を認めながらも、その主題が認識に限定されていることに限界を見いだしている。

すべては何かについての意識なのだ。フッサール現象学の黄金律は、今日あまりにもよく知られていて、彼の現象学の別な注釈は不必要なほどである。ところが、その黄金律を意志的なものや非意志的なものの問題へと適用することには、とりわけ微妙な問題が含まれている。『純粋現象学および現象学的哲学のための諸構想』第一巻および第二巻が与える記述の見本は、主として知覚に、また認識対象の構成に捧げられている。だから、対象、つまり意識の相関者が実践的諸機能の枠内でどんな身分をもちうるかを知ることが、難しい問題なのである（VI, 10)。

ここでは、フッサール現象学の根本概念である志向性が、『イデーンⅠ』や『イデーンⅡ』を含めて、認識をモデルとすることが批判されている。より詳しく言えば、そのような理論的認識に特化される志向性理論が、意志の現象を考察するうえで欠かせない身体性の契機をうまく取り込めていないことが批判されている。『イデーンⅠ』に対するリクールの独自性は、意志の自発的で内的な側面である「意志的なもの」が、つねに身体的、衝動的な「非意志的なもの」とせめぎあうことを洞察した点にあると言えるだろう。

われわれは「わたしは考える」のそのただなかに、身体と、それによって養われている非道徳的なものを見いださなければならない。〈コギト〉という統合的体験は、〈わたしは望む〉、〈わたしはできる〉、〈わたしは生きる〉を包み込んでおり、一般的な形では、身体という実存を包み込んでいる（VI, 13）。

フッサール現象学も、たしかに、ときには感覚や身体に目を向けることがあるが、それらはつねに純粋意識としての志向性に寄与するかぎりでしか主題にされていない。「フッサールの諸研究の通常の雰囲気」は、「意志的な諸構造と非意志的な諸構造の記述」は、いかなる「神秘」も見いださない「可知性の雰囲気」によって支配されている（VI, 17）。そのために、「彼〔フッサール〕の現象学は、『デカルト的省察』の第五省察においてさえ、身体としてのわたしの実存を本当の意味で受け止めてはいなかった」とも言われている。

> わたしの身体は、対象性という意味で構成されたものでもなければ、超越論的主観性という意味で構成するものでもない。わたしの身体は、この一対の対立から逃れ去っている。それは実存するわたしなのだ（VI, 19）。

リクールはまさに意志の現象学的分析において、このような非意識的なものの契機を重要視することで、フッサール現象学を乗り越えようとしている。さらには、リクールが意志の形相論のみならず、意志の経験論を展開し、そこで「悪」の問題を考察していることも注目すべきであろう。こうした目論みは、フッサール現象学の本質記述が、悪に巻きこまれる経験的人間の有限性を見逃していることを告発するものである。したがって、リクールから見たフッサールの限界は、非意志的なものへの顧慮が不十分であること、経験論の主題となる事実性を完全に無視していることになるだろう[4]。

四　アンリにおける生の情感性

アンリの本格的なフッサール批判は、『実質的現象学』（一九九〇年）で展開されている。そこでは、現象学において問われるべき事柄は、諸々の現象ではなく、諸々の現象が与えられる様式とされる。「現象するもの」ではなく「現象すること」へと向かうような問いは、「諸々の現象の現象性」への問いと位置づけられる（PM, 6）。フッサールやハイデガーは、その現象学的思索のなかで現象の現象性を垣間見ながらも、現象することそのことを規定することに成功してはいない。アンリは、「純粋現象性」を成り立たせる「純粋現象学的実質性」へと問いを向ける彼独自の現象学を、「実質的現象学」と名づけている。重要なのは、現象性の実質性を形成するものが、「アフェクト（情）」、「アフェクション（情感）」を可能にする「パトス的直接体」としての「生」であると考えられている点である（PM, 7）。情感的生こそは、あらゆる現象するものに先立って成立するような「現象すること」を形成している。

情感的体験や欲動的体験の場合には、それらの徹底的な内在が、すなわち印象的なものとしての印象的な存在、あらゆる超越を即自的に排除するものとしての印象的な存在が、もっと容易に認められうるに相違ない（PM, 20）。

認識の志向性としての意識体験はつねにみずからを超えて、対象を思念しているが、情感性はそのような超越への志向をもたず、ひたすら生のうちにあって生そのものを成立させる。アンリはこのような立場から、『イデーンI』を中心とするフッサール現象学に対して次のような指摘をしている。

〔フッサールにおいて〕印象的なもの、情感的なものは、〔……〕「感性的与件」でしかなく、こうした「感性的与件」は、知覚の感性的与件とまったく同様に「機能しつつある素材として登場」し、ある内容を志向的に供給するのであって、この志向的作用が、これらの感性的与件を、それら自身の外に、対象の真理のうちに投げ入れることになる。ここでもまた実質〔素材〕は、印象の実質、印象の生地ではなく、印象的なものの印象性でも、情感的なものの情感性でもない。それはある作用の素材であり、この作用に対して内容を供給するという機能を有している（PM, 20）。

つまり、フッサール現象学においては、非志向的なものとしての感覚印象や感性的感情は、対象を構成する作用にとっての「素材」という役割しか担っていない。現象するものなき現象することとしての、純粋な現象性の実質としての情感性が、現象するものや超越への志向的関係のなかでしか問題にされていない。このことは、情感性のもつ第一次的な顕現の機能を捉えそこなうことを意味している。

情感性が現象学的観点から顕示的なものと見なされるやいなや、情感性が顕示の働きを遂行するのは、それ自身において、その情感性によってではなくて、それが意識の一般的本質の性質を帯びているかぎりにおいてであり、それが志向的であるかぎりにおいてである（PM, 22）。

このようにして、「感情」は一つの「作用」と理解されて、「心情作用」という位置づけをもつようになる。これによって、情感は、生そのものの顕示に関与することをやめ、「世界の対象的な層を見させる」(PM, 23) 働きしか担わないことになる。フッサール的な感情というのは、世界のうちの対象的なものとしての価値や善を開示する能力ということになるだろう。『イデーンⅠ』の現象学があらゆる作用を客観化作用と見なしたことが、アンリ独自の立場から批判的に理解されている。

ノエシス的現象学の射程は、能与そのものであり、哲学的意味における、現象するものすべての現象することという意味における、現象なのである。この現れることが志向性のうちに集中し、志向性のうちに汲みつくされるのだから、そして志向性のみが顕現の働きを遂行するのだから、志向性でないすべてのものは、顕現の働きを剥奪されている (PM, 24)。

このような批判によれば、非志向的なものとしての情感からは顕現の能力が奪われ、それは志向的構成の素材に過ぎなくなる。アンリによれば、情感的なものが、志向性に対する素材を提供するという発想は、実際には微妙な問題をはらんでいる。志向性だけが顕示能力をもち、素材はそうした能力をもたないとは言い切れないのである。というのも、そのような発想によれば、志向的構成に関与する以前に何らかの素材が与えられていなければならないからである。つまり、フッサール自身がこのことの意義を際立たせるわけではないが、志向的構成に先立って、「感覚」という神秘において、情感的なものが能与の働きを遂行している。したがって、このような情感性の次元を際立たせるならば、「情感性」は「徹底的で自律的な意味において超越論的なものである」(PM,

26）ということになる。

原‐能与は、自己能与および自己‐印象として、超越論的「情感性」として、まさしく印象的なものをして何か印象的なものにしたのである（PM, 28）。

にもかかわらず、『イデーンⅠ』には、「いかにして感覚与件が与えられるのか」という問いに対する回答はない（PM, 27f.）。そこでは、志向的構成が現象学全般と重なり合っている。これに対して、アンリは「原‐能与」や「原構成」としての「時間の原‐構成」に注目し、時間性の分析が純粋に「印象」や「ヒュレー」に目を向けていると考えて、時間意識の分析のうちに現象の現象性への問いの可能性を見いだしている（PM, 30）。

かくしてフッサール現象学は、「印象」の代わりに、その構成された存在しか、志向性ないし元‐志向性に与えられたその存在しか知らない。その固有の問題に直面せしめられるときにこそ、ヒュレー的現象学はひとつの構成的現象学に転じ、身体、エゴ等の大問題が、『イデーン』第二巻において見られるように、「構成的諸問題」へと還元されてしまう。しかし、フッサール現象学が「印象」を前にして、その最も華々しく、最も有意義で、最も決定的な失敗を知ることになるのは、時間に関してであり、フッサール現象学が原‐構成の「深み」のなかに沈潜するときなのである（PM, 32）。

アンリは、情感性によって生そのものが顕示される場面が『イデーンⅠ』や『イデーンⅡ』の志向的構成の問題では見落とされると考え、時間意識の分析のうちに、非志向的なものとしての情感性の可能性を探ろうとしている。この意味においてアンリは、志向性ではない問題系のうちで情感性の現象学を試みようとしている。このような感情の現象学は、フッサール倫理学における感情の志向的分析とどのように関係しうるのだろうか。基本的には志向性の水準において展開されるフッサールの理性論は、アンリの指摘に対してどのように応じうるのであろうか。(5)

註

(1) フッサールの「人格」は、一九二〇年代に実践理性の現象学の場として、倫理学的に重要な意味をもつようになる。この点については、本書の第九章において検討する。

(2) レヴィナスの表象批判は、享受という身体的志向性の次元のみならず、顔の顕現という他者関係においても展開される。このような他者関係とフッサール現象学の関係については、第一〇章において検討する。

(3) このような点については、第一〇章で検討したい。

(4) 本書の第九章では、フッサールにおける事実性と身体性の問題について言及する。

(5) 本書は、フッサール倫理学が一貫して志向性に依拠すると考えている。客観化作用に根ざす主知主義は、情感的生によってではなく、実践的志向性によって克服される。そのような点については、第一〇章で示唆したい。

第七章　フッサールの自己批判

――実践的志向性の新たな探究

このように『イデーンⅠ』やゲッティンゲン時代の倫理学は、その主知主義的傾向が多くの現象学者によって批判されている。たしかに、ゲッティンゲン時代の《理論理性の優位》の立場は、《価値構成のジレンマ》を強引に突破して確立されており、実践的・情緒的志向性に特有の理性性格を追求するものではない。しかし、そうした立場は、『イデーンⅠ』という公刊された著作の背後において、フッサール自身によって問題視され続けている。

とりわけ、ゲッティンゲン時代においても、「知覚」「定言命法」「意志」などの個別の分析においては、客観化作用としての志向性の枠組みに収まらなかったり、それと齟齬をきたしたりするような成果が報告されている。以下では、『イデーンⅠ』の前後の講義などから、そこには反映されない現象学的分析の成果を汲み取ることにしたい。そのうえで、実践的・情緒的意識の現象学的分析が、生前は未公刊に終わった『イデーンⅡ』に集約されていることを確認しておく。このような分析は公式の立場を表明したものとは言いがたいが、『イデーンⅠ』という公刊著作の背後にあるフッサールの動揺を示すものである。本書は、これらのテキストを、一九二〇年代におけるフッサール現象学の徹底的な変貌（倫理学的転回）を準備するものと位置づけることになる。

一　知覚における情緒的契機

『論研』から『イデーンⅠ』においてなされた変化の一つに、現象学の射程が論理学的意識から感性的知覚へと拡大したことが挙げられる。『イデーンⅠ』では、論理学における表現と意味をめぐる考察が「『論研』が現象学へと突入しようとする」ときに避けて通ることのできない「道」であったことを認めたうえで、次のように回顧されている。

反対からの第二の道、すなわち、経験や感性的所与性からの道は、筆者が一八九〇年代の初頭から同じように歩んでいる道は、その著作〔『論研』〕では完全に表現されてはいない（III/1, 287, Anm.）。

「第二の道」ということで考えられているのは、一八九〇年代の空間論や一八九四年の「心理学的研究」での感性的知覚の分析や、『論研』以降では、一九〇四／〇五年の「現象学と認識論の主要部分」講義（全集第三八巻『知覚と注意性』に収められた草稿）や一九〇七年の「現象学と認識批判の主要部分」（全集第一六巻『物と空間』）などの講義である。『イデーンⅠ』は、表現と意味をめぐる論理学的問題（第一の道）と感性的知覚の問題（第二の道）との交差点に成立する著作と位置づけられる。ここで注目すべきことは、『イデーンⅠ』の知覚論が、それまでの成果を十分に盛り込んでいるわけではない点である。ゲッティンゲン時代のフッサールは、感性的知覚の分析のなかで志向性の新たな局面を探究しつつあり、とりわけ感性的知覚という理論的意識のなかに機能する情緒的契機を発見していた。にもかかわらず、そうした成果があまり反映されていないことは、ノエシス・ノエマ論の限界を示しているように思われる。以下では、フッサールが主題化していた知覚の情緒的性格の内実を明らかにしたい。

『論研』の志向性理論は、思念という客観化の働きによってのみ志向性を規定して、そこから情緒的要素を排除していた。このことは、一八九四年頃になされていた「思念と関心（ある種の感情）の同一視」を克服した結果であり、客観化作用から情緒的契機を排除することが、現象学的な「突破」の実質を形成していた（第一章、第二章）。しかし、一九〇四／〇五年の講義に目を向けるならば、『論研』には見いだされない「知覚の情緒的契機」が指摘されている。

知覚する志向（気づく志向）のあらゆる側面には〔……〕関心の志向（注意する志向）の側面が対応する（XXXVIII, 105）。

ここでは、知覚のうちにおいて思念と関心とが対応するとされ、両者の結びつきが明らかにされている。しかも、「関心は心情作用であるが、思念はそうではないことによって、関心と思念とがはっきり区別される」（XXXVIII, 118）ことから、関心そのものは客観化作用ではなく、「期待する、願望する、意欲するなどの様式の作用に近い」と言われている（XXXVIII, 104）。一九〇七年の『物と空間』でも、「思念」と「その目標を規定する関心」との「区別」に関係して、二重の志向・二重の充実が指摘されている（XVI, 129）。一方では思念という意味での知覚の志向に言及され、この思念の充実は対象の「自体所与性」と位置づけられている。他方では関心への言及がされ、関心は対象の完全な所与性を目ざすものとして特徴づけられ、関心の充実が「満足」と位置づけられる。そして「花への自然な関心は植物学者の関心とは別のものである」と指摘されるように、対象それ自体の同一性の志向が充実されていても、関心は満足することもあれば、しないこともあるとされる（XVI, 128）。このような知覚論においては、知覚という客観化作用のなかに、関心という心情的作用（非客観化作用）がともに働いていることが示されている。

こうした知覚論は、『論研』以前の「前現象学的」段階における分析のように、志向性そのものを感情によって特徴づけるのでもなく、『論研』のように、客観化作用の志向性から一切の感情性格を排除するのでもない。フッサールはあくまでも思念と関心とを区別したうえで、なおも認識の志向性に関心という情緒的契機を見いだしている。「関心が認識のプロセスのモーターとして働く」ことで、関心は知覚を一定の方向性へと「駆り立てる」のであり（XXXVIII, 112）、知覚はたんなる同一性総合の機能に収まることなく、関心という心情的契機をみずからの駆動力とする。ここでは、「客観化する思念は〔……〕強度をもたない」ゆえに「思念に火がつくと言うことは決して意味をもたない」けれども、「関心の充実が満足である」ことから「関心に火がつく」という言い方はされる（XXXVIII, 118）。関心という情緒的契機をはらむ知覚には、強度性が認められるようになる。知覚の分析のなかに見いだされるこのような情緒的性格は、注目すべきであろう（1）。

このような解明の成果を獲得していたにもかかわらず、『イデーンⅠ』は、あらゆる作用を客観化作用と位置づけることで、認識作用の心情的契機を無視していた。それどころか、客観化作用に組み入れられる心情作用そのものからも、強度をもつ心情的契機が捨象されており、評価や意志の作用までもが、冷静な価値判断や選択の働きとして機能するかのようになっている。このことは、ブレンターノ的「類比」に依拠して感情や意志の理性性を定式化し、現実性の証示に限定された理性論的問題によって体系的統一を手にすることの限界を露呈している。真偽や善悪や美醜の判定能力としての理性の理論は、強度的・パトス的契機を欠いた「冷めた志向性」の理論に帰着することになるだろう。(2)

二　ゲッティンゲン倫理学における定言命法論の限界

『イデーンI』の思想圏において展開されたゲッティンゲン倫理学は、定言命法を形式的倫理学や現象学的志向性理論のなかで根拠づけようとしていた。しかし、そうした検討を行っている講義において、客観化作用の現象学として取り組まれる定言命法論がある種の限界に直面している。つまり、そこでは、「客観性」と「道徳性」との齟齬とでも言うべき事態が生じているのである。「吸収法則」や「第三項を排除する法則」によって導かれる善や価値の「客観性」は、定言命法が示す「道徳性（倫理性）」ときわめて折り合いが悪い。以下では、フッサールによってなされた考察を手がかりとして、客観化作用に依拠した定言命法論の問題点を、具体的に明らかにしたい。

フッサールにおける定言命法は、実践的法則としての「吸収法則」に依拠して、客観的に最善のものを選択し、その実現を命じるものであった。そのような命法は、客観的に成立する善のなかから最善のものを選ぶために、「客観的命法」（XXVIII, 142）と呼ばれている。まずは、そうした命法がどのような意味で善さにかかわり、何を要求しているのかを確認しておきたい。ここで重要な役割を果たすのが、作用と客観の「適合」という発想である。ある作用が何らかの価値ある客観に向かうときには、その作用は「適合的（konvenient）」であり、ある作用が価値あるものを拒み、価値のないものに向かうときには、その作用は適合的でない。そしてフッサールは、この適合という事態のうちに、作用の価値としての「適切性（Richtigkeit）」があると考えている。つまり、善いものを意欲する作用は善いものと「適合」するゆえに「適切」であり、善いものを意欲しない作用は適合しないがゆえに「不適切」である（XXVIII, 239; 353f.）。したがって、「汝のそのつどの実践的な全領域の内部で到達可能な善のなかから最善のものをなせ！」（XXVIII, 142）という客観的命法は、善いものに向かう適合的な意志の適切性への要求を掲げるものと見なされる。注目すべきは、そのうえで次のような疑問がなげかけられることであろう。

意志が絶対的に適切なもの〔善いもの〕に向かっているならば、それだけですでにそれは最善の意志になるのだろうか。定言命法というのは最善の意志にかかわるのではないだろうか。最高の形式的倫理的要求というのは、意志主観に向けられ、その主観にそのつど考えられる最善の意志を定言的に要求するということを含意してはいないだろうか（XXVIII, 142）。

ここでは、最善の対象に向かう意志はたしかに適切な意志ではあるが、意志そのものの様式として最善の意志であろうか、また適切な意志を要求することが倫理的要求と言えるのであろうか、と問われている。「客観的態度」（XXVIII, 153; 354）における「客観的考察」（XXVIII, 353f.）や「客観的評定」（XXVIII, 143）としての価値比較は、たしかに最善のもの（ノエマ）を確定し、それに向かう意志（ノエシス）を適切なものと見なすこともできる。しかし、そのような比較考量は、意志自体を評価することによって最善の意志を選択したわけではない。

定言命法というのは、たんに一般的な命令の表現ではなく、倫理的であることを要求する命令の表現である。

とすれば、客観的な評定は、定言命法の倫理性の規定にとって二つの点で不十分である。第一に、適切な作用が「その作用が向けられる前提的価値との関係において価値をもつ」（XXVIII, 354）のだとすれば、客観の善さが前提にされたうえで、その客観へ向かう意志が善いとされている。それゆえ、そうした意志への要求は「客観が善いものであるならば、その客観を意欲せよ」という仮言性をつねにもつことになる。(3) したがって、そうした要求は条件つきのものであって、定言命法と見なすことはできない。第二に、適合によって意志の善さが決定される場合には、「この意志が、〔……〕洞察的認識に依拠して、その善を評価している〔……〕かどうか」という「意志する者の理性」が全く検討されていない（XXVIII, 354）。そのため、「洞察することなしに、盲目の衝動に従い〔……〕、意志する者はそれ自体で善なるものに〔……〕偶然的に的中することがある」（XXVIII, 142）。つまり、意志の適切性の問いは、盲目的な意志と洞察的な意志とを区別しようとはしていない。

第二の点に関して重要なのは、カント的意味での「法則に適った」と「法則に依拠して」という区別が、法則への「適合」と法則の「洞察」という現象学的区別に置きなおされることである。前者がたんなる仮言命法に帰着する「適法性（Legalität）」を意味するのに対して、後者は定言命法の「道徳性（Moralität）」を意味することになる。したがって、倫理的な意志とは、最善のものを洞察的に意欲することでみずからに特有の倫理的価値をもつものでなければならない。倫理性というのは、たんに法則に適った仕方で意欲するのではなく、意欲する者自身が法則の妥当性を洞察しつつ明証的に体験することで、みずからの責任においてその法則の正当性を引き受けることに成立する。

重要なのは、こうした「倫理的要求」が何に対する要求を掲げているかである。フッサールによれば、倫理的要求は、「行為する主観」に対して特定の「意志」のあり方を要求するものであり（XXVIII, 143）、意志の対象ではなく意志それ自身の善さを命じている。(4) それゆえ、本来の倫理的考察においては、どのような意志が最善の意志であるのかを検討したうえで、無条件に善いとされる意志への要求を掲げねばならない。ところが、形式的実践法則に依拠して比較検討されたのは、意志の客観の善さであって、意志それ自身の善さではなかった。こうして、定言命法の道徳性の考察においては、客観的な善への適合ではなく、意志の洞察性が決定的意味をもつことが明らかになる。

汝の意志作用が適切であるとしても、それだからといってその意志が価値をもつことにはまだならない。理性的な意志のみが十分な価値をもっている（XXVIII, 153）。

こうして「われわれが到達した客観的命法は、意志ということに関しては、決して誉められたものではない」と言われ（XXVIII, 142）、客観的考察を出発点とするかぎり「定言命法それ自身を獲得できない」ことが明らかになる(5)（XXVIII, 352）。こうした考察が示すのは、「客観化作用」に依拠するゲッティンゲン倫理学が、定言命法の道徳性の根拠づけに対して無力であるという重大な帰結であろう。

三 「意志の現象学」における志向性の再考

志向性という現象学の根本概念は、もともと論理学的意識に依拠した「客観化作用（認識）」として定式化されており（『論研』）、「非客観化作用」に分類された実践的・評価的意識までもが強引に「客観化作用」へと組み入れられることで（「倫理学の根本問題」についての講義）、現象学は哲学的体系としての一貫性を獲得していた（『イデーンⅠ』）。しかし、いまやこうした志向性の理論が知覚の情緒的性格を無視し、定言命法の現象学的根拠づけに失敗することが明らかになっている。このような『イデーンⅠ』の欠陥を補う考察が、ゲッティンゲン時代からフライブルク時代の移行期になされている。実際のところ、フッサールは『イデーンⅠ』の到達点に満足せず、その背後でなおも実践的志向性への問いを怠ることはなかった(6)。そのような試みの一つが、一九一四年の講義における「意志の現象学」（XXVIII, 102-125）の解明である。

歴史的事実として確認できるのは、一九一一年のA・プフェンダーによる「動機と動機づけ」(7)の発表（『ミュンヘン哲学論文集』）が、フッサールに「意志」の志向性の本格的な検討を促す機会を与えたことである。フッサールは、意志の動機と原因との混同を避けようとするプフェンダーの反自然主義的立場に共鳴しながらも、意志の解明が理性論として展開されていないことに不満を感じて、彼の論文を「意志領域の基礎的研究の終着点ではなく出発点」（A VI 3/5）と見なしている(8)。フッサールにしてみれば、意志の解明はやはり「判断する理性」に類比的な「意志の理性」への問いでなければならなかった。しかしその一方で、プフェンダーによる意志の心理学的分析との対決は、類比による理性論への編入から自由に意志の志向性を解明する機会でもあった(9)。フッサール自身も「意志することの可能な構造の一般的研究がふたたび一般的な意識構造の困難な探究を要請する」（A VI 3/5）と記しており、意志の考察が志向性の再定式化を招く可能性も示唆している。こうした状況のなかで成立した一九一四年の講義は、たんなる「客観化作用」としての志向性の解明を踏み越える側面をもっており、ここに新たな実践意識の現象学の萌芽を見いだすことができる。

「意志の現象学」における「意志」と「信念」との関係の考察に眼を向けてみたい。『論研』や『イデーンⅠ』

においては、信念という理論的意識が基礎にあり、そのうえに意志の意識が築き上げられるという図式が維持されていた。[10]『論研』では、非客観化作用においては基礎にある客観化作用が心情や意志の志向的機能を担うという点で、『イデーンI』では基礎にある潜在的な信念的意識が信念的転換を可能にするという点で、それぞれ独自に理論的意識の優位が表明されていた。しかし、この「意志の現象学」においては、そのような理論的意識が基礎にあるという発想そのものに疑問が投げかけられている。

未来のものへと向けられた意志は〔……〕未来のものへの信念を含んでいるが、しかし〔……〕それを基盤として含むわけではない（XXVIII, 106）。

フッサールによれば、たとえば「未来の旅行」があらかじめ存在するならば、そもそも未来の旅行を意志する必要はない。意志はいわば「いまだ存在しないもの」[11]を意志しており、その意味で信念の意識を前提にしていない。むしろ、意志が信念とかかわるとしても、旅行をしようという意志が未来の旅行を確実な存在とするのであり、意志によって信念が可能となっている。

意志という意識は、「それが存在するだろう、したがって、わたしはそれを意志する」と言うのではなく、「わたしがそれを意志するので、それは存在するだろう」と言うのである（XXVIII, 107）。

ここでは「未来の存在の信念に基づけられて意志が存在するのではなく、むしろ、未来のものの信念は意志することから生じる信念である」(XXVIII, 107) とされ、信念と意志が前者による後者の一方的基づけとしては理解されえないことが示唆されている。[12] これまでの現象学においては、「理論的意識」(『論研』の「客観化作用」や『イデーンI』の「信念意識」) を「基づけ」の基底層に位置づけたうえで、つねに「意識における対象性の構成」が問われてきた。「構成」というのは、意識が意味を通じて対象へと関係することであり、構成問題は基本的には意識の対象的関係を問う認識論的問題設定と見なされる。[13] しかしながら、ここでの意志の志向性は、もはやそうした意味での構成の志向性ではない。

未来に向けられた意志は、ある意味では創造的な志向であり、この志向は実行する行為のなかで「充たされる」(XXVIII, 109)。

ここでは「基づけ」から解放された意志の志向性が、「認識」ではなく「行為」と見なされ、「構成」というよりも「創造 (Schöpfung)」という機能を担うことが指摘されている。[14] つまり、認識における志向と充実 (思念と直観) とは異なって、意志の志向と充実においては、主観がまだ存在しない未来のものを意志し、みずからの行為によってそれを現実に存在するものにする。したがって、「何かに向けて決定をするという意味での意志すること」(=決心) と「行為しつつ意志するという意味での意志すること」(=行為) という二つの位相が、意志における志向と充実である (XXVIII, 103)。言い換えれば、意志というのは「創造的な原衝撃を与える最初のかくあれ (fiat)」としての「創造的な『そうあれ！』」を「出発点」とし、「『それは成し遂げられている』」という現実的性格を「終着点」とする志向性である (XXVIII, 107; 110)。こうした二つの契機を踏まえて「現実化 (Wirklichung) の措定」

や「創りだす（schaffend）措定」と呼ばれる「意志措定」は、たんに何かが「現実的になること（Wirklichwerdung）」ではなく、何かを「現実的なものに作り上げること（Wirklichmachung）」であり（XXVIII, 107）、その意味でまさに「創造」の営みである。(15)

こうした意志の創造的機能についての考察が志向性一般の定式化にどのような影響を及ぼすかを探るために、「意志の現象学」における「感性的知覚」の分析を確認しておく必要がある。

ここで登場する知覚は、つまりあらゆる顕在的な行為の位相をもつ知覚は、創造的主観性から湧きでた知覚という性格をもっており、その客観は創造的な「かくあれ（fiat）」のゆえに存在する（XXVIII, 107）。

ここでは、知覚という「見ること」が純粋な認識主観の作用ではなく、意志をともなう身体的行為とされている。周知のように、フッサールは身体の「意志的側面」を「キネステーゼ」と名づけているが、この概念は身体の自発的運動（キネーシス）が同時にみずからを感覚する自己知（アイステーシス）でもあるという二面性を言い表している。このキネステーゼとしての「わたしがみずからを動かす」は、外的対象の現れと連動し、たとえば視覚の場合には「わたしが眼や頭を動かすゆえに、眼前の対象がしかじかの姿を見せる」という働き方をしている。こうした意味で、見るという行為は自己と現実との意志的・創造的関係であり、それゆえに「知覚現象や知覚確実性は意志から生まれたという性格をもつ」（XXVIII, 107）とされている。(16) したがって、知覚という客観化作用の一事例が、そこに意志の契機が指摘されることで、ある種の行為と見なされることになる。こうした分析は、志向性一般が、ある種の実践性格のなかで理解されていることを意味している。

さらに注目しなければならないのは、意志が「現実化」であるかぎり、空間時間的実在世界へと関与する点であろう。

意志が向かうことができるのは理念的なものではなく、ただ実在的なものだけである（XXVIII, 106）。

したがって、意志の「終着点」においては、ある行為が現実への関与とともに成し遂げられており、まさに意志的行為によって実在世界が創造されている。こうしたことが示しているのは、意志というのが、身体をもたない純粋意識の働きではなく、身体性とともに実在世界へと介入する能力を含みもつ点である。しかも、意志の終着点が実在世界と関連する行為となるだけではない。「出発点」としての「決心」においても、実在世界と無関係の表象が胸裏に抱かれるのではなく、実在性との関連のなかで意志の決定が行われている。つまり、意志の志向としての決心は、実在と無関係に行われるのではなく、身体の能力を介した実在への関与の可能性のなかを動いている。[17]このような実践的・身体的志向性は、人格論のなかでより詳しく解明されることになる。

四　『イデーンⅡ』における人格論

『イデーンⅡ』の第三篇「精神的世界の構成」（IV, 172-302）の「人格論」は、おもに一九一二年から一九一六年にかけて執筆されており、実践的・身体的な志向性に関してより具体的な分析を試みている。[18]『イデーンⅠ』のプログラムによれば、『イデーンⅡ』では純粋意識の相関項としての精神的世界が解明されるはずであり、この意味では、人格は志向的相関性の対象的項に位置づけられるにすぎない。「精神」という主題が基本的には「原領域」としての「純粋意識」によって構成される対象的「領域」の側面に収められているかぎり、純粋意識それ自身は、「意志」や「評価」の作用であっても、「悟性（認識）」の類比体でしかない。その意味では、『イデーン』のプログラムからは、ここで期待される倫理学の進展を見いだすことできないように思われる。しかしながら、『イデーンⅡ』で考察される「人格」は、「人格的態度」「人格主義的態度」という日常の実践的な態度に生き（IV, 183ff.）、「身体」に通じる「自然面」をみずからの「基盤」とする具体的主観性である（IV, 279;281）。そこでは、こうした人格がみずからの環境世界において生きることが主題とされており、たんに構成されるものという身分に収まっているわけではない。むしろ、人格が精神として純化されるとき、それは志向的関係の担い手として、自然に意味を与える絶対的存在とも見なされるため（IV, 297）、人格論そのものが、『イデーンⅠ』とは異なる観点からの志向性の解明という意味をもちはじめている。人格の解明がたんなる領域的存在論の枠組みを脱して、志向性という根本概念を再考する試みとなるとき、現象学の根本概念や問題設定が大きな変貌を遂げることになる。つまり、意志的志向性を通じた創造的行為が、現象学的志向性理論の中心に据えられるのである。フッサール現象学におけるそのような転回は、一九二〇年代に生じており、本書はそのことを指摘することになるだろう（第八章）。ここではそうした転回を準備する先行段階を示す資料として、フッサールの生前は未公刊にとどまった『イデーンⅡ』を取り上げることにする。

『イデーンⅡ』では、主観と世界との志向的関係として、次のような叙述がなされている。

食料品という種類の財がある。わたしはそれを食べるために手を伸ばす。これは新しい種類の主観的－客観的「働きかけ」である。客観は価値特質をもっており、それとともに「経験され」、価値客観として統覚される。わたしはその客観に従事し、それはわたしに、従事するように刺激を発する。わたしは、それがそうした客観としてどのような状態をしているか、自然特性ではないこの新しい特性がどのように証示され、より詳しく規定されるかなどを観察する。わたしはしかし、ただ価値評価する主観であるだけでなく、意欲する主観でもあり、そういったものとして、価値経験の主観としてのみ、この関係のなかで判断などをする思考の主観としてのみ自分を確証するのではない。わたしはこの事物を創造的に作り直し、それが役立つ目的のために実際にそれらを利用できる（IV, 217）。

ここでは、主観と世界との関係が、『イデーンI』のような理論的志向性とその類比体の考察とは異なった文脈に置かれている。「食料品という種類の財がある。わたしはそれを食べるために手を伸ばす」というときに、価値をともなった客観としての財が主観に刺激を与え、その刺激に応じて、主観はみずからの身体を通じてその客観に働きかけている。こうした評価や意志の記述においては、『イデーンI』の志向性の理論では顧みられることのない身体性が、きわめて重要な役割を担っている[19]。そうした身体性の関与も自然科学的考察に委ねられるわけではなく、現象学の対象である「志向的関係」と位置づけられている。

ここで、肉体運動や眼の運動は、やはり自然の実在的過程として考察されるのではなく、自由な運動可能性の領界がわたしに特有に現前しているのであり、そして、「わたしはできる」に対して、刺激と傾向の支配にふさわしいかたちで「わたしはなす」が続くのである（IV, 47）。

こうした記述は、コギトとしての志向的体験の新たな定式化を要請しているのは明らかであろう。「わたしは突く」「わたしは踊る」などもまたコギトであり、もっぱら、超越‐定立をみずからのうちにとともに含んでいるようなものである（IV, 49)。

身体性をもって世界へと関与するコギトは、純粋意識の内在領域において完結するコギトではなく、世界という超越をみずからのうちに含んでいる。こうしたコギトは、「わたしはできる」という能力体系の地平のうちで、そのつど「わたしはなす」という顕在性において機能する。すでに「意志の現象学」でも指摘されていたように、意志の志向性はみずからの身体性を通じて実在的なものへと関与している。したがって、この『イデーンⅡ』の人格的志向性は、認識ではなく、新たに洞察されつつある意志的志向性を手がかりに、世界と主観の関係を考察しようとするものである。そのことをはっきりと示すのは、論理的可能性と実践的可能性との区別をめぐる考察である。意志の志向性は、後者の可能性に関係することになる。[20]

諸々の実践的可能性のあいだにおいてのみ、わたしは「決定を下す」ことができるのであり、実践的可能性〔……〕のみが、わたしの意志の主題でありうる（IV, 258)。

論理的可能性というのは、何かが理論的に存在する可能性として、表象や思考の可能性であるのに対して、実践的可能性というのは、「わたしはする」という身体的行為に依拠するような「わたしはできる」という能力に関係する可能性である。理論的志向性においては、「表象すること」が「存在」に対応し、「中和的に表象すること」が「可能的存在」に対応する。これと同様に、実践的志向性においては、「行うこと」に「所業」が対応し、「擬似的に行うこと」に「『可能的』所行、可能的で実践的な成果、実践的可能性」が対応している（IV, 263)。したがって、「両方の事例〔理論と実践〕において、わたしは中和性変様のなかに身を置きいれ、そこで存在の可能性や行いの可能性を取り出す」とも言われている。まさに意志の決断を下すときには、行為や能力の可能性としての実践的可能性のなかにおいて決断が下される。たとえば「わたしは太陽の上に立つことができない」、「わたしは一〇〇メートルを一〇秒以内で走ることができない」というときには、そのような論理的可能性が成立しているにもかかわらず、「この行為に対する根源的な‐できる‐意識ないし力意識（それは虚構的行為においてもなお本原的で中和化されていない意識である）が欠けている」（IV, 265）のである。

このような実践的志向性の理論と関連してとりわけ重要な意味をもつのは、そこで展開されている「理性」についての現象学的解明である。人格の精神的生を支配する法則は、「動機づけ」と呼ばれており、第五六節は「精神的生の根本法則としての動機づけ」という表題をもち、実践的志向性に関するきわめて重要な考察を展開している。そこでは、「理性の動機づけ」と「連合の動機づけ」という二種類の動機づけが区別される。たとえば、「論理的推論」において前提と帰結の論理的関係が明証的に「洞察」される場合が前者であり、われわれが衝動や習慣性に盲目にしたがい（IV, 222ff.）、「非理性的に駆り立てられている」（IV, 221）場合が後者に該当する。「一方の動機づけの種類と他方の動機づけの種類は〔……〕絡み合っている」（IV, 224）という指摘から察することができるように、人間的人格は連合の動機づけと理性の動機づけとの交錯のなかに生きている。人間においては、理性的洞察が非理性的習慣に転じたり、理性的な問いかけによって感性的衝動の暗い動機が明らかにされたりと、さまざまな動機づけが「動的連関」を形成している。

しかも、人格の「理性」の問題は、『イデーンI』の構成問題における《思念されたものの現実性の証示》とは異なった文脈に置かれており、人格の「理性」に「自律」が、「非理性」に「他律」が重ね合わされることで、理性的動機づけはいわば人間の自由をめぐる倫理学的問題系へと組み入れられる。(21) つまり、理性的‐自律的人格というのは、身体、他者、習慣、感性などの影響（他律）において生きながらも、それらにひそむ「隠れた動機」を明らかにし、「かくあれ（fiat）」という仕方でそれらを承認する主観のことである（IV, 224; 257f.; 269）。これに対して、盲目的に習慣性を受け入れ、「人々（Man）」として生きる人格は、非理性的である（IV, 269）。このように、人格の理性の問題は理性的‐自律的な生の探究の問題を提起することになり、「最終的にわれわれはここで理性的主観の振る舞いを対象とするような、最も広い意味での倫理学の根本問題に行き着く」（IV, 222）とも言われている。ここでは、判断の正当性を吟味することで事態の現実性を確証することを目ざす『イデーンI』とは異なって、人格の行為や生き方の善さという意味での正当性を問題とするような新たな倫理学の地盤が整備されつつある。(22) さらには、人格とその精神的世界には「『真理それ自身』の本来的な意味や『真理それ自身』の発見の確証を追究して、真正な理性のうちでその理性を通して規定されうる動機づけの源泉」（IV, 268）が含まれていることから、学問における真理の探求の営みが人格の理性的営為の一つとして動機づけの連鎖に織り込まれている。こうした指摘は、理論的学問の営みをも実践的・倫理的視座から捉え直す一九二〇年代の志向性理論の布石となっている。(23)

註

（1）知覚の一面的所与性が、無限の理念への方向性と結びつき、そこに倫理的性格が見いだされるという指摘もなされている（Bernet 1978）。

（2）『イデーンI』では、志向性とは独立に感覚体験の強度に言及されるが、熱い作用としての志向性に言及されることはない。「熱い」「冷たい」は意識体験の強度の有無を表すために用いられる言葉であり（XXVIII, 156）、『イデーンI』の時期には、「客観的価値」を志向する冷たい作用が中心的位置を占めるのに対して、二〇年代には「絶対的価値」を志向する熱い作用が重要な役割を果たす。

（3）「善い客観が存在するとすれば、その客観を意欲せよ」という仮言性をともなう命法がこれにあたる。

（4）この背景には、フッサールの周辺でも論じられていた「倫理的に善い」という述語の「担い手」をめぐる問題がある。T・リップスは、「倫理的に適切である」と「倫理的に賞賛に値する」を区別し、前者を善き心根に根ざすことなく善に向かう行為に、後者を善き心根から生じる行為に帰しており、「善い」「倫理的に価値ある」という述語を両者に該当させている（Lipps 1905, 121）。ライナッハは、「倫理的に価値ある」と「倫理的に正しい」とを区別し、前者を「人格、行為、作用」に、後者を「事態」に帰している（RSW/1, 153 Anm.）。フォン・ヒルデブラントは、「倫理的価値」を「人格」に、「正しい」を「事態」にのみ認めている（Von Hildebrand 1916, 198）。シェーラーは、善いものへの愛を重視する「パリサイ主義」の「偽善」を批判し、道徳的な善の担い手は意志の対象ではなく、「意志の作用」としている（SGW/2, 48）。

（5）Trincia 2007. さらには、フッサールにおける定言命法の形式性が規範性の欠如につながるという指摘もある（Rinofner-Kreidl 2010）。

（6）たとえば、一九一〇年には「感じること、欲望すること、意志することの現象学」（A VI 7, A VI 12 II）、一九一一年のプフェンダーの「動機と動機づけ」発表を受けて「プフェンダー草稿」（A VI 3, A VI 30, A VI 12 I）、一九一四年には「傾向草稿」（A VI 12 I）といった関連草稿が執筆されている（Melle 1992, 284f.）。

（7）Pfänder 1911.

（8）Schuhmann 1973, 98-112. なお、草稿（A VI 3）からの引用はこの文献に依拠したものである。

（9）Mertens 1998, 122.

（10）これについてのハイデガー、レヴィナスらによる批判は、第六章で検討した。

(11)「いまだ存在しないもの」が存在の様相ではない根拠が提示されるべきであろう。

(12) このような基づけ図式の動揺を、発生的現象学の成立に求める論者がいる（Melle 1992; Vargas Bejarano 2006）。

(13)「作用において『対象が構成』されるという何度も繰り返される表現は、対象を表象的なものにするという作用の特性を意味しています」（Dok III/3, 132）。

(14) この意志概念には、実践（プラクシス）と創造（ポイエーシス）とが混交しており、両者を区別するアリストテレス的伝統に忠実ではない。しかし、フライブルク時代には、たんなる創造と自己創造とが区別され、前者が世界の客観の創造、後者が主観の生の創造に該当する（第九章）。

(15)「現実的になること」と「現実的なものにすること・現実的なものに作り上げること」との対比は、プフェンダー『意志の現象学』のなかでなされている（第三章）。

(16) すでに一九〇七年の『物と空間』講義においても、キネステーゼへの言及とともに「意識が自然の創造を遂行する」（XVI, 175）ことが指摘され、「三次元的空間の現象学的『創造』」（XVI,154）が現象学の課題と位置づけられており、身体的志向性の「創造」の契機が示唆されている。

(17) この意味で、意志は「超越的現象」とも言うことができる（Nenon 1990, 305-307）。

(18) このテキストは公刊の意図をもっておもに一九一二年から一九一七年にかけて執筆され、その後、フッサール自身と弟子（L・ラントグレーベ、E・シュタイン）によって改訂がほどこされている（Vgl. IV, xiii-xx）。本章の目的は『イデーンII』が「倫理学的転回」の準備段階をなし、二〇年代の立場との連続性をもつことを示すことにあるので、このテキストの各所の成立年代は問題にしていない。榊原は、人格としての自我という概念の成立を詳細に論じている（榊原 2009, 213-276）。

(19) このことと連動するように、『イデーンII』の表現論は、道具という精神的客観について、表現身体の実在性の重要性を指摘している（IV, 239）。

(20) 実践的可能性と論理的可能性との区別は、意志の可能性と願望の可能性との区別を意味しており、これがハイデガーの『存在と時間』における本来性と非本来性との区別に影響を与えたという指摘がなされている（Lotz 2006）。

(21) ハイデガーはカントの自由論に人間の本質をめぐる哲学の包括的問いを読み取っているが、自由の概念が根源的には「因果性」によって規定されていることにカントの限界を見て取っている（HGA/ 31）。フッサールは自律の概念を人間の本質と関連づけながら、「因果性」ではなく「動機づけ」の次元で考察しており、そのかぎりでハイデガーに先立ってカントの自由論を現象学的に解釈する地点にいたと言える。

（22） ハイデガーは『イデーンⅡ』にこのような可能性を見いだしていなかった（第六章）。

（23） 動機づけ論は二〇年代の倫理学でも重要な主題であり、「理性的動機づけ」と「非理性的動機づけ」の区別がなされている（XXXVII, 107ff.）。門脇はフッサールの動機づけ論の重要性を早くから指摘している（門脇 1987）。

第八章　倫理学的転回

――フライブルク時代の志向性理論と現象学

「意志の現象学」や『イデーンⅡ』においても、志向性一般を実践という観点から捉え直そうとする傾向が生じていた。こうした考察を受けて、フライブルク時代（一九一六―二六年）のフッサールは、志向性一般の理論のうちに、意志や感情という契機を積極的に取り入れることになる。一九二〇年代には、理論的認識までをも真理への意志と見なすような《実践理性の包括性・優位》という視座が獲得され、客観化作用をモデルとする現象学の《理論理性の包括性・優位》という枠組みが一面的なものと見なされるようになる。この時期の志向性理論は、理論理性の一方的優位ではなく、実践理性の優位をも視野に収めた、相互包括性によって支えられている。認識をもある種の実践と見なすような視座は、倫理学的問題設定の射程を拡大させ、フッサール現象学に「倫理学的転回」をもたらすことになる。現象学における学問論は、学問を基礎づけるのみならず、学問を通じての善き生き方の探究をみずからの課題とするようになる。

一　ドイツ観念論の感情概念の受容

『イデーンⅠ』では、たしかに感情の合理性が探究されていたものの、悟性的認識と類比的な機能においてのみ感情が考察されたにすぎない。そのさいには、悟性的感情ともいうべき「冷めた」価値判断の意識体験が取り扱われたにすぎず、強度をもって体験される「熱い」「パトス的」感情は、志向性の理論から切り捨てられてしまった。したがって、『イデーンI』のような悟性化された感情でもなく、心理学主義を帰結するたんなる感性的感情でもないような、感情の新たな概念が再考されねばならない。とはいえ、もともと意識体験の意志的性格や情緒的性格は、フッサール現象学が形成される過程において、心理学主義を克服するためにあえて捨象されたのであった（第一章、第二章）。フッサールがミュンヘン・ゲッティンゲン学派による感情や意志や行為の解明に冷ややかでいられたのも、彼らがそれらの現象を（フッサールからすれば）心理学的に分析したからにほかならない。したがって、心理学主義を克服して哲学的理性論を樹立しようとするフッサールが、みずからの志向性理論のなかに実践的・パトス的契機をふたたび取り込むための土俵が、まだできあがっているわけではない。

ここで改めて問題にすべきは、意志や感情が「理性」とどのような関係をもちうるのかである。一九二〇年代のフッサールは、志向性理論のなかに情緒的契機を積極的に取り入れるのだが、そうした場面では、志向性における理性的なものがもっているパトス的性格が指摘されることになる。以下では、フライブルク時代のフッサールが、新たな感情概念を獲得し、かつての志向性理論を乗り越える過程を示してみたい。そこで大きな役割を演じたのが、カントとフィヒテというドイツ観念論の感情概念である。

ちょうどフライブルクでの活動がはじまってすぐの一九一七―一八年になされた講演「フィヒテの人間の理想」(1)(XXV, 267-293)は、フッサールとドイツ観念論の関係を知るための優れた手がかりとなる。このテキストでは、カントの道徳哲学やフィヒテの宗教哲学が好意的に紹介されており、少なくともこの時点でフッサールが彼らの思想を詳細に検討していたことを伝えている。

カントの実践理性の学説は驚嘆すべきである。人間の衝動の生や意志の生は、経験の生や思考の生と同じように、アプリオリな法則に服している。実践理性は理論理性の味方になる（XXV, 273）。

このように、ここではカントの実践哲学が理性の学説であることが高く評価されるが、それはたんに理論理性と並ぶ実践理性の学説と考えられているわけではない。むしろフッサールは、「実践理性の要請」という実践理性に独自の理性性格に着目している。「理論的には知りえない」もしくは「示されえない」ような「神」「不死」などの「超越的存在者」は、「倫理法則がその意味を失うべきでないとするならば、真に存在するものと想定されねばならない」(2)（XXV, 273）。ここでは、実践理性が、理論理性には証明も反駁もできない「理想」の実在性を、要請というかたちで承認する「〔カント的意味での〕実践理性の優位」の発想が、好意的に受けとめられている。理論理性との類比の機能には収まらない実践理性の機能が高く評価されたことは注目に値する。さらにフッサールはフィヒテの実践哲学を紹介している。フィヒテはカントの「到達点」を「出発点」として、そのような理想へと向かう目的論的な行為の哲学を展開した。フィヒテは、物自体からの触発によって客観性の産出を開始するカント的主観性に限界を見いだし、すべての客観を「主観」による「行為の産物」とすることで、「行為する以前には何ものも見いだされず、〔……〕始まりは事実ではなく、『事行（Tathandlung）』である」という立場を確立する。行為する主観としての絶対的自我はつねに新たな「目的」の実現に向かっている。

あらゆる生は努力であり、満足への衝動である。この衝動がまだ不完全な満足を貫いている。理想的な目標は、それゆえつねに純粋かつ完全な満足であり、一言で表現すれば、浄福である（XXV, 277）。

このように、行為する生の目標となるのは、感性的快に基づく「幸福（Glückseligkeit）」ではなく、「あらゆる感性的奴隷状態」からの「解放」という意味をもつ「道徳的自律の浄福（Seligkeit）」（XXV, 280）であり、カント倫理学が示したような「道徳的に行為すること」としての「自己目的」「絶対的価値」である（XXV, 277）。

それゆえ、その本質からして、あらゆる生は浄福なる生であろうとする。内的かつ究極的に熱望するものを実際に所有するとき、われわれは浄福な生のうちにいるだろうし、そうしたものと一つになっているだろう。しかも、熱望するものと一つになることは、愛にほかならない（XXV, 285）。

このようなドイツ観念論解釈のなかで注目すべきは、「満足（Befriedigung）」「浄福（Seligkeit）」「愛（Liebe）」（さらには「自足（Selbstzufriedenheit）」「充足（Zufriedenheit）」）などの感情概念である。フッサールがこれらの発想に何を見てとっているのかを明らかにするために、以下ではカントとフィヒテのテキストを検討してみたい。

カントの『実践理性批判』（一七八八年）の大きな課題の一つは、幸福論を道徳論から区別すること、幸福の原理を道徳性の原理から区別することにある（KW-V, 119f.）。道徳や義務が問題になるときには幸福に目を向けてはならず、ひとまずは感性的快などの感情から距離をおくことが、純粋理性の実践的使用としての道徳性をかたちづくる。したがって、さしあたりカント倫理学のなかに感性的感情が入り込む余地はない。とはいえ、幸福の追求が断念される必要はなく、むしろ、実践理性の目標である「最高善」は、徳と幸福の両者を不可分の契機としており、徳のみでは完全な善としての最高善を形成することはない（KW-V, 120; 142）。したがって、最高善という目標の顧慮とともにふたたび幸福との関連が模索され、ここに徳と幸福とをめぐる「実践理性のアンチノミー」が生じる。カントはその解決の手がかりを模索しながら、「道徳の意識」と「幸福への期待」との結合が可能であることを示そうとする。そして、「幸福というように享受を示す語ではなくて、しかもみずからの存在に対して幸せを感じること（Wohlgefallen）を示す語」「徳の意識に必然的に伴わなければならないような、幸福と類比的なものを示す語」として、「自足（Selbstzufriedenheit）」という概念を挙げている（KW-V, 117）。自足とはみずからの他に何ものも必要としないこととして、感性的な傾向性からの自由を意味し、通常の感性的な満足とは異なった「知性的な満足」とされる。このような満足は「感情の積極的な参加に依存することがないために、幸福と呼ばれることとさえありえない享受」（KW-V, 118）であり、徳の実現とともに味わうことのできる実践理性の満足感である。

フィヒテの宗教哲学においても、感性的ではない感情の概念が重要な役割を果たしており、とりわけ『浄福なる生への導き』（一八〇六年）で言及される「浄福」や「愛」の概念は、フッサールに決定的な影響を与えている。この時期のフィヒテ知識学は、絶対者と自我との同一視をやめ、絶対者と自我との関係を、無限の神と有限の人間、存在と現存在、原像と模造との関係と見なしており、愛や浄福の概念もこうした関係のなかで理解される。「有限的存在」が「原型を愛する」場合において、たしかに愛は有限な人間によって抱かれる感情であるが、「この愛のうちで存在と現存在とが、神と人間とが一つになり、完全に融合し、混合している」のであり、愛においては存在と現存在とが結びついている（FW-V, 498; 540）。こうした愛を存在（神）の側から語るならば、「存在は自己自身にやすらぎ、自己自身に満足し、自己自身に充足し、みずから以外のいかなる存在も必要としない」ともされる。そのため、愛は「絶対者」の「自己統合と自己保持の感情」と位置づけられ（FW-V, 498）、経験的な感情を意味するわけではない。愛とは「存在の触発（der Affect des Seyns）」や「存在の自己に対する愛」であり、「人間が神を愛すること」は「神が人間のうちでみずからを愛すること」と同じ事態であり、そこに経験的感情の入り込む余地はない（FW-V, 540）。こうした愛のうちにあるかぎりで、「生は浄福である」（FW-V, 401）ともされている。

二　実践理性の包括性

このようなドイツ観念論の感情概念を受容しながら、フッサールは一九二〇年代に新たな志向性の理論を築きあげている。(3) 一九二三年の「生の価値、世界の価値。道徳（徳）と幸福」という「実践理性のアンチノミー」を示す表題が付された草稿では、実践理性に基づく倫理的な生が「倫理的人間の自足」と特徴づけられ、この自足が「享受」という感性的な快とは区別される「反省的な喜び」とされている(4)（WW, 232）。また『哲学入門』講義（一九二二―二三年）では、「理性の理念、理性努力の理念、規範的生の理念は、『幸福』や純粋な一貫した満足にお ける生としての幸福な生の理念に密接に関連している」（XXXV, 43）と、理性が「幸福」や「満足」と結びつきをもつことが示唆される。ここでは「幸福」やフィヒテの用いる「浄福」という語が経験主義的ニュアンスや宗教的色彩を帯びていることに警戒感が示されながらも、理性のパトス的性格が志向性に不可分の契機として取り込まれている。

> われわれが純粋な充実や純粋な満足を浄福と名づけるならば、〔……〕認識志向の純粋な充実としての認識の浄福が存在する。たんなる思念が充実されて確証されるさいの明証がそうした浄福にほかならないだろう。学問的に洞察的な行いはどれも、〔……〕それ自身において浄福なる生である（XXXV, 44）。

ここで注目すべきは、これまで実践的・情緒的要素から純化されてきた「認識」の志向性が、ふたたび感情と積極的に結びつくことである。もともと『論研』では、理論的意識から心情的契機が取り除かれ、現象学的な突破がなしとげられた。『イデーンＩ』では、ブレンターノ倫理学の影響下において、実践的・心情的意識が理論的認識と類比的なものと見なされた。こうした二段階の〈脱パトス化〉において、フッサールの志向性概念は客観化作用という一つの機能（認識による現実性の証示）のうちに理性性格を獲得したのであった。しかしここでは、認識という理論的意識がその理性性格を損なうことなく、まさにその理性が機能する点において情緒的ニュアンスを獲得している。しかも、ここでの感情というのは、認識と類比的な冷めた志向性としての心情作用ではなく、生の充足をかたちづくる満足や幸福などの熱い感情である。カントやフィヒテの感情概念を背景にもつ志向性理論においては、感情の混入がただちに志向的体験の心理学的理解を導くわけではなく、理性そのもののパトス的性格について語られるようになる。

しかも、志向性概念の変貌はこれだけには収まらない。あらゆる種類の作用が、評価や意志の志向性をモデルに考察されて、目的への努力という意味をまとうようになっている。たとえば、「認識する行為のうちで、実践的志向は、たんなる存在の思念を通じて思念された存在の自体所持に向けて努力する」（VIII, 34f.）という表現からは、認識という理論的営みが、目的を設定し、その実現へ向けて努力する実践的な営みと位置づけられたことが読み取れる。[5] このような意味において、「評価的な心情や意志というものが、努力や行為という点において、主観性全体やその志向的機能のすべてに及んでいる」とも指摘されて、心情や意志の「包括性」が主張される（VIII, 25; 195）。こうした文脈では、あらゆる意識を目的への意志とする視座が獲得されており、「認識理性は実践的理性の機能であり、知性は意志の従者である」（VIII, 201）とか、「理論的生は一般的な実践的生の一つの枝である」

(VIII, 203) ともされて、『イデーンⅠ』では支配的役割をもっていた認識が、普遍的な意志の特殊な契機へと位置づけられることになる。(6)

あらゆる理性は実践理性であって、理論理性もまたそうなのである (XI, 62; Vgl. auch, EU, 373; I, 111)。

後に『経験と判断』や『デカルト的省察』などの著作において公式に表明されたこの立場は、志向性一般を意志という実践的機能によって特徴づける《実践理性の包括性》の立場を示していると言えるだろう。一九二〇年代の志向性理論は、感情や意志の契機をあらゆる意識様式のなかに見いだしている。

しかし、このような志向性理論は、当初の新カント派 (西南学派) の判断論が意図したように、認識を意志や評価の機能に解消するものではない。もともと、ブレンターノは判断の本質を、表象に対する承認ないし拒絶のうちに見いだしていたが、これに影響を受けたW・ヴィンデルバントは「否定判断論」(一八八四年) において、判断の本質をたんなる表象の結合ではなく、「判定 (Beurteilung)」というある種の評価的態度決定に見いだしている。(7) さらにH・リッケルトは、この立場を引き継いで、『認識の対象』(第一版一八九二年、第二版一九〇四年、第三版一九一五年) において、判断を「問い」に対する「然り」や「否」という「答え」のうちに見いだしている。

判断が意欲や感情と共有する親近性から、純粋に理論的な認識作用においても、ある価値への態度決定が問題となるのは明らかである〔……〕。価値に対してのみ、是認と否認との二者択一的態度が意味をもっている。(8)

こうしてリッケルトにとっては、あらゆる認識の対象は価値と見なされ、判断が価値に向かう超越的当為の働きと位置づけられる。したがって、西南学派の判断論は、まさに認識を意志や評価の機能に還元するという意味での「実践理性の優位」のテーゼを主張していることになる。これに対して、フッサールは、たしかにあらゆる理性を実践理性と見なしてはいるが、新カント派のような意味での実践理性の優位が念頭に置かれているわけではない。というのも、実践的契機の意味がきわめて大きなものとなっているにしても、フッサールは、あらゆる志向性の様式を実践へと還元することを意図しているわけではないからである。認識には依然として固有の地位が与えられているし、評価もまた認識とは独立の意識として機能しうる。

では、この時期の志向性理論において、認識、実践、心情はどのような関係にあるのだろうか。強調すべきことであるが、それぞれの意識様式の志向性は、それぞれ独自に対象を構成する機能を担っている。「知性的作用」も「心情作用」も「実践領域の作用」も、「単独で機能できる」ということを確認しておかなければならない（VIII, 99）。それぞれの作用は「学問的理論化」、「美的考察」、「外界に関する計画」「作品形成」などという仕方で、外的対象へと理論的、評価的、実践的に関与できる。さらには、そうした作用に対する反省もなされうるのであり、さまざまな様式に対する内的作用が関与することもできる（VIII, 105）。たとえば、「心情反省」においては、みずからのかつての活動に対する評価が下され、ときには「後悔」という感情が生じるし、「良心」というのもこのような心情反省の一つの形態と見なされている（VIII, 105）。

重要なのは、さまざまな意識の様式がそれぞれに特有の「関心」によって主題の統一を形成することである。たとえば、学問においては、理論的関心において個々の理論的作用に統一が与えられる（VIII, 103f.）。理論的関心が「習慣的」にある主題を保持し続けることで、個々の理論的作用は「理論的態度」と呼ばれる全体的な意識へと統一化されることになる（心情関心や実践的関心も、それぞれの領域の全体的意識の統一を形成する）。

われわれはある場合には理論的態度に、別の場合には感得的‐評価的な態度に、第三の場合には実践的態度にいる（VIII, 99）。

このように、「関心」というあらゆる意識様式に共通する現象によって、習慣性の統一としての「態度」が形成される。志向性一般への「関心」の契機の混入が、態度の形成というきわめて重要な役割を担うことは注目すべきであろう。

関心によって態度が形成されるという指摘がなされる背景には、「判断、意欲、さらに評価は浸透し合っている」（VIII, 24）、「あらゆる領域の作用は互いに絡み合っている」（VIII, 99）という洞察がある。志向性の具体的な姿というのは、理論、実践、心情などの契機が絡み合ったものである。二〇年代の志向性の理論は、「具体的な志向は諸々の志向的で〔……〕非自立的な能作の相互内属によってのみ可能である」という立場に依拠したうえで、「驚くべき仕方で互いに絡み合う志向性」を解明している（VIII, 124; 128）。こうした絡み合いのなかから、ある作用が「主要活動（Hauptaktion）」となり、別の作用が「副次的活動（Nebenaktion）」となることで、特定の態度が生じたり、転換されたりする（VIII, 101）。たとえば、絵画の評論家がある作品を見つめるとき、主要作用は理論的作用であるが、同時にまたその作品の美しさに心を動かされることが副次的作用として機能している。この場合には、その評論家は「理論的態度」に立っているが、あまりの作品の美しさに没頭してしまい、美への喜びが主要作用になるならば、その評論家は「美的態度」に立つことになる(9)。

こうした態度変更に関する記述においては、「美的態度や実践的態度は認識する態度へと転換されうる」というように（VIII, 24）、実践的意識や心情意識が「信念的反省への主題的転換」（VIII, 105）をこうむると指摘されている。このような場面においては、『イデーンI』のノエシス・ノエマ論において重要な意味を持っていた「信念的意識への転換」（Vgl. III/1, 272;340）の発想がそのまま引き継がれている。われわれはどのような意識様式についても、理論的に転換することで、学問的な言明を行うことができる。こうしたことから、「心情や意志の主観性から生じる成果の全領域を、認識の領域が包括するという普遍性が際立つ」（VIII, 25）というように、かつての悟性の包括性、理論理性の全支配のテーゼがある意味では維持され続けている。しかしながら、『イデーンI』と異なるのは、「真理に実践的に向かう者が、真理を、洞察の相関項を肯定的に評価して、意志の目標として受け取る」（VIII, 24）というように、真理も評価され、意欲の主題となるという視座が獲得されたことである。『イデーンI』ではもっぱら評価や実践を理論的態度へと転換する「信念的意識への転換」にだけ焦点をあわせ、志向性もそれに見合った仕方で分析されることで、ノエシス・ノエマ論が形成されていた。それに対してここでは、「理論的態度」が「実践的・倫理的態度」へと転換されることまでもが視野に入れられ、「関心」の変動に依拠する複数の態度の相互転換が、志向性理論のなかで根拠づけられている。したがって、「普遍的学問論がこの普遍的倫理学を包括する」にもかかわらず、「倫理学」は「普遍的学問論」としての「普遍的論理学」を「包括する」のであり、「部分が全体を包括する」ことにもなる（XXXV, 47）。理論と実践は相互に包括し合っているのであり、一方的な優位になるわけではない。

三　倫理学的転回

二〇年代の立場は、それまでの志向性理論を廃棄するわけではなく、むしろ具体的生のなかでその理論的機能をたんなる部分的契機に位置づけ、相対化している。認識が一種の目標を目ざす行為という意味をもつばかりか、認識による思念の正当化の営みは、真に善き生を獲得するための手段という身分をもつようになる。したがって、フッサールは認識を実践に解消しているのではなく、むしろ認識の実践的な意味を主題化しているのである。このような志向性の解明の成果は、『論研』や『イデーンⅠ』の体系的枠組みを組み換えており、フッサール現象学の意味と射程を拡大している。

われわれは、普遍的で哲学的な理性論を、理性的な生や真に善き生についての学問として、あるいはフィヒテ的表現を用いるならば、浄福なる生についての学問としても理解する（XXXV, 45）。

『論研』では論理学の基礎づけという課題が「学問論」として掲げられ、『イデーンⅠ』ではその課題が「理性論的問題」のうちで体系的に実行されていた。ここではその「学問論」や「理性論」がたんに論理学や学問一般の認識論的基礎づけという射程をもつのみならず、生の浄福の探究と見なされるようになっている。志向性が実践的・情緒的意味を担い、理性のパトス的性格が現象学的に容認されることで、「論理学」というボルツァーノ的概念から出発した「学問論（Wissenschaftslehre）」が、「浄福なる生」の探究というフィヒテ的意味での「知識

学（Wissenschaftslehre）」とも見なされ、フッサール現象学に新たな射程を開いている。(10)

学問は力であり、学問は人を自由にする。そして、学問的理性を通じた自由というのは「浄福」の道であり、つまりは、真に満足のできる人間の生への道である（VIII, 210）。

このように、志向性の現象学的分析に依拠しながら、みずからの現象学の射程をも拡大した二〇年代の立場の変化は、「倫理学的転回」と特徴づけることができる。志向性に実践理性の包括性が見いだされることで、認識の実践的・倫理的意味が主題化されるようになる。これまでの認識論的問題設定が廃棄されるわけではないが、現象学のなかで部分的位置づけをもつようになり、その比重は相対化されることになる。このようにフッサール現象学は、認識論的問題のみならず倫理学的問題をも重視することで、善い生き方の探究をも理性論の課題として引き受けるようになっている。生き方にかかわる実践理性の様式の探究を可能にする「倫理学的転回」は、現象学のあらゆる問題設定や方法や成果にかかわるものである（次章からその内容を確認する）。

ここでは、倫理学的転回の具体例として、現象学的哲学そのものの実践的意味にかかわるフッサールの立場の変化を明らかにしておきたい。興味深いことに、一九二〇年代以降のフッサールは、「哲学者」「現象学者」などに積極的に目を向けて、哲学の営みの実践的意味の問題に取り組んでいる。とりわけ、哲学を始める者が哲学を始める動機（現象学的還元の動機）への積極的な発言は、この時期の大きな特徴となっている。

もともとフッサールが還元の「動機」にある種の問題を見いだしたのは、現象学的還元の発想が芽生えたゲッティンゲン時代のことである。一九一〇―一一年の『現象学の根本問題』講義では、きわめて興味深い見解を披露している。

現象学に対して、なぜそれが経験措定を遮断するのかという動機を帰する必要は決してない。現象学であるかぎり、現象学はそのような動機をいささかももってはいない（XIII, 156f.）。

現象学者は、何らかの動機に導かれて現象学を始めたのかもしれない。しかし、そうした動機というのは「私的な事柄」（XIII, 157）であるために、現象学の主題にはならないという。動機は哲学（＝現象学）の主題にはなりえない個人的なものである。あるいは、厳密学としての哲学は、個人の動機に目を向けるような個別的なものであってはならない。真理・善・美などの規範をめぐる問題を経験的人間の機能のうちに解消する人間主義・心理学主義に対して、フッサールは一貫して批判的な立場をとってきた。現象学的還元は、現象学の主題領域である純粋意識を経験的人間の意識から峻別するための方法である。だからこそ、当初、還元を通じて獲得される意識は「誰のものでもない」（XVI, 41）とされていたし、『イデーンI』（一九一三年）においても「純粋自我」の意識とされるようになった。現象学は純粋意識という自己完結した研究領域をもっており、そこに還元の動機の問題が入り込む余地はなかったのである。フッサールは現象学的還元の動機について沈黙し、現象学を営む者について多くを語ることもなかった。

しかし、周知のように、こうした沈黙の姿勢が最後まで維持されたわけではない。特徴的なテキストをあげるならば、フライブルク時代の『第一哲学』（一九二三／二四年）の講義では、前言撤回としか言いようのない次のような言葉が述べられている。

哲学を始めつつある主観が哲学的な生を送るようになるさいの主観的な動機づけ状況について、その形式的・一般的な特徴を考察しよう（VIII, 8）。

こうして、「哲学を始める者」の「動機づけ」や「動機づけ状況」がはっきりと主題となり（VIII, 3ff.）、還元の「動機」について詳細に論じられることになる。そこでの叙述を簡潔に振り返れば、次のようになるだろう。まず、「われわれは理論的に結びつけられた真理の全体のうちに、純粋な美しさという固有の無限領域をもっている」（VIII, 14）と、真理が美しさという価値をもつことが確認される。そのうえで「美は愛される。しかも、この愛に終わりはない」（VIII, 14）とも言われ、「美への無限の憧憬」（VIII, 15）が、「知への愛」「真理への愛」（VIII,10）となって、真理の探究を動機づけるようになる。そのような状況において哲学を始める者は、「みずからの人格性の最も内的な中心」（VIII, 11）から、「そもそもはじめて根源的にみずからを哲学者として生みだすような決断」（VIII, 29）を下すようになる。つまり、哲学を始める者は、完全な真理のうちに美を見いだし、その美に対して終わりなき愛を感じたうえで、その愛に身を捧げるという生き方の決断を行っている。

哲学者になろうと決める主観は、最高の認識ないし哲学を、みずからの努力する生の絶対的な究極目的として、みずからの真の「職業・使命（Beruf）」として選びとる（VIII, 11f.）。

哲学を始める動機づけ状況の記述が、「職業」と関連する点は注目すべきであろう。「哲学にみずからを捧げる者だけが哲学者である」（VIII, 17）という指摘は、哲学が生き方の問題として取り上げられたことを示している。

このように、動機問題は生き方をめぐる思考として結実しており、未来の自己の方向性にかかわる倫理学的考察のなかで、還元の動機がきわめて饒舌に語られるようになる。(11) このことは、現象学の哲学体系そのものの変貌を示している。

哲学そのものの体系のうちには、哲学的になることとの見取り図が始まりとして属している。哲学する主観の側から語れば、哲学者になるための自己展開の見取り図が属しているのであり、そうした自己展開は、哲学を始める者に固有の自由な自己省察というかたちで遂行される(XXXV, 49)。

倫理学的考察の拡大とともに、哲学者が哲学を始める場面をも視野に入れる哲学体系が構想されるようになる。このような体系性は、さまざまな対象領域の客観性の構成という課題によって結びつく『イデーンⅠ』とも異なっている。フッサール現象学はいまや、個別的主観の生き方について語りうる枠組みを獲得しており、哲学そのもののさえも哲学者の生き方と関連づけられている。(12) この時期になされたロンドン講演(一九二二年)は、哲学と生き方との不可分の関係を語っており、そこでのデカルトをめぐる批判的な解釈は興味深い論点を提起している。

『精神指導の規則』においてすでに、(あらゆる可能な認識の統一的源泉としての理性の統一を示唆している)最も完全な正当化と普遍性という根本要求が、生き生きと語られている。そうした要求を充たすことは、重要な意味において、哲学的な主観みずからの生と良心の問いになっている。わたしはこうした主観化する転回を認識倫理的な転回と呼びたい(XXXV, 314f.)。

フッサールはここで、デカルトの方法的懐疑を通じたコギトの発見のなかに「生の問い」を見いだしている。デカルトは確実な認識を求めて「コギト」に行き着いたが、そのような認識の営みは、デカルトという主観の生き方の問いと結びついている。確実な認識を求める哲学的探究は、ある種の自己形成（認識を通じた自己形成）になっており、そうした営みが「認識倫理的」と形容されている。[13] コギトを発見するプロセスは、良心に基づく自己形成を意味している。しかも、フッサールはここで、デカルトが哲学を始める主観の生き方の問いに直面しながら、いつのまにかそれを閑却してしまったと、理論哲学が不当に「自立化」したことを批判している。[14] このような批判は、ゲッティンゲン時代のみずからの現象学への、とりわけ現象学者の生き方から目を逸らしていた『イデーンⅠ』への自己批判とも見なすことができるだろう。[15] このように倫理学的転回は、現象学する者という（後期フッサールにとっていっそう重要になる）主題を、倫理学的文脈において主題化することを可能にしている。[16] 次章においては、こうした転回を支えている実践理性の概念の新たな定式化について、詳細に論じてみたい。

註

（1）この講演は、ナポレオン戦争下のフィヒテにならって、戦時下のドイツで一般聴衆に向けて行われた。フッサール現象学ではなく、カントやフィヒテの哲学の紹介である。この講演に関する文献としては、以下のものがある（Hart 1995; 大橋 1997）。

（2）フッサールによるカントの要請論の理解は、次のようになっている。「いまやカントは、フィヒテにまで深い影響を与えた最高に驚くべき転換を成し遂げる。カントは、理論的に認識できないと証明した超越的本質存在を『実践理性の要請』として演繹する。われわれは理論的には、神、不死性、自由について何も示すことができないけれども、道徳法則がその実践的意味を失うべきでないならば、そのような超越がすべて必然的に信じられ、真に存在するものと受け取られなければならない。〔……。〕それゆえ、人間は現象としてのみずからの存在の背後に、超越的な本質をもたねばならない。超越論的自由をもたねばならない。こうしたことが実践的な理性信仰であり、実践的な要請である。この精神において、宗教の超越は必然的な要請として示される。

それとともに、道徳主義的宗教哲学や形而上学までもが学問として示されるわけではないが、そのような要請によって根拠づけられる」（XXV, 273f.）。

（3）ウェルトンは、発生的現象学の成立にフィヒテの影響を見て取っている（Welton 2003）。このような方向性がフィヒテの観念論と関係する可能性については、興味深いテーマである（Tietjen 1980）。

（4）カントの「尊敬」の感情も理性によってひきおこされる感情であるが、これについては肯定的に言及されるわけでない（XXVIII, 416; XXXVII, 230）。道徳法則にかかわる尊敬感情は善悪の判定能力としての合理的感情と見なされうるために、ブレンターノの感情概念の枠に収まるものと考えられていたのかもしれない。そのため、ブレンターノの倫理思想を知るフッサールにとっては、むしろ物足りなく見えたのかもしれない。

（5）たとえば、哲学（真理への愛）という理論的営みは、最高の価値としての真理への愛によって導かれ、その真理を目標として努力する営みである（VIII, 10ff.）。

（6）Lee 2000.

（7）Windelband 1884.

（8）Rickert 1904, 57.

（9）別の区別として、目的や主題そのものに関する「支配的作用（herrschende Akte）」と、その目的に奉仕する「従属的作用（dienende Akte）」との区別がある（VIII,100）。

（10）フッサールは、ボルツァーノの学問論の論理学的側面のみを重視したが、ボルツァーノの哲学は、倫理学や宗教哲学にまでおよぶ広範な射程を備えている（藤田 1963）。

（11）動機問題を「倫理学的問題」と見なすこともできるだろう（Landgrebe 1982, 30; 吉川 2009c）。

（12）フッサールにおいて、現象学的哲学は、哲学する者の生の変革をもたらすことになる（Brainard 2007）。

（13）この点については、第九章、第一〇章を参照。ロンドン講演における「認識倫理」を論じた文献がある（田口 2005; 八重樫 2007b）。

（14）「もっとも、デカルトのもとでこの転回は、倫理的なものとして導入されているわけではない。まさにデカルトの場合には、プラトンの哲学的エートスから、とりわけ倫理的な側面が失われてしまっている。理論哲学が一人歩き〔自立化〕してしまったのである」（XXXV, 314f.）。

（15）『イデーンI』でも、「普遍的な懐疑の試みは、われわれの完全な自由の領域に属すことになる」（III/1, 62）と述べられているが、「自由」が哲学する者の生き方をめぐる倫理学的意味にまで及ぶことがない。

（16）哲学する者が哲学を始めることの考察は、哲学する者の「目覚め」の問題ととらえられるようになる（XXXIV, 176 Anm.; XV, 608ff.）

第九章　実践理性の現象学
――『改造』論文の倫理学

ゲッティンゲン時代の志向性理論は、理論理性の包括性に根ざしていた。そこでは、道徳的判断の正当性の吟味という意味での倫理学的問題に取り組む用意はなされているが、実践理性の特有性を志向的体験との関連で考察する可能性は開かれていなかった。カントの哲学体系を引き合いにだせば、ゲッティンゲン時代のフッサールは、いわば「第一批判」の枠内において倫理学の問題を強引に解決しようとしたのである。

そのような枠組みの限界が露呈したからには、実践理性の独自の意味と射程を見積もる「第二批判」が、志向的体験の現象学的解明として実行されねばならない。その第二批判は、客観化作用ではない意識様式のなかに、実践理性の具体的な機能を見いだす試みとなるだろう。『イデーンI』を「第一批判」と見なすことができるとしても、「第二批判」に相当する著作がフッサール自身によって書かれた形跡はない。このことは、フッサール倫理学にとって致命的な欠陥であるようにも思われる。しかしながら、第二批判が著作として執筆されなかったことは、フッサールが実践理性の新たな定式化を怠ったことを意味するわけではない。二〇年代初頭のフッサールは、『イデーンI』とは異なる枠組みにおいて、実践理性の意味と射程を究明する研究に精力的に取り組んでいる。そのような探究は生き方についての倫理学として結実し、その成果が『改造』論文（一九二二―二四年）において公表されている。

『改造』論文は、ゲッティンゲン倫理学を部分的に継承しながら、一九二〇年代の志向性理論を背景として、フライブルク時代に特有の現象学的倫理学を展開している。日本の『改造』誌のために書かれた五つのテキストは、おそらく、金銭目的で日本の雑誌に書かれたこと、一見すると他の著作と関連づけにくいことなどから、フッサール研究者によってもそれほど重要視されてはいない。しかし、『イデーンⅡ』の人格論や二〇年代初頭の講義、「ロンドン講演」(一九二二年)、「生の価値、世界の価値。道徳(徳)と幸福(一九二三年二月)」草稿などの資料と照らし合わせるならば、このテキストは、周到な準備に基づいたフッサール倫理学の凝縮された成果と位置づけられるばかりか、「倫理学的転回」と特徴づけられた一九二〇年代初頭のフッサール現象学の変貌を公式に伝える貴重な資料という意味をもつだろう。

一　人間の有限性と自己創造

『改造』論文のモチーフは、自然科学の発展を支えている「自然の存在論」に並行するような「精神」についての「アプリオリな学問」としての「精神と人間性の学」(XXVII, 7)に依拠しつつ、「革新(=改造)」と特徴づけられる「倫理」の次元を、実践理性に基づく生として明らかにすることにある。『イデーンⅡ』において、人格というのは、「自然面」を通じて周囲世界から受動的に促されながら、同時に世界に対して能動的に働きかける「周囲世界の主観」と特徴づけられていた。そこでは、「理性的動機づけ」のみならず「連合的動機づけ」に目が向けられており、理性と対置される「感性」(原感性と二次的感性)が主題化されていた。そのような人格論の成果は、ここでは「人間」の「有限性」の洞察と結びついており、そうした地盤に依拠して実践理性の様式が明らかにされている。『改造』

論文の倫理学は、人間が有限性や事実性につきまとわれていること（しかもそのことへの自覚をもつこと）を出発点にしながら、そのうえで、善く生きることの様式を明らかにしようとする。

人間だけが〔……〕自由な働きかけの断絶としての死によって、つねに恐れにさらされている。〔……〕人間だけが運命をもち、みずからの自由な働きかけを妨げる偶然や妨害や衝撃や抵抗の開かれた無限性を意識している（XXVII, 98）。

ここでは、実践的な生の営みを妨げるものとして、死、運命、偶然などが挙げられている。[1] しかも、この時期の志向性理論においては、情緒的契機が志向性に不可分のものと見なされているため、このような事実的要因が「恐れ」や「落ち着かなさ」などと不可分であると理解されている。[2] 人間はこのような有限性によって事実的に規定されているが、このような拘束性がそうしたものとして意識されるからには、事実的規定を乗り越える可能性が開かれていなければならない。

人間は自由であり、人間にとっては可能性が現実性に先立っている。人間は可能性を支配することで現実性を支配する（XXVII, 98）。

フッサールがここで念頭に置いているのは、人間が受動的・不自由にみずからの衝動（傾向、触発）に屈して、触発的、習慣的に動かされるだけではなく、みずからすすんで自由に・活動的に行為するという本質特性をもつということである。このような見解は、一見すると素朴な近代的人間像を、自己統制・自己統御・自己決定の能動的な主体を念頭においているように見える。たしかに、フッサールは、かなり不用意にこのような人間的自由を特徴づけることがある。しかし、その実質というのは、「みずからの受動的な行い〔……〕やその行いを受動的に動機づける前提」を「問いに付す」ということにある（XXVII, 24）。ここで意図されているのは、受動性を能動性へと転換することではなく、受動性を生き抜くことをやめて受動性を受動性として意識することである。現実に埋没することから距離をとる可能性が、ここで取り上げられている。

人間は可能性のうちに生きているために、「人間だけが〔……〕『浄福』へ向けて努力する」のである（XXVII, 98）。「浄福なる生」「善き生」への方向性のうちに、人間の人間性を見いだすことができる。そのような文脈において、フッサールは人間の「自己意識」の能力に注目し、ここに実践理性の機能を見いだしている。

> 出発点として、人格的自己考察（inspectio sui）という強い意味での自己意識の能力を、人間の本質に属しているこの能力を、そして、自分自身やその生へと反省的に遡及する態度決定といったそこに依拠する能力、もしくは自己認識、自己評価、自己規定（自己意志、自己形成）といった人格的作用を取り上げてみよう（XXVII, 23）。

われわれは自己の現実を認識するのであるが、そのことが評価につながり、さらなる自己形成に通じている。現在の自己を知ることが未来の自己の規定となってゆくようなプロセスがここで取り上げられている。

人格性が価値ある存在ならば、ただ端的に存在し、生成しうるだけではなく、自分自身を、実践理性という意味での創造的形態化の客観にしなければならない（XXX, 305）。

このような善き生をめぐる実践理性は、未来の自己を創るという意味での「自己創造（Selbstschöpfung）」[3]（XXXVII, 164）の志向性として機能している。このような志向性の特徴づけが、ゲッティンゲン時代における客観化作用としての志向性とは大きく異なっていることは明らかであろう。客観化作用が基本的には世界を認識する機能をモデルとしていたのに対して、ここでの志向性は、世界ではなく自己にかかわり、認識ではなく創造する働きが見いだされている。実践理性というのは、みずからの生を「統一的に概観」し、その現実性と可能性に関して「普遍的に評価」したうえで、自分や自分の生全体を規則づけることの合理性を意味する（XXVII, 26f.）。

このようにフライブルク倫理学は、実践理性を、客観化作用とは別の特性において定式化している。志向性はいまや自己形成の機能において考察され、そのような機能の合理性が探究されることになる。『改造』論文においては、実践理性を通じた自己形成の様式が、「職業的生」と「倫理的生」という二つの段階に分けて記述されている[4]。以下では、この自己形成の二つの様式を確認しておく。

二　職業的生——世界の価値から生の価値へ

ゲッティンゲン倫理学においては、「到達可能な領域において、最善のことをなせ」という定言命法が、中心的な意義をもっていた。その場合の実践的合理性というのは、世界内の実践領域のなかから最善のものを選択することを意味している。フライブルク時代においては、最善のものを選択することも、自己形成の文脈において考察され、実践的合理性の機能も異なったニュアンスを帯びてくる。しかも、「形式的価値論と実践学は、形式的存在論と同じように『仮定的』である」というように、かつての価値論や実践論がある種の「仮定性・仮言性」をもっていたことが批判されている（WW, 210; 212）。すなわち、ゲッティンゲン時代の形式的倫理学は、「何かが存在すること」、「わたしが存在し、何かをなしうること」、「わたしが自分の実践領域に実現できる善をもつこと」などを前提にしているという（WW, 212）。「達成可能なもの」のなかから「最善のもの」を「選択する」ための実践的法則が有効に機能するには、何らかの価値やその価値を実現する能力が前提にされなければならない。こうした原理に依拠する道徳的命法は、たとえば「世界のなかに諸々の実現可能な善が存在するならば、そのなかから最善のものを選択せよ」という仮言性をもたざるをえない。こうした指摘のなかには、定言命法の根拠づけをめぐるゲッティンゲン倫理学の挫折が反映されていることは言うまでもない。

注目すべきは、ここでフッサールが「倫理学におけるデカルト的懐疑」とでも言うべき思考実験を繰り返し行い、客観的価値や主観の能力を徹底して疑おうとする点である。たとえば、「達成可能な善がしだいに減少するならば」（WW, 212）、「もしも、わたしの自由な意志がそれほど遠くには及ばないとすれば」、悪霊がわたしに自由意志という幻想を抱かせたために「そうした意志が仮象だとすれば」（WW, 210）という極端な懐疑的想定が次々になされている。こうした想定は、形式的倫理学の不問の前提を掘り崩し、定言命法を基礎づけうる地盤を確保するという意味をもっている。生の価値をめぐる考察の特徴を示すのは、世界に価値があることを方法的に懐疑するような場面である。そこでは、「客観的に価値や価値の秩序が成立している」、「それらの価値のなかには主観によって実現できるものがある」といった発想が、問われるべき前提として疑問視されている。

世界が「無意味」であると想定してみよう〔……〕。人類の歴史が継続的に発展していないし、できもしないと、〔世界に〕働きかけたり〔何かを〕創りだしたりする何らかの価値ある営みの可能性が、わたしや他者にとって理性的に見込みのあることではないと、想定してみよう。そのときわたしは何をなすべきであろうか。それどころか、そもそも何かをなすべきであろうか（WW, 215）。

ここでは、いわば《倫理学におけるデカルト的懐疑》、《価値にかかわる世界無化》が行われている。認識論において世界の存在が疑われ、非存在という想定がなされるのと同様に、倫理学において世界の価値性格（有意味性）が疑われ、無価値（無意味）という想定がなされている。こうしてゲッティンゲン時代の中心問題であった「価値の客観性」や「善の実現可能性」は完全に括弧入れされ、そのうえで新たな現象学的倫理学の可能性が模索されることになる。フッサールは、認識論的考察において世界の非存在の想定のもとでコギトという地盤を獲得したのと同じように、倫理学的考察においては、世界の無意味の想定のもとでなおも失われない価値の所在を見いだしている。こうして、フライブルク倫理学の中心問題は、「世界が『無意味』である」（世界の価値が崩壊し、わたしが善の実現に無力である）という想定のもとで、「わたしは何をなすべきか」、「そもそもわたしは何かをすべきなのか」という形で表明される[5]。ゲッティンゲン時代の中心問題であった「価値の客観性」や「善の実現可能性」が完全に括弧入れされたうえで、新たな現象学的倫理学の可能性が示されている。

フッサールは、世界の無意味さやわたしの無力さに直面して、なおも失われない価値の所在を指摘しようとする。こうした場面では、「世界の価値」ではなく「生の価値」に焦点をあて[6]、どのような生き方が最も高い価値をもつかを考察の中心に据えている。そのような目論見から、「自分の子供を愛しながら気づかう母親」という事例が引き合いにだされていることも、ゲッティンゲン倫理学とは異なる方向性を示している。

わが子を愛情深く気づかう母親のことを思い浮かべてみると、どうだろうか。彼女は知っているかもしれない、世界には「いかなる意味も」ないということを、あらゆる「価値」を無化する大洪水が明日にも訪れるかもしれないということを。〔……。〕だが、まともな母親ならば、そのときにこう言うだろう。そうかもしれないし、そんなことはよくわかっている。しかし何よりも確かなことは、わが子を見捨てずに、愛情をもって気づかうべきということである（WW, 215）。

世界に意味があろうがなかろうが、子供を気づかうことには価値がある。そのように生きるかぎり、母親は善い生き方をしているし、自分の義務を果たしてもいる。生の価値をめぐる倫理学は、どのような生き方が最も高い価値をもつかを考察の中心に据えている。世界のなかに実現可能な価値があり、そのなかから最も高い価値を選択する考察とは別に、なおも生き方をめぐる問いとしての倫理の問いが成立している。

瀕死の子供を前にした母親は自分の無力さを自覚していても、「子供を愛しながら気づかう」ことを「目標として立てるべき絶対的な価値」と確信している（WW, 215）。このように、子供への愛という生き方は、当の母親にとっては絶対的に正しい生き方という意味をもつが、それは客観的な価値基準によって判定されるわけではない。母親は子供へと愛を捧げることに「『最も内的』で『最も純粋な』満足」を見いだすのであり、それゆえ、子供への愛は母親にとって「絶対的価値」をもつことになる（XXVII, 28）。

ここでも、最善の目標の選択にさいして、形式的実践論において考察された「吸収の法則」（や「加算の法則」）

が形式的原理として機能している（XXVII, 31）。しかしながら、最高善の選択がこれまでとはまったく異なった様式において行われていることに注目すべきである。ゲッティンゲン時代においては、「いかなるときにいかなる主観にとっても絶対的になされるべきものを純粋に形式的に規定」するような「客観的考察」が行われ（XXVIII, 152）、「この最善のものは、客観的な意志の適切性を形式的に輪郭づけ、何が意欲され、なされるべきかを表す」とされていた（XXVIII, 142）。そこでは、主観によって異なる実践領域の状況が善の規定の相対性を招くとされてはいるが、条件さえ同じであれば――アダム・スミス的な「公平な観察者」「可能な外的観察者」の立場に立てば――、何が善であるかは客観的に決定されることが大きな意味をもっていた（XXVIII,138f.; 146ff.; 153）。しかし、目下の場面における人格の生の評価、生の目標の決定においては、客観的な価値の確定が重要な意味をもつわけではない。『改造』論文では、次のような注目すべき指摘もなされている。

当の価値が本人にとって〔……〕最も優先されるべきものであることを〔……〕本人がつねに確信しながら生きるかぎりで、客観的により高い評価が実践的優位となる必要はない（XXVII, 28）。

具体的には、「ある者にとっては権力という善が、別の者にとっては安らぎや隣人愛という善さが、無条件的に優先されるものとして妥当する」のである（XXVII, 27）。こうした価値の比較は、生の「満足」を基準にしてなされ、より満足のできる価値がより高い価値とされる。それゆえ、「冷めた作用」としての「価値比較する悟性」[7]（A V 21, 122a/b）ではなく、「熱い作用」としての喜びや悲しみをともなう情感的作用が、比較検討のなかで機能している[8]。すでに前章で確認したように、満足が経験論的概念に限定されない意味を獲得することで、このような価値比較の理論が可能になっている。最高の価値と評されるものは、「人格の最も内的な中心から――『全霊をもって』――わたしの価値として、わたしがわたしであるかぎりそこに不可分に帰属する価値として、愛する」(XXVII, 28) ようなものであらねばならない。(9) こうして、「評定する」ことにおいて最高のものではなく、「愛する」ことにおいて絶対的なものが、最高の価値として選択されている。(10)

さらに重要なのは、主観にとって最高の満足をもたらす絶対的価値が、その主観の生全体に統一を与える点である。つまり、人格は絶対的に価値ある生へとみずからの未来の可能性を収斂させることで、その価値に向けた自己中心化がなされ、人格的個体性が形成される。フッサールは、このような絶対的価値による人格的生の統一を「職業・使命 (Beruf)」という概念によって特徴づけている (XXVII, 28)。母親にとっては子供への愛が、芸術家にとっては芸術への愛が、「職業」であり、それによって当の人格の生は方向づけられ、統一することになる。つまり、「優先される価値領域に対する召命 (Berufung)」というのは、「生をもっぱらそこに属する価値の実現に献身すること」を意味しており、これが可能になるのは「当該の主観が人格的な愛においてまさにこの価値領域――学問、芸術、正しい共同体の価値――に排他的に愛着を抱いている」ことによる (XXVII, 28)。(11)「芸術家」にとっては「芸術」が、「学者」にとっては「学問」が「職業」であり、「そうした善さを創造することだけが、『最も内的』で『最も純粋な』満足を当人に与えるし、完全に成功裏に『浄福』という意識を保証する」のである (XXVII, 28)。生の評価によって得られた最高の価値は、こうした仕方において、人格の生全体の統合化・個体化の原理として機能する。(12)「職業的生」というのは、生の価値によって生きることで、自己を形成することを意味している。

このような職業的生という概念を獲得したフッサールは、ゲッティンゲン時代の倫理学に対して、次のような自己批判を書き残している。

最高の実践的な善に関するそうした倫理学全体は、ブレンターノによって導入され、私によって受け継がれているが、その限りにおいては、最終見解ではあることはできない。いくつかの本質的な制限が必要とされている！　そこでは、使命（Beruf）や内的な呼び声（Ruf）が実際の権利をもつようになっていないのだ[13]（B I21, 57a）。

この表現は、フライブルク時代のフッサールが、かつての《理論理性の優位》やそれに基づく倫理学の限界を自覚したうえで、人格的生の自己形成をめぐる新たな倫理学を築きつつあることを示している。

三　倫理的生——愛から洞察へ

「職業的生」という様式における生き方は、その合理性において不十分であるとフッサールは考えている。より強い意味での実践理性に基づく生は、「倫理的生」と特徴づけられている。職業的生は「先倫理的」なものとして、次の二つの限界によって「倫理的生」から区別される。

第一に、たんなる「職業的生」は「あらゆる行為を規定しつつ規則づけ、あらゆる行為に規範的形態を与える〔……〕ようになっていない」（XXVII, 29）ため、生のあらゆる可能性を汲み尽くしたうえでの最善の生を選び取るわけではない。したがって、そこには価値幻滅の可能性が残されており、満足が獲得されたとしても、それは相対的なものであらざるをえない。ここから、みずからの生のあらゆる可能性を顧慮し、最善の生の形態を選び取ろうとする必要が生じる。したがって、倫理の名に値する自己考察は、みずからの生のあらゆる可能性を検討する「普遍的倫理的エポケー」(VIII, 317)と特徴づけられるような、自己の生への「普遍的な計画的顧慮」(XXVII, 27)として実行されなければならない。しかも、このような生の普遍性を視野に入れた考察において明らかになるのは、人格の営みが、つねに運命や事実性によって限界づけられており、「安定した満足」に至りえないということである。そのとき、価値の比較検討は、そうした限界を超えた生の様式を指し示すようになる。そうして「前提や目的に関して価値幻滅から守られているであろう成功裏の行為のなかで、〔……〕みずからの生全体を送ることができるという洞察的確信」を抱くことができるなら、「理性的に根拠づけられた満足」が獲得されることが明らかになる(XXVII, 32)。しかし、同時に明らかになるのは、人格の生には無限の幻滅の可能性が含まれているため、「自己への純粋で安定した満足にいたる生」は、現実に到達可能な目標というよりも、実現不可能な理想ということである。あらゆる幻滅の可能性から守られていることを正当化できる人格というのは、「理想的な限界」や「『極限』」として「構築」されるものである(XXVII, 33; XXX, 301ff.; XXXVII, 319)。それどころか、人格にとって実現可能な生の諸形式がつねに価値の幻滅の可能性を含んでいるのであれば、むしろ理想として憧れることしかできない生の形態を目ざすことに、真の倫理性は見いだされる。

彼がこの理想をひとたび予感し、見てとったならば、そのとき彼は次のことをも承認する。すなわち、彼に相応しい生の形式、倫理的生の形式は、たんに相対的に最善のものであるというばかりではなく〔……〕、それは唯一端的に善き生の形式であり、「定言的に」要求されたものである、ということを(XXVII, 35)。

一九〇六／〇七年や一九一一年の講義や「厳密学としての哲学」で言及されていた「人格」の「理想」[14]が、ここでは、人格の理性的自己形成にとって決定的な役割を果たすようになっている。完全にみずからを正当化する生という理性の理想が、人格の自己評価の問題と結びつき、実践的生の倫理性を特徴づけるに至っている。

第二に、通常の職業の決定においては、最高の価値への献身が「完全に非合理なものであっても、いわば盲目的な愛着であっても、〔……〕かまわない」（XXVII, 28）というように、何が真の満足を与えるかを「洞察的」に検討する必要性がない。職業はしばしば習慣や伝統や地域性などの条件に制約されて引き受けられている。しかし、ゲッティンゲン倫理学でも指摘されたように、盲目になされる価値評価や選択が理性という意味をもつことはない。したがって、実践理性に基づく生というのは、最高の価値に向けて方向づけられているだけではなく、そのような最高の価値を「明証」のうちで「洞察的に」見いだすのでなければならない。しかも、このような洞察による正当化は、個別的な作用のみならず、「みずからの生全体をその人格的な活動すべてに関して理性という意味で形成する」（XXVII, 32）のであって、生の全体にかかわっている。したがって、理性的自己形成という仕方で、生の全体を洞察によって形成することが、倫理的生の目標となる。倫理的生というのは、理性によって自己の信念を正当化する生き方を意味している。前章では、フッサールがデカルトの方法的懐疑を「認識倫理的」（XXXV, 314）と形容したことを明らかにしたが、デカルトの哲学的営為はまさに倫理的な生についての優れたモデルでもある。

倫理的生というのは、このような意味において、自己に深く根ざしている（理論的なもののみならず、評価的・実践的なものを含んだ広い意味での）信念を問いに付し、自己の生そのものを変化させることがある。理性の営みは「それを疑うことが人格そのものを『根無し』にしてしまうくらい人格に深く根ざす動機」（XXVII, 77）にまで及ぶ可能性がある。したがって、生の価値を通じた自己形成としての職業的生は、明証を通じた理性的自己形成のなかで、根本的な変化の可能性にさらされる。何らかの価値が生の目標として獲得され、それが習性として人格の様式を深く規定するものになっていても、そうした価値がもはや妥当しなくなり、新たな自己形成が促されることがある。したがって、倫理的な生というのは、みずからの信念の変化に対して開かれていることを意味している。

倫理的な生というのは、〈理想への方向性〉と〈洞察による正当化〉という二つの契機によって成り立っている。こうしたことを踏まえて、倫理性を要求する定言命法は次のように定式化されている。(15)

この定言命法が言い表しているのは、真の人間であれ、汝を一貫して洞察的に正当化しうる生を、実践理性に基づく生を送れ、ということにほかならない(XXVII, 36)。

このように、実践理性に基づく生としての倫理的生は、生の価値への愛を素朴に生き抜くことなく、みずからの価値を批判的に洞察しながら正当化し、真の人間という到達不可能な理想へと方向づけられている。

四　試しとしての生——革新の倫理学

フライブルク時代の現象学が定式化する「実践理性」というのは、「真の人間の理想」と「洞察的な正当化」という二つの側面を持ち合せている。では、これら二つの側面は、どのように関連するのであろうか。とりわけ、到達不可能な人間性の理想という概念は、現象学的にどのようなことを意味するのであろうか。カント哲学におけるヌーメナに相当するものがここで導入され、理性概念の特徴づけに寄与しているのであろうか。このような理想は、何らかの超越的審級として、現実を規則づける役割を担っているのであろうか。〈ヌーメナの現象学〉なるものが成立するのだろうか。以下では、フッサールにおける「実践理性」「倫理的生」の内実を明らかにするために、実践的理想についての現象学的分析を検討してみたい。

理性的な生の目標となる理想が到達できないとすれば、それを追求する生き方にはたして意味があるのだろうか。フッサールの理想論は、生きる意味の所在をめぐって展開されている。[16] 有限な主観の努力は、死や運命などの「生の一般的な不確実性」(WW, 208) によって妨げられ、挫折する可能性を排除できない。そうしたときには、理想を追求する営みが「意味の無い世界のなかでたまたま起こった偶然」と見なされ、その「意味」は疑わしくなる (VIII, 354)。有限の人間の生が死によって妨げられるとすれば、人間の存在はそもそも絶対的理想を目標として追求するのにふさわしくない。こうしたことを踏まえて、わたしは「わたしの生を究極的には肯定できない」とまで言われている (VIII, 355)。

しかしながら、ここでフッサールは「カントの要請論」(VIII, 354) を手がかりに、理想を追求する意味を実践哲学的に肯定しようとする。[17] フッサールによれば、理想が達成されるためには、主観の不死性が要請されるべきであるという。われわれの有限な生は、事実上はあくまでも理想に到達することはないが、そう考えると理想を追求する生はその意味を失ってしまう。したがって、われわれはみずからの生きる意味を失わないためにも、不死であるかのように生きなければならない。

わたしはあたかも不死であるかのように、実際に無限のうちで働くことができるかのように、生きるべきである[18]（VIII, 352）。

不死であるかのように、無限に生きつづけるかのように振る舞うことは、「実践的なかのように（als ob）」（VIII, 351）や「倫理的な『かのように』」（WW, 235）と特徴づけられている。[19] わたしが不死であるかのように、目標に到達できるかのように生きることは、経験では証明できないことを信じることでもある。この信仰は、「必然的実践的要請」（WW, 233）に従って生きようという意志を源泉とするので、「倫理的な意志からその力を獲得する信仰」として、「理性信仰」ともされている（WW, 235 Anm.）。このような「信仰」をもって、不死であるかのように「生きる」ことが、「世界とわたしの生とに意味を与える」ことになる（VIII, 355）。理想を追求する意味というのは、理論的な根拠があるわけではなく、「経験からは何も証明できない」けれども、そうした目標を追求することは、「絶対的な当為」として、実践的には要求されることになる[20]（VIII, 355）。

このような「実践理性の要請」は、カント倫理学をそのまま受容しているわけではく、意志の志向性にかかわる現象学的分析として捉えなおされている。要請論の超越論的論証が現象学を導いているわけではなく、実践的理想の要請は、理想にかかわる意志の様相性についての志向的分析のなかで現象学的に扱われている。フッサールによれば、われわれが理想を信じて生きるとき、「推測性（Vermutlichkeit）を確実性のように受けとる」という様相の転換が生じている（WW, 235 Anm.）。われわれは、確実性を保証できないものについて、「あたかも確実性をもっているかのように振る舞う」のであり、その場合には「蓋然性（Wahrscheinlichkeit）を実践的に過大評価する（überwerten）」という様相転換を行っている（WW, 226）。

蓋然性を過大評価したり、軽い推測性を経験的確実性ゆえに過大評価したりすることは、理論的には非難されるべきであるが、実践的には善いことであり、しかも実践的状況においてのみ要求されている（WW, 226）。

不確かなものを確実なものであるかのように見なすことは、通常は避けるべきことであろう。しかし、理性的な実践にとっては、蓋然性や推測性を過大評価することが求められており、その場合に、われわれは（確実性として過大評価された）蓋然性や推測性を欲することになる。通常の意志が何らかの対象性の確実な存在を目標として、それを現実化するのに対して（第七章）、ここでの意志はあえて不確実性を求めるゆえに「様相化」されたものと特徴づけられる（VIII, 352）。このような意味において、不確かなものを求めようとする意志は、「試すこと（Probieren）」（VIII, 352）と特徴づけられている。確実性を欲して行為する現実化ではなく、不確実性を（不確実性として知りながら確実性であるかのようにして）求めることは、みずからの生を、未来の不確定な変化に対して投げだすことを意味している。

このようなことを踏まえたときに、定言命法における「真の人間であれ」と「洞察的に正当化する生を送れ」という二つの側面は、実践理性に基づく生の様式として、一つの実質を示すことになる。洞察によって自己の信念を吟味することを求める命法は、同時に、不確実なものを受けとめることを求める命法、つまり「試せ」や「試みることに向けて決断せよ」（VIII, 352）という命法と重なることになる。フッサールにおける実践理性は、洞察による生の吟味を促すと同時に、不確実性を引き受け、みずからの生を「試す」よう促している。

実践理性というのは、不確実なものに向けてみずからの生をなげだし、試すことを要求している。実践理性の要請ということで考えられているのは、理想を信仰することの合理性というカント的発想であるが、その現象学的分析において明らかにされる成果は、自己の生を試すことへの要請である。したがって、フッサール現象学が到達不可能な理想を実践理性の規定に用いるときには、超越的審級によって現実の生を規則づけることを考えているわけでも、理想という規範への目的論的方向性のなかに生の合理性を見いだしているわけでもない[21]。むしろ、不確かなものに対して自己の生を開いておくことが、実践的文脈における理性性格の実質を成すことが指摘されている。こうしたことを踏まえて、『改造』論文は、実践理性に基づく生としての倫理的生を、「革新（Erneuerung）」という概念によって定式化している。

倫理的な生というのは、実際にその本質からして革新に基づく生であり、最も根源的な革新の意志に、そして繰り返し反省されるべき革新の意志に基づく生である（XXVII, 42）。

こうしてフッサール現象学は、実践理性の現象学的探究において、革新という概念に到達している[22]。

註

（1）フッサールは死について次のような分析をしている。「どんな人間にとっても、自分固有の未来の死という把握できない事実がある。この事実は、内からは実現されることも直観的に表象されることもできないので、把握不可能である。非存在という不気味なほど大きな謎、不気味なほど大きな空虚」（WW, 209）。

（2）「生の価値、世界の価値」草稿では、「そうしたことと関連する心情の態度決定や実践的態度決定がある」として、「希望と恐れ」という意識の様式が主題になっている。つまり、「未来の善は希望されており、悪は恐れられている」（WW, 208）というように、未来の出来事は恐れや希望という情緒的意識のなかで出会われる。主観は未来にどのような出来事が生じるかを完全には知りえないゆえに、「生の一般的な不確実性」が生じており、この不確実性が強まれば強まるほど、主観は希望を失い、恐れを感じるようになる。「そのようにして、生は、恐れと希望のあいだで右往左往し、落ち着かなさ（Unruhe）によって充たされている」（WW, 208）。

（3） 他の表現では「実践理性という意味での創造的な形態化」「最高の理性理念に応じた〔……〕自己形成」（XXX, 305）、「自己刷新」「自己形態化」「自己規則づけ」「自己規定」（XXVII, 23; 32; 33）とされている。すでにフッサールは、ゲッティンゲン時代に「意志」の実践的志向性を「創造」と特徴づけており（XXVIII, 102-125）、ここではさらに、客観の創造ではなく、主体の自己の創造が「自己創造」と定式化されている。

（4） ヘイナマーは、生の類型を「自然的生」「職業的生」「召命的生」「倫理的生」の四つに分類している（ヘイナマー 2008）。本書の「職業的生」は第二・第三の両方に該当する。

（5） ハイデガーは世界（有意義性）の無化としての不安のなかに本来性を見て取っている（SZ, 184ff.）。

（6） フッサール自身によってつけられた草稿の表題（「生の価値、世界の価値」）の意味もここにある。

（7） XXVIII, xlviii.

（8） 「熱い」・「冷たい」という比喩はゲッティンゲン時代の草稿で用いられている（XXVIII, 156）。

（9） 「わたしが絶対的価値に向かって生きるならば、わたし自身はそのかぎりで善であり、わたしの義務のうちにいる。世界がなおもさらに『意味』をもっていても、もっていなくても、善であるし、ありつづけている」とされるように、世界全体が客観的には「無意味」になったとしても「絶対的価値」はその価値を失わない（WW, 215）。

（10） ゲッティンゲン時代の価値比較の理論に対するM・ガイガーの批判を受けて書かれたという一九〇七年頃の草稿でも、しばしば諸々の価値の抗争における選択が「悲劇的」性格や「喜ばしい」性格をもつことが指摘されていた（XXVIII, 420ff.）。ある価値を選択して、別の価値を放棄するということは、ある価値が別の価値を「吸収」するというのみならず、その価値のために別の価値を「犠牲」にすることを意味している。

より低い価値や高い価値が犠牲にされるものとしてある。犠牲の悲劇はどこにあるのだろうか。喜ばしき犠牲というのは可能であり、求められているのか、それはやはり〔犠牲であるかぎり〕悲劇的であるのだろうか（XXVIII,421）。

アブラハムの物語を想起させる「犠牲の悲劇」のモチーフは、『イデーンI』はもちろんのこと、ゲッティンゲン倫理学の講義においても語られることはなかった。しかし、フライブルク時代の志向性理論を背景にする『改造』論文では、価値比較のなかで「犠牲に捧げる（aufopfern）」（XXVII, 27）という表現が用いられ、その発想の一端を垣間見ることができる。フッサールはこの犠牲の問題をあくまでも「倫理」の次元において考えているが、『おそれとおののき』のキルケゴールは、倫理を客観的な価値比較と見なしたうえで、犠牲の悲劇を「倫理の目的論停止」のうえに成り立つ「信仰」の次元で理解しようとする（Kierkegaard 1843）。

（11）第八章で哲学者が哲学を職業とすることが指摘されていた。そのさいには、このような自己形成が念頭に置かれている。こうした職業としての自己形成は、現代の「ケアの倫理」と深いつながりをもっている（吉川 2011）。

（12）Hart 2006. こうした価値は、人格のそのつどの評価を統合する点において、テイラーの「高位善（hypergoods）」の概念に近い（Taylor 1989, 62-75）。

（13）XXVIII, xlviii フッサールはこれを「人格の核心に衝撃を与える超人格的な叫び声」とも表現している（Husserl 1968, 34）。

（14）「絶対的に人格的な完全性の理想――絶対的な理論的、価値的〔……〕実践的理性の理想」とも表現されている（XXVII, 33）。八重樫は「真の自我」の理想の倫理学的含意を独自に論じている（八重樫 2010）。

（15）フッサールの定言命法が洞察と結びつくことは、以下においても指摘されている（Prechtl 1991）。

（16）ゲッティンゲン時代において、理想は哲学の理念との関連で言及されるに過ぎなかった（第四章）。ここでは、生きる意味をめぐる問いとして主題化されている。

（17）ケルンによれば、一九二五年四月三日のカッシーラー宛の書簡において「事実性そのものの問題、非合理性の問題は、カント的な要請の拡大した方法においてのみ扱うことができる」（Dok III/5, 6）と述べられ、実践理性の要請が事実の非合理性の検討において有効な方法であることが確認されている（Kern 1964, 303）。

（18）ここで文字通りの魂の不死性を信じる必要はない。「価値は〔……〕後世に永遠に働きかけるという形式において不死性をもつであろう」（WW, 227）という表現は、価値が「世代性の連鎖」（WW, 229）のうちで妥当性をもち、継承されることを示している。武内はフッサールにおける魂の不死性の議論が世代性と結びつく可能性を指摘している（武内 2010, 注16）。

(19)「理念は〔……〕かのようにではない」（I, 91）とも言われるが、これは理論哲学の文脈において、理念の所与性に関する特徴づけと考えられる。理念は想像によって与えられることはできない。フッサールは、「理念」を認識論的・理論哲学的文脈で用い、「理想」を倫理学的・実践哲学的文脈で用いているようである。

(20) このような「理想」にかかわる志向的意識が、愛であるのか認識であるのかについては、立場が分かれている。メレは、「理性は〔……〕愛によって究極的に要求される信仰としてのみ意味をもつ」としている（Melle 2004）。この立場は理性に対する愛の優位を展開している。ルフトは、フッサールの要請論や理性信仰の最終的主張を「世界を意味あるものと（認識によって）見なすことはそれ自身において道徳的な義務である」と解釈している（Luft 2007, 384）。この立場は理性信仰の中核に世界の理想についての認識を見いだしている。

(21) そのように読解できるテキストも散見されるが、本書はそこに可能性を見いだしていない。

(22) 革新は「連続的な革新」でなければならない（XXVII, 43）。

第十章　倫理学的転回の射程

この章では、フッサール現象学における「倫理学的転回」の意義を検討してみたい。これまでの考察から明らかなように、一九二〇年代初頭のフッサール現象学は認識論的問題に限定されない視野を獲得し、生き方に取り組むような問題設定・方法・根本概念を獲得している。こうしたことを踏まえたうえで、まずは、ミュンヘン・ゲッティンゲン学派、ハイデガー、レヴィナス、リクール、アンリなどからの批判に対して、フッサール現象学はどのような立場に立つのかを明らかにする。主知主義、相対主義、利己主義という考えられうる批判に対して、フッサール倫理学の側から答えることになるだろう。こうした考察は、倫理学的転回の核心にある、理性概念の変貌の内実を示すことになる。

一　主知主義をめぐって

フッサール現象学に対する批判のなかでもっとも強固なのは、「主知主義」に対して向けられたものである。ミュンヘン・ゲッティンゲン学派は、『論研』の影響下において意識体験の本質分析という現象学的手法を受け継ぎながらも、「論理学の基礎づけ」には限定されない事象の解明を行い（第三章）、そこから倫理学のみならず、美学、社会哲学などのさまざまな方向性を展開させている。ハイデガー、レヴィナス、リクール、アンリなども、『論研』や『イデーンI』における認識（客観化作用）をモデルとするフッサールの志向性を批判し、「あるものについての意識」と定式化される志向性が、「気づかい」「身体性」「事実性」「情感性」などの次元を取り逃がしていると指摘する（第六章）。フッサール現象学は、ハイデガーの言葉を用いれば「認識された認識への関心」という特有の関心に規定され、レヴィナスの言葉を用いれば「表象の優位」に支配されていることになる。

このような批判に対しては、倫理学的転回を踏まえて次のように言うことができるだろう。フッサールは、『論研』の直後から倫理学の確立を試みるなかで、実践的志向性の様式を考察し続けている。フライブルク時代には、実践的志向性はあらゆる意識様式を包括するものと見なされ、認識をも一種の実践と位置づける視座を獲得している（第八章）。しかも、自己創造の志向性というのは、客観へと方向づけられて、その同一性を確証するわけではなく、自己にかかわり、その未来の生を創造するものである（第九章）。フッサールが視野に入れているのは、自己を理解することが自己を形成することに通じるような運動である[1]。したがって、フッサールは現象学的倫理学の可能性を模索するなかで、理論的認識への偏重を克服する枠組みを獲得しており、その意味において主知主義を回避していると言えるだろう。

従来の研究においても、フッサール現象学のなかに身体論・感覚論の成果を強調する試みがなされ、そのなかで実践的・情緒的意識の分析の意義が取り上げられてきている。メルロ＝ポンティの『知覚の現象学』（一九四五年）[2]は、フッサールを事実性や身体性という観点から読みなおす試みの先駆けとなった。このような流れのなかでは、生の世界、時間、身体、他者などのトピックが後期フッサールにとっての中心テーマと見なされ、それらを引き合いにだすことで『イデーンI』の主知主義が克服されたと言われている。本書は、そのようなフッサール読解を完全に否定するものではないが、しかし、そうした方向性を継承しているわけではない。というのも、そのような解釈は、フッサールにおける主知主義の克服が、倫理学の確立という学問論的問題設定に導かれていることを閑却しがちなためである。フッサールにおける知覚の現象学が論理学の根拠づけという問題圏を動いているように、意志や感情の現象学的分析は、実践理性の学問としての倫理学に寄与するものとしてのみ有効性をもっている。倫理学的転回におけるフッサールは、身体をもって生きる主観が、死や運命などの偶然性に取り巻かれていることを踏まえたうえで、そうした主観の生き方の合理性を問題にしている(3)。

ハイデガーは志向性の「存在」を問うことから基礎存在論を展開し(4)、レヴィナスは表象の地平に回収されえない「他者」との倫理的関係のうちに「第一哲学としての倫理学」の可能性を見いだし(5)、アンリは「現象」そのものの本質を純粋な「内在」としての「情感性」の次元に探り当てている(6)。彼らにしてみれば、認識論的問題設定のなかで考察される志向性は、主観性の「存在」を規定するにも、「他者」との「倫理的関係」を特徴づけるにも、「現象」の本質を言い当てるにも、あまりに主知主義的すぎることになる。彼らの言うとおり、「あるものについての意識」というフッサール的志向性は、存在ではなく存在者を思念し、他者と事物とを共通の地平に置きいれ、絶対的内在の近さの次元をやすやすと超えでてしまうだろう。たしかに、フッサールは、ハイデガーのように志向性の存在様式への問いを立てることも、レヴィナスのように「現前」しない「他者」の「痕跡」のうちに倫理の次元を追求することも、アンリのように絶対的内在としての情感性に執着することもなかった。しかし、そのような存在、他者、情感という問題設定は、ハイデガーやレヴィナスやアンリの問題設定の独自性を示すものかもしれないが、フッサール現象学におけるそれらの欠如がただちに主知主義に通じるわけではない（他者と利己主義をめぐる問題については、本章の三で論じる）。フッサールは、実践・倫理・情感というトピックを「理性論」

という特有の問題設定において検討し、志向性に不可欠の契機として現象学的に受容したのである。フッサールはあくまでも志向性理論や理性論の内部において、みずからの主知主義を修正している。したがって、志向性の現象学的分析に根ざす理性論という観点を離れて、フッサールの理性主義そのものを批判したり、理性論の問題設定を無視したフッサール像を構築したりすることは、いずれも外在的立場にとどまるであろう。

二　相対主義をめぐって

一九二〇年代のフッサール倫理学は、「世界の価値」ではなく「生の価値」に依拠し、主観の生き方を考察する倫理学を形成していた（第九章）。生の価値に根ざす倫理学というのは、ミュンヘン・ゲッティンゲン学派への批判という意味をもっている。ミュンヘン・ゲッティンゲン学派は、価値が客観的に実在すると考え、そうした価値に依拠して道徳的価値について考察する「道徳実在論」の立場をとっている。

たとえば、フォン・ヒルデブラントの「道徳的行為の理念」[7]（一九一六年）を引き合いにだしてみよう。彼によれば、行為が道徳的に価値あるものであるかどうかは、客観的に成立する事態の価値に依存しているという。たとえば、人間の命が救済されるという事態にはある種の価値があって、そうした価値に応答して、その事態の実現に向かうような行為が道徳的に価値ある行為と位置づけられる[8]。「道徳的に有意義なもの」と呼ぶべき「事態価値の特定の質料的グループ」があり、このような事態の実現を目ざすかどうかが「行為の道徳的価値にとって決定的」なのである。つまり、道徳的意義をもつ事態に行為が向かうときにかぎり、その行為は道徳的に価値があるとされる。こうしたことからフォン・ヒルデブラントは、「『わたしにとって』重要であるものへの応答であるかぎり、意志は否定的な道徳的意義も肯定的な道徳的意義ももたない」として、主観的価値が道徳性に関与しないと言い切っている(9)。ある個人にとって価値あるものに対して応答し、その実現を目ざしても、その行為は道徳的ではない。行為が道徳的であるためには、ある種の価値をもった事態を世界のなかに実現しようとするのでなければばならない。ここには世界における善の増大を考慮する倫理学の方向性が示されている。

これまでの論述において明らかにしたように、フライブルク時代のフッサール倫理学は、そうした客観的価値によって道徳性を基礎づける立場にたってはいない。むしろ、フッサールは道徳性を探究するなかで、客観的価値に依拠するような道徳性の規定をあえて退けたのであった（第七章、第九章）。こうした対立を視野にいれるときに考えなければならないのは、フッサール倫理学が、客観的価値に依拠する実在論をとらないことで、倫理学的相対主義に陥っていないかということである。相対主義をめぐる批判を何らかの仕方において回避できないならば、フッサール倫理学の妥当性は失われるように思われる。

以下では、ミュンヘン・ゲッティンゲン学派の道徳実在論を念頭に置きながら、生の価値を探究するフッサール倫理学が、どの程度まで相対主義を乗り越えているかを検討してみたい。この点において注目すべきは、フッサールが世界というトピックを倫理学的考察に引き入れ、個人の自己満足からさらに先の地点にまで足を踏みいれていることである。生の価値に基づく自己形成より以上の可能性が開かれるのは、「わたしの義務の充実がわたしを幸福にするわけではない」（WW, 230f.）というかたちで、「幸福」が主題になるときである。

〔倫理的に生きているとしても〕わたしは「幸福」と自称することはできない。それゆえ、定言命法や自己満足と幸福——正しく理解された幸福——とが（あるいは「徳」と「幸福」とが）、緊張関係に陥ることになる（WW, 216）。

ここでフッサールは道徳と幸福の対立というカントの問題を引き合いにだしている。周知のように、カントは、実践理性の目標としての「最高善」が、たんに「叡知界」における完全な「徳」の実現としての「最上善」であるのみならず、「感性界」における「幸福」の実現を含みもつと考え、両者の結合を「実践理性のアンチノミー」として考察した（KW-V, 110ff.）。フッサールも「生の価値」に基づく「自己満足」を「道徳性」と規定したうえで、「自己満足より以上のもの」である「わたしの天分や健康などへの満足」「周囲世界への満足」「わたしの影響領野としての世界一般への満足」としての「幸福」を、倫理学的考察に引き入れている（WW, 216）。目下の論点において注目すべきは、道徳が自己形成の文脈に位置づけられたのに対して、幸福が世界にかかわるものとなっている点である。それゆえ、「生の価値」への転換のなかで退けられた「世界」との志向的関係が、幸福の問題を考察するなかでふたたび主題になっている。こうしてフッサール倫理学は、自己形成を問題にする道徳論と世界における幸福を問題にする幸福論という二つの部門から成り立つことになり、両者は次のように関係している。

一方では、わたしは第一のこととして、わたしに関して倫理的な生を要求しなければならないし、この定言的要求に無条件的に応じなければならない。しかし他方では、わたしは世界についても何かを要求し、その世界がわたしの理性の目論みに対応した形態をもつことを要求しなければならない（WW, 232）。

自己の倫理的生に関することが「第一のこと」とされ、次いで、世界に対して「わたしの理性の目論み（＝倫理的自己形成」に対応した形態」が要求されている。幸福論においては、いわば「倫理的自己」の形成が前提されており、「そのために世界はしかじかでなければならない」という仕方で、自己実現にふさわしい世界の実践的形成が要求される。『改造』論文では、世界との実践的関係が芸術作品の創造にたとえられたうえで、「芸術作品にのみ向けられる命法はすべてたんなる『仮言命法』である」(XXVII, 42) と述べられ、周囲世界の形成への要求は、主観の自己形成を前提にする仮言性をもつと指摘されている。このようにフッサール倫理学は世界の価値を考察しており、生の価値に限定されない射程をもっている。しかしながら、世界の価値は道徳性にとって二次的な位置づけをもつにすぎず、道徳的価値そのものの客観性について考えているわけではない。フライブルク時代のフッサールは、価値の客観性を否定するわけではないが、「道徳的価値」の客観的実在性について積極的な主張を展開しているわけではない。(10)

三　利己主義をめぐって

相対主義をめぐる批判と並んで、「利己主義」という批判を無視することもできない。レヴィナスは、フッサールの現象学やハイデガーの存在論を継承しながらも、現象しないものとしての他者について思考している。レヴィナスは、自己満足によって倫理性を規定するあらゆる試みを原理的に批判しており、表象すること（現象させること）を含めたいかなる自己の能力にも包摂できない「他者」との関係のうちに、利己主義を超える倫理の次元を求めている。こうした他者は「存在の彼方」と特徴づけられ、「痕跡」において知られるものであって、そのような他者に応答している主体が倫理的主観である。レヴィナスにおける倫理的な生の様式というのは、このよ

うな他者に曝されるものであって、「他者のための一者（l'un pour l'autre）」と表現されている。(11)

利己主義や他者をめぐる問題について、どのように考えるべきであろうか。フッサールは「倫理学は個人倫理学であるだけでなく、社会倫理学でもある」（XXVII, 21）と述べており、社会の形成をも視野に入れている。倫理的生の主体である人格は、単独で生きているわけではなく、「命令、約束、愛の活動」などの「社会的行為」(12)を通じて「共同体」を形成している（XXVII, 22）。諸々の人格は社会的行為を通じて、さまざまな段階や種類の共同体を形成しており、なかでも「倫理的な愛」という特殊な社会的行為によって「倫理的共同体」が成立する。(13)

真に（倫理的に）愛するものとしてのわたしは、他人の芽生えつつある倫理的に生成する主観を愛し、生きる（XIV, 174）。

個人倫理学において、無限に遠い自我の理想に憧れることが倫理的生と特徴づけられたように、社会倫理学においても、倫理的生というのは、現実の他者のうちに芽生える理想の他の自我への愛を抱くことに求められている。現実の他者ではなく、その他者のなかに芽生える自律的人間の理想への感情としての愛は、ドラモンドが指摘するように、カントの「尊敬」を現象学的に解釈したものと見なすことができる。(14)さらにN・リーは、このような愛の現象学のうちに、レヴィナスの「顔」への対面に匹敵する事象を見いだそうとしている。(15)こうした文脈では「他者を顧慮すること、他者の固有の権利を承認することは、〔……〕われわれを、絶対的価値をもつ主観にする」（XXVII, 47）とも言われ、他者への関係が倫理的生の特徴と見なされている。社会倫理学においては、「他人が倫理的に自己を築くこと」への「純粋な関心」をもつことが、人格の倫理的生に不可欠の条件となっている。

しかしながら、こうしたことは、フッサールにおける倫理性が「他者への責任」を原理としていることを意味するわけではない。たとえば、社会倫理学において「共同体の、全人類の行為する生も〔……〕実践理性によって統一的に形づくられ、『倫理的』生という形になることができる」(XXVII, 22)というときに考えられているのは、「個別の主観が倫理的主観になりうる」のと「同じことが共同体にも当てはまる」(XXVII, 49)ということである。つまり、共同体は「高い段階の人格」「大きな人間」であり、そうした共同体が個人と同じように「自己意識」をもち、「自己評価」や「自己形態化」によって倫理的な自己形成を行うのである。

共同体として、この総合的に結合した人格的数多性は、自己満足を獲得するのであり、そのなかには、個々の人格の自己満足が含まれている(WW, 218)。

それゆえ、共同体そのものの形成においては他者との社会的関係が問題にされるけれども、あくまでも「倫理的共同体」の実質は「倫理的自己形成」であり、自己満足という枠組みが踏み越えられるわけではない。

周知のように、フッサールは「感情移入論」という本格的な他者論を展開しており、倫理学においても、他者や共同体が具体的な意識分析の場面で主題化されている。(16) その他者論の特徴は、他者が「世界」に位置を占める「身体性」を通じて出会われるという点にあるが、このことは、他者と倫理との関わりをめぐる興味深い問題を提起する。すなわち、フッサール倫理学において、他者は、「世界」についての「仮言命法」を扱う「幸福論」の主題であるのか、「人間」についての「定言命法」を扱う「道徳論」の主題であるのかが、一概には決定できないのである。たしかに、「他者は〔……〕利用価値ではなく、自体価値である」(XXVII, 46)と言われるときには、人格としての他者を手段として利用することを禁じる「定言命法」が念頭に置かれ、他者への倫理的愛（＝尊敬）に生きることに人格の倫理的性格が見いだされるようにも見える。しかし、「多数の『隣』人も、人間の周囲世界の領域に〔……〕属している」（XXVII, 45）というように、他者が世界に位置づけられ、さらには「わたしが本来幸福でありうるのは、わたしが他者の不幸を考えないときのみである」（WW, 231）と言われるときには、他者が自己の幸福を形成する契機に格下げされている。そのとき、他者はわたしの自己満足（徳）を実現するための手段となり、他者への関係は「仮言命法」によって規則づけられるにすぎない。フッサールがこうした問題の解決に本格的に取り組んだ形跡はなく、他者の位置づけの曖昧さは、利己主義という論点をめぐってある種の限界に直面しているのかもしれない。

四　自己形成の合理性

このように、フライブルク時代のフッサール現象学は、人格が「善く生きる」ことを探究しながらも、倫理的人格の「世界」への関係を主題にする「幸福論」や「共同体」の倫理を考察する「社会倫理学」という射程をあわせもっている。しかしながら、このような「世界の価値」を考察する幸福論や「他者への関心」「共同体の自己形成」を考察する社会倫理学を扱っている枠組みそのものは、自己形成を中心とするものであって、倫理学が相対主義や利己主義に陥ることを回避できていないように思われる。

あらゆる人間は、その個体性やその個体的な倫理的理念と方法をもっているように、その個体的で具体的に規定された定言命法をもっている（XXVII, 42）。このように、フライブルク時代の定言命法は個人の生の規則づけに力点を置き、普遍性の定式を考慮しないものになっている[17]。

とはいえ、こうしたことは、ただちにフッサールの倫理学が学説として不十分なものであることを意味しているわけではない。たしかにフッサール倫理学は、客観性も利他主義も道徳性の規定とは無縁であり、普遍性や他者関係性を第一次的に志向するわけではない。しかし、フッサールは実践理性の学問としての倫理学を確立しているのであって、倫理学的問題についての合理的思考を放棄しているわけではない。そうしたことに鑑みると、フッサールの実践理性の概念を検討することが、フッサール倫理学の有効性を見積もるうえで欠かせない作業となるだろう。これまでフッサール現象学を理性論と見なし、とりわけ実践理性の現象学に焦点をあててきた。フッサールが理性について語るときには、〈志向性の理論〉と〈明証の理論〉という二つの水準をまたいでおり、しばしばそれら二つの水準は交錯している。二つの水準の区別を踏まえたうえで、フッサールの理性概念をふたたび倫理学の観点から明らかにしてみたい。

志向性の理論という水準において、フッサールは複数の理性様式について言及しており、理論理性、実践理性、評価的理性という三つの異なった理性様式を区別し、それらの関係を問題にしていた。こうした文脈における理性というのは、志向性の機能の合理性のことを意味している。フッサールは、ブレンターノの「判断」と「心情活動」の区別を引き継ぎながらも、心情活動をさらに意志と評価とに分けて、認識・意志・評価という三つのクラスの合理性を探究している。これまでの論述で明らかになったように、『論研』においては理論理性を念頭においていたが、ゲッティンゲン時代には、しだいに実践理性や評価的理性をも視野に納めてゆく。そして『イデーンⅠ』では、理論理性をモデルとして、それに類比的・並行的な理性様式として、実践理性と評価的理性の問題が取り扱われていた。あらゆる作用が客観化作用と特徴づけられることで、あらゆる意識様式は客観性を認識することと類比的な理性性格を有することになる。あるものについての意識としての志向性の合理性は、対象性の同一性・現実存在を確証することに収斂している。対象性にさまざまな相違はあっても、理性の機能の仕方は同型性をもっている。このようなことから、『イデーンⅠ』の時期のフッサールの理性論は、理論理性の包括性・優位性というかたちで特徴づけられた。

フライブルク時代になると、客観化作用をモデルにしない志向性の様式が探究されていた。『改造』論文において、人格の自己考察における志向性は、自己創造という機能をもっている。そうした志向性は、客観を認識するのではなく、自己を形成するものとされ、このような自己形成の合理性が、実践理性として現象学的に定式化されている。この時期においては、たとえば学問的認識も学者の自己形成に寄与するものと位置づけられたり、判断が真理という目標への意志と特徴づけられたり、実践の営みはあらゆる他の意識様式を包括するものと見なされている。このようにして、あらゆる理性を実践理性と特徴づける視座が獲得されており、そのような意味において、実践理性の包括性・優位性を見いだすことができる。いずれにしても、志向性の理論として展開される理性様式の区別としては、ゲッティンゲン時代における理論理性の一方的な優位から、フライブルク時代における実践理性の優位をも取り入れた相互的立場へと、フッサールの理性論は大きな変貌を遂げている。

フライブルク時代における自己形成の実践的合理性は、倫理学的にどのような意味をもっているのだろうか。フライブルク倫理学と関連をもっている『イデーンⅡ』においては、「わたしはできる」という主観的な能力に根ざした「実践的可能性」が「論理的可能性」から区別されていた（第七章）。そこでは「わたしは、自分が殺人や窃盗などを犯していることをイメージできない」という実践的不可能性について語られていた（IV, 265）。このような「殺人ができない」ということをめぐって、その倫理学的含意を考察することができる。フッサールによれば、殺人というのは「わたしの人格の様式に矛盾しており、わたしが動機づけられるさいのわたしの様式に矛盾する」（IV, 265）がゆえに実践的に不可能なのである。この「わたしの人格の様式」ということの意味は、人格としての自己の生き方を方向づける価値であって、その価値に生きることが生の統一を形成する。たとえば、自分の子供に愛情を傾ける母親・父親は、そうした愛がみずからの生にとっての中心的意義をもっていた。ここで『改造』論文における自己形成論を踏まえたいまや、よりはっきりするであろう。「生の価値」というのは、人格としての自己の生き方を方向づける価値であって、……

重要なのは、そのような子供への愛が人格を形成するような意義（職業的意義）をもつとき、子供を愛する人間としての自己の様式、たとえば、親としての優しさ・寛大さ・愛情ぶかさなどが、行動を規則づけるようになることである。生の価値による自己形成は、みずからがどのような人格であるかを評価したうえで、その価値に即して、みずからの意志・欲望を方向づける。自分がどのような人間になりたいかという「高階の欲求」によって、そのときどきの欲求が統制されることになる。このような生の価値に基づく価値論からは、伝統的には徳倫理学に帰されるような主張を引きだすことができるだろう。われわれは自己の人格を形成する「高潔さ」という徳ゆえに嘘をつくことができないし、「気品」ゆえにみすぼらしい服装をまとえない。フッサールの志向性の理論は、実践的自己形成の理論の枠組みにおいて、われわれがどのようにして道徳規範に実践的に動機づけられるのかを説明している。たしかに、このような倫理学は相対主義や利己主義の嫌疑を完全に払拭するものではないかもしれないが、道徳規範の形成についてそれなりに妥当な論点を提起している。

五　理性の責任

しかし、これがフッサール倫理学の到達点というわけではない。むしろ、フッサールは、このような志向性理論やそこに根ざす倫理学とは別の水準において、明証としての理性を主題化している。ゲッティンゲン時代において、「見る認識は理性である」(II, 62) とされるように、理性は「見る」ことと重ね合わされていた。このような意味での「見る」という営みは「洞察」「明証」と特徴づけられており、志向性のさまざまな様式を超えて、フッサールの理性概念の核心部分を成している。[18] つまり、認識、意志、評価という意識様式の区別にもかかわらず、それらの理性性格の実質は「(拡大された意味での) 見ること」のうちにある (III/1, 314ff.)。『イデーンI』の「理性の現象学」においては、「明証・洞察」によってあらゆる対象の現実性を確証する機能が解明されている。つまり、さまざまな信念を正当化する明証・洞察は、あらゆる理性様式に共通する機能であって、論理学的判断の真偽のみならず、道徳的判断・美的判断の規範性もまた明証によって支えられている。

フライブルク時代の『改造』論文においても、このような意味での明証・洞察の一元性・根源性は揺らいではいない。明証的な意識というのは、「事象や事象連関そのもののオリジナルな所与性」に根ざしており、そのことで「自体所与性への適合による規範化」がなされている (XXVII, 77)。つまり、明証意識において、「判断思念は「事象性『そのもの』」という「第一の意味での真なるもの」へ適合することで「規範化」されて、そのことによって「規範への順応性」という「第二の意味での真理」を手にすることになる (XXVII, 77)。理性というのは、事象それ自体を見ることによって、意識を規範化することを意味している。このように、「明証」という意味における見ることが洞察的に正当化する機能を「理性」と呼んでいる点においては、倫理学的転回の前後において変化がない。フライブルク時代の体系においては、実践理性の優位性を主張する文脈において、理論的認識が真理への意志と位置づけられているが、あくまでも「認識」が実践を正しく導く役割を果たすとも指摘されている（VIII, 201）。そのような意味において、実践理性の包括性と見ることとの優位性の相互関係が成り立っている。このことは、フッサールが「明証」としての理性の根源性についていささかも疑いを抱いていないことを示しており、倫理学的転回のなかにおいても、根源的意味での「理性の一元性」[19]は維持され続けている。『危機』において、「理性には『理論的』、『実践的』、『美的』の区別はない」（VI, 275）と言われるのも、こうした文脈においてである。

しかしながら、そのような一元論の内実は、倫理学的転回によって、志向性理論における理論的なものの優位が相対化するとともに、大きな変化を示すようになる。つまり、倫理学的転回が、志向性を実践的・倫理的な水準で考察することで、そこで機能している明証そのものにも、倫理的・実践的性格が刻印されるようになる。したがって、フッサールが明証としての理性を一貫してみずからの基盤に据えているにしても、その意味や機能の仕方は大きく変わっており、倫理学的転回へ着目することによって、この変化の内実や可能性が明らかになる。

『イデーンI』において、明証そのものは、現実についての信念を正当化する機能を担っているにすぎなかった。さまざまな理性様式について語られながらも、その根源にある明証としての理性は、信念の正当化という認識論的役割だけを負っていた。しかし、『改造』論文では、「洞察的正当化の可能性の認識〔……〕が、理性の責任意識や倫理的良心を生みだす」（XXVII, 32）というように、明証としての理性が「責任」という倫理的役割を負うことがはっきりと主張されている。つまり、これまで認識論的にのみ考察されてきた「洞察による正当化」が、責任という倫理学的問題設定のなかで捉えなおされている。

人間はその理性という能力の意識のうちに生きているので、みずからの活動における正と不正に対して、責任を負っている（XXVII, 32）。

ここでは狭義での実践的活動について正と不正が念頭に置かれているわけではない。「理性の規範的理念は、通常の意味での行為にも、論理的作用にも、評価的作用にも関係している」（XXVII, 40）というように、あらゆる意識様式の正当性をめぐって、そうした意識の主体は責任を負っている。フッサールはここで、真・善・美のすべてに共通する根源的な規範としての正しさを問題にしており、そのような正しさは明証としての理性によって実現される。こうしたことは、通常の（限定された意味での）道徳規範ではなく、一元的な理性を通じた責任という倫理的性格を意味している[20]。

このような水準における倫理性というのは、明証の倫理性としてゲッティンゲン時代にも潜在的には取り上げられていたが（第四章）、フライブルク倫理学の確立を通じてはじめて、公式の見解として主題化されるようになっている。倫理性というのは、客観的な規範によって実現されるのではなく、主観がそうした規範を洞察しつつ引き受けることのうちに成立する（第七章、第九章）。したがって、そのような責任は、当事者が「まったく一人で責任を負う」（XXVII, 82）のであって、明証的に体験する者の孤独な自己責任というかたちをとらざるをえない。たしかに、このような実践理性の倫理的性格というのは、道徳的価値の客観性や他者との道徳的関係の樹立を志向するものではないし、それらを促進するものでもない。にもかかわらず、この立場からすれば、客観的に成立する道徳的価値にコミットすることも、他者と道徳的な関係を取り結ぶことも、明証をともなわないものであるかぎり、無責任なものと位置づけられる。客観的な価値や他者との関係が正しさという価値を獲得することができるのも、「現実的な個体性（ここでは個別の人格の個体性）への関係においてのみであり、その全理性と倫理的生活の普遍性の内部においてのみ」（XXVII, 42）とされている[21]。

倫理的な正しさだけが究極の正しさである（XXVII, 42）。

フッサールは、あらゆる規範の問題を明証としての理性の倫理性の次元に引き戻して考えようとしている。しかも、このような意味での倫理的に正しい生き方というのは、前章で明らかにしたように、新たな洞察によって自己の古い信念を変化させることとしての「革新」と定式化されている。価値の客観性や他者へとかかわるどのような生き方も、革新に開かれているかぎりでのみ「倫理的」と言うことができる。フッサールの実践理性概念は、明証による自己の「革新」に収斂しており、自己の生き方を変更する可能性への開かれを意味している。

註

（1）ロッツは、意志と欲望をめぐってフッサールからハイデガーへの強い影響を指摘しているが、フッサールにおいてそれらは世界に向かうものであり、自己形成（自己への意志・欲望）にはなっていないと考えている（Lotz 2006）。門脇はフッサールが行為を主題化しながらも、それが自己の知と連帯することを見過ごしたと考えている（門脇 2010, 120）

（2）Merleau-Ponty 1945.

（3）フッサールは、現実性についての学問を「形而上学」あるいは「第二哲学」と特徴づけている。第一哲学が本質についての学問であるのと対比されて、事実性についての哲学的問題は第二哲学としての形而上学の問題になる（Bernet/ Kern/ Marbach 1996）。「革新の問いはたんなる事実性に結びついている」（XXVII, 10）という『改造』論文の指摘は、第一次世界大戦などの歴史の事実に翻弄されるヨーロッパのことが念頭に置かれている。『デカルト的省察』（一九二七年）において、世界と生の意味をめぐる問いが「倫理的‐宗教的問題」として、現象学の地盤において成立すると指摘され、そこでは「形而上学」の可能性も示唆されている（I, 182）。不合理な事実性のなかでの意味ある生の探究は、しだいに現象学の中心問題に位置づけられていく。最晩年の主著『危機』では、序論において「人間の生存に意味があるのか」（VI, 6）と問いかけているように、生きる意味の問いが著作全体を導くモチーフになっている。

（4）HGA/ 20; SZ.

（5）TI.

（6）Henry 1963.

（7）Von Hildebrand 1916.

（8）「価値応答が応答する事態価値のある種の性質や高さが、行為が道徳的に価値あるものと呼ばれうるかどうかを決定する」（Von Hildebrand 1916, 221）。

（9）「『わたしにとって』重要なものへの応答としての意志は、それゆえ道徳的にはとるにたらない」（Von Hildebrand 1916, 237）。このような立場とフッサールのフライブルク時代の立場とは対照的である（吉川 2009a）。

（10）むしろ、フライブルク時代のフッサール倫理学においては、客観的価値に代わって、人間性の「理想」というものが積極的な役割を果たしている。有限な人間は、こうした理想を実現するのは不可能であり、ひたすらそれを愛し、憧れを抱くことしかできない。そうした理想に方向づけられていることが倫理性を特徴づけるようになっている。フッサール現象学においては、人間性の理想への目的論的方向性がきわめて大きな意味をもっている。こうした立場は、無限の理想への方向性がどのような意味において合理性をもつのかを明らかにしないかぎり、宙に浮いたものとなるだろう。クロウェルはこのような発想を批判している（Crowell 2002）。本書においては、実践的理想は、現実を導く超越的審級ではなく、「試し」としての生という理性性格を示すものと見なしている（第九章）。

（11）Lévinas 1974. passim.

（12）「社会的行為・作用」は、ライナッハに由来する概念である（第四章）。

（13）Spahn 1996; Buckley 1992;1996.

（14）Drummond 2006.

（15）　Lee 2003.
（16）　Donohoe 2004.
（17）　Hart 2006. しかしこの時期にも形式主義的な普遍性への志向を読みとることもできる（Rinofner-Kreidl 2010）。
（18）　Nenon 2004; 田口 2009.
（19）　田口 2009.
（20）　フッサール倫理学は、論理学、美学などと並行する一学科の倫理学の問題として、通常の「道徳的価値」「道徳規範」などを扱っている。しかし、その考察の中心は、あらゆる学問や理性に共通する規範性としての正しさにシフトすることがある。そのようにして、学問や理性そのものの もっている倫理性が主題化される。このような倫理（責任）の次元は、「原自我」という問題と関連している（田口 2010, 95ff.; 291ff.）。
（21）　ゲッティンゲン時代の倫理学の考察のなかでは、客観的に成立する善へと適合することで、その善への意志が正しいものとされていた。客観的価値に即した正しさの規定は、ここでは完全に退けられている。

終章　生き方について哲学はどのように語るのか

生き方について哲学はどのように語るのであろうか。哲学が生き方を探究するときに、哲学はどのような変貌を遂げることになるのであろうか。このような問いが本書のこれまでの論述を導いてきた。ここでは、フッサール現象学の発展を生き方についての哲学という観点から振り返り、その意義を検討してみたい。

フッサール現象学は志向性を根本概念としており、志向性の可能性が現象学の可能性と重なると言っても過言ではない。意識体験の志向的な機能というのは、意識が「意味」を介して、対象へと関係することである。『論研』において志向的体験という概念が導入されるときに「意味作用」が純化されていたのであるが、それも、意味作用こそが対象を規定すると考えられたからであった。したがって、意味が機能する様式に目を向けることは、志向性の本質を明らかにすることになり、それとともに現象学そのものの可能性を浮き彫りにすることに通じている。ここでは、志向性と密接なつながりをもつ「意味」に焦点をあてて、フッサール現象学が「生きる意味」を探究する哲学であることの内実を明らかにする。そのうえで、フッサールの生きる意味をめぐる哲学が、現代倫理学の文脈においてなお有効であることを示唆して、本書の考察を結ぶことにしたい。

一　意味概念の変化（存在的意味・精神的意味・生の価値）

フッサールが『論研』から『イデーンⅠ』において意識における対象性の構成を探究するとき、「意味」「意義」は「意識が対象へと関係する仕方」「対象の与えられ方」「対象の規定」と特徴づけられていた。『論研』第一研究の記号論で「表現」が「指標」から区別されたのも、「論理学的体験の現象学」にさいして「対象への関係性」を担う純粋な表現の「意味作用（bedeuten）」を確保するという目論見からだった。また第五・第六研究における意識体験の現象学的分析でも「作用質料」という意味概念には対象への関係を構成する機能が指摘されていた（XIX/1, 515）。一九〇八年の『意義論』講義では、作用への反省と理念視によって獲得される「作用のスペチエス」としての「現出論的意義概念」（『論研』の意味概念）に対置されて、「対象が与えられる様式」というニュアンスが強く打ちだされた「現象学的『存在的』意義概念」が導入される（XXVI, 38）。『イデーンⅠ』ではこの概念が「ノエマ」として定式化されており、論理学的対象の「意義（Bedeutung）」から知覚対象の「意味（Sinn）」にまで「拡大」された範囲をもっている（III/1, 285）。このような「ノエマ的意味」は、「規定可能なX」「意味の核」と「その規定」という主語‐述語のカテゴリー構造をモデルとしている。したがって、言語的表現の層が関係づけられるかどうかにかかわらず、ノエマは「命題（Satz）」という構造をもっている。つまり、あらゆるノエマは主語‐述語という分節化のスタイルをもつものとして、論理学の形式を帯びている。『イデーンⅠ』が「判断する理性」「理論理性」の「普遍的支配」を主張することができたのも、ノエマという意味概念を確立していたためである。『論研』から『イデーンⅠ』への、作用のスペチエスからノエマという意味概念の変遷は、興味深い問題をはらんではいるが、「客観化作用の現象学」という同じ問題系のうちでの発展を示すにすぎない。このような場面において機能する意味というのは、対象性をカテゴリー的に規定するものであって、世界を認識し、論理学的に表現可能な仕方で分節するものと言うことができるだろう。

しかし、このようなノエマ的意味に依拠する『イデーンI』が、フッサール現象学のあらゆる可能性を汲みつくしているかのように考えてはならない。ノエマという『イデーンI』において中心的役割を果たす意味概念は、フッサール現象学全体においては、限定された範囲内で機能している。倫理学的転回を視野に入れたいまや、『イデーンI』とは別の意味概念をフッサール現象学に見いだすことは困難ではない。フッサールは『イデーンI』を公刊した直後から、意味概念の根本的な見直しを行っている。『論研』初版第一研究の記号論は「存在的意味（ノエマ）」概念の源流でもあったが、この記号論が再検討されることになる。『論研』の改訂版の構想（一九一四年）では、現象学の出発点となった「表現」の概念が再検討されている。(1)

そこでは、『イデーンI』のノエマ論を反映して意味のカテゴリー性が強調される一方で、次の点において新たな展開を見せている。第一に、「表現」の実践的機能に目が向けられている。『論研』において、実践的契機を捨象することが表現の純化に通じていたことを考えると、このような変更の射程はきわめて大きなものとなるだろう。たとえば、「語」は「実践的出来事として、行為という形式において生じた出来事として現象学的に性格づけられる」（XX/2, 28）とされ、「わたしは話す」が「わたしは行う」の特殊事例と位置づけられている。第二に、何かを意味する機能を担うような「真正な表現」が、『論研』のように「言語」に限定されず、「記念の印、目印、信号」などにも見いだされ、それらも真正な表現のなかに組み入れられている。そうした表現もまた言語表現と同様に何かを意味しているが、そこでは「事況（Sachlage）」が「カテゴリー的把握」を介することなく思念されている。こうしたことから、「信号という領域には文法学が存在しない」（XX/2, 53）とも言われており、この点において、論理学的規定を意味の機能の中核にしているノエマとは異なっている。このような意味の働きは、対象を規定するのとは異なった方向性をもつことになるであろう。こうした意味が対象性をカテゴリー的に分節するのでないとすれば、それはどのように「意味する」のであろうか。

『論研』の改稿の構想に呼応するように、同時期の『イデーンII』の「精神的世界の構成」では、それまでにない表現論が展開されている[2]。表情、身振り、作品、建築、言語、道具などの精神的世界（周囲世界）の客観全般が「表現」（身体）と「表現されるもの」（意味）との「了解的統一」と見なされている（IV, 236ff.）。『論研』において「指標」に分類されたものまでが表現に組み入れられたことは、表現（＝有意味な記号）の意味機能が拡大されたことを示している。ここで機能する「精神的『意味』」（IV, 237）というのは、理論的に認識する主観の意識体験が対象と関係する場面において見いだされるものではない。精神的意味というのは、日常の実践的態度である「人格的態度」「人格主義的態度[3]」における「人格」やその「周囲世界」にかかわるものである。精神世界における「意味する（bedeuten）」（IV, 238）ということは、どのようなことであろうか。このような「意味」は、その担い手（身体物体）に対しての余剰として、その担い手に担われながらも担い手を「包摂」し、「生気づけ」、担い手を「精神化」「人間化」している[4]。たとえば、言語の意味というのは、音・インクなどの物質を分節して、それらを意味の担い手としての言語身体としている。音声やインクの染みなどのたんなる物理的なものが言語身体という身分をもつのも、意味が物理的なものを精神化して、生気づけているためである。しかも、このような意味による分節は、かならずしも文法学的構造をもっている必要はない。精神的意味に依拠する「人格論」は「精神的生の根本法則としての動機づけ」（IV, 211ff.）を解明するが、精神的意味は「目的－手段」「理由－帰結」

という実践的動機づけの連関を形成しており、たとえば「石炭」は「部屋を暖めるためのもの」という「利用価値」をもっている（IV, 187f.）。このように、精神的意味は、周囲世界において実践的な意味の連関を形成している。

さらにフライブルク倫理学においては、「生の価値」に焦点があてられていた。生の価値というのは、『イデーンI』のノエマのように認識論的文脈ではなく、あくまでも価値として実践的文脈において機能する。しかし、『イデーンII』の精神的意味（世界の価値）とも異なって、周囲世界を分節するものではなく、自己の生の様式にとって意味をもち、自己を分節する働きをもっている。このような生の価値を新たな意味概念として定式化することができるだろう。生の価値をめぐる分析はたんなる価値判断の方向性にかかわるものではなく、人格の実践的な自己形成の文脈において機能するものであった。フッサールが直接に分析しているわけではないが、生の価値は、生のさまざまな場面を分節することになる。精神的意味の場合には、言語意味が言語身体を、理念としての音楽が音としての音楽を分節するように（IV, 241）、生の価値は生の具体的な形態を規則づけている。すでに論じられたように、生の価値は人格の行為を規制することができる。自分が何者であるかにかかわる価値が、自己の振る舞いの様式をそのときどきに分節するのである。ノエマが論理学的カテゴリーによって対象性を分節・規定するのに対して、生の価値は倫理学的カテゴリーによって自己を分節し、規則づけることになる。自分とは何者であるかという評価に基づいて、自己は分節されており、身体的な行為の次元において具体化されている。「寛大さ」という自己についての理解は、些細なことで怒りを露にすることを抑制し、そのような抑制された振る舞いを習慣化・身体化することになるであろう。フッサールは一九二〇年代の講義において、カントの定言命法（kategolialischer Imperetiv）のなかに、自然にかかわる論理学的カテゴリーではなく、精神にかかわる特有のカテゴリーを見いだしている。定言命法は「新たなカテゴリー」を通じて「善悪を告げる」ことで、人間を創造するのである（XXXVII, 222）。倫理学は、世界を認知するためのカテゴリーではなく、自己を創造するためのカテゴリーを探究するのであって、「生の価値」はそうした探究の土台となる意味概念であろう。(5)

二　「強い評価」の倫理学

「生の価値」の射程を理解するために、現代哲学において大きな影響力をもっているチャールズ・テイラーの「弱い評価（weak evaluation）」と「強い評価（strong evaluation）」の区別を引き合いにだしてみたい（TPP/1, 16-44）。フッサールにおける「生の価値」は、テイラーの「強い評価」と重なる面がおおい。(6) 弱い評価というのは、たとえば「休暇を南国で過ごすか、それとも北国で過ごすのか」が検討される場面に、強い評価というのは、戦場の兵士によって「敵前逃亡するか、勇敢に戦うか」が検討される場面に該当する。テイラーはこれらの評価を区別する基準を二つあげている(7)（TPP/1, 18-19）。1　弱い評価においては、何かがよいと判断されるためには、それが欲求されているだけで十分である。しかし、強い評価においては、よいと判断されるには欲求されているだけでは十分でない。敵前逃亡というのは南国での休暇とは異なり、欲求されていながらも否定的評価をうけることがある。2　弱い評価においては、一方の選択肢が、もう一方の選択肢との事実上の競合（contingent incompatibility）のために避けなければならない。休暇を南国で過ごすと同時に北国で過ごせないのは、たんに事実上の競合であり、アポステリオリなものである。強い評価において、臆病であることと勇敢であることとが競合するのは、両立不可能性であって、概念的でアプリオリなものである。

強い評価においては、それぞれの選択肢が、勇敢・臆病、高貴・卑俗などの対照的な言語によって特徴づけられる。

強い評価を行う者は、対照的な評価言語を用いることで、比較対照する考察に巻き込まれるようになる。そのため、弱い評価をする者の経験は、「AはBよりも魅力的である」というだけで分節されずに終わるのに対して、強い評価をする者は「対照的に性格づける言語をもっている」ために、どちらの選択肢がどのような意味でよいかを詳しく分節化できる。

強い評価言語を獲得するというのは、自分の好みを（これまでよりも）分節化するようになることである（TPP/1, 25）。

このような言語による文節と関連して、強い評価には、評価者の「生き方」が深く関与することになる。すなわち、弱い評価者がそのつどの状況での欲求をめぐる判断に終始しているのに対して、強い評価者というのは、われわれが「どのような人間になるのか」という生の質・生き方にまで立ち入った深い分節化を行う。強い評価は、たんなる要求を比較考量するのではなく、そうした欲求と結びついている「生のタイプ・主体のタイプ」にも目をむける。

われわれが何者であるかを反省することによって、われわれは行為者としてのわれわれの実存の中心に連れてこられる。強い評価は、好みを分節するための条件であるばかりか、生き方の質を、われわれがいかなる人間であり、いかなる人間になりたいかを分節化するための条件でもある。この意味において、それはより深い（TPP/1, 29）。

臆病・勇敢であるべきかどうかを検討する場面においては、たんなる欲求が検討されるだけではなく、主体の生き方にかかわる「深い考察」がなされている。テイラーは「強い評価」の分析を通じて、欲求の評価が主体（評価者・行為者）の生き方（さらにはアイデンティティ）の問題につながることを示している。[8] フッサールの考察のなかに、「弱い評価」と「強い評価」の区別に対応するものがはっきり見いだされるわけではない。しかし、生の価値に関する考察においては、われわれがいかなる人間になりたいかをめぐる問題が浮上している。そして、人格の生き方にかかわる価値が際立つような場面が描きだされている。

三　「厚い概念」の倫理学

「生の価値」に比重をおくフッサールの考察は、価値判断の普遍性を志向しない倫理学という点において、現代の「厚い概念」「厚い語り」を重視する倫理学・社会哲学と共通性をもっているように思われる。「厚い（thick）概念」の具体例となるのは、「勇敢」「卑怯」「残忍」などであり、「正義」などの「薄い（thin）概念」に対置される。[9] B・ウィリアムズは、「厚い概念」がローカルなものであり、評価者の関心に依存して使用されることを指摘している。[10] 厚い概念はいわば限定された客観性をもっており、適用されるさいには世界（特定の社会的世界）によって制約されるし、実践性をもつ評価語として行為の理由を与えることにもなる。つまり、それは「世界によって導かれる」と同時に「行為を導く」ような概念である（ELP, 140-141; 151）。そのうえでウィリアムズは、「近代社会においては、より伝統的な社会と比べると、厚い倫理的概念がそれほど用いられていない」（ELP, 163）と述べて、二つの概念を歴史的文脈に置きいれて考察している。「社会が透明であるべきという願望」（ELP,

101）をもつ近代の道徳哲学は、公平な観察者の立場による原則の適用を倫理的思考のモデルにし、厚い概念を薄い概念によって置き換えようとする。さらに注目すべきは、ウィリアムズが可能なかぎり厚い概念を維持しながら倫理学的思考をおしすすめる必要性を強調する点である。

たしかに、厚い倫理的概念は反省によって追放されるかもしれない。しかし、その概念が反省に耐えて生き延びるならば、それを用いる実践はそれを用いない実践よりも安定するのであり、倫理的判断の真理についての一般的構造的な反省にさいしてもより安定するようになる。厚い倫理的概念を用いてなされた判断はそのまま真でありうるし、それに応じて、その概念をもつ人々にとっては、その判断への同意に含まれる要求も尊重されうる（ELP, 200）。

おそらくウィリアムズは、厚い概念が「行為を導く」ことに実践的有効性を、「世界に導かれる」ことに真理の安定性を見いだしている。「正義」のような抽象性の高い概念には、そのような機能は認められない（ELP, 152）。このようにして、偏狭な近代的合理主義が倫理学的思考の可能性を矮小化したことが告発されている。近代道徳哲学のモデルに依存しない包括的な倫理学的思考の可能性を描くのは、かなり困難ではあるが、有意義な課題となるだろう。

狭義での倫理学のみならず政治哲学の分野においても、厚みをめぐる議論がなされている。M・ウォルツァーは「道徳の言語」を、「ミニマルな意味」をもっている「広く薄い語り」と「マキシマルな意味」をもっている「厚い語り」との二種類に分類し、「それぞれ異なるコンテキストにふさわしく、異なる目的に役だつ」としている（TT,

2-6)。広くて薄い語りを目ざすミニマリズムの語りは、「個別の利害関心」を顧慮することも、「個別の文化」のありようを表現することもなく、行為を普遍的に規制する道徳法則だけに言及することになる。そのようにして、主観的な利害関心や文化表現といったローカルな要素が排除された「みんなの道徳」が成立する(TT, 7)。それに対して、「マキシマリズム」の語りは、個別主義的なものとして「特有の言葉づかいに満ち」ており、歴史や伝統などの状況に拘束されている(TT, 21)。ウォルツァーもまた、「厚い道徳」の意義を指摘する論者の一人であり、しかも薄い道徳を機軸にする現代の正義論(ロールズ)が画一化の志向をもつことを批判する。

> 正義は差異の擁護を——人びとの異なる集団のなかで異なる理由から異なる善が分配されるよう——要請する。そしてこの要請こそが、個々の文化や社会の実際の厚みを反映して、正義を厚い、あるいはマキシマリストの道徳観念にするのである(TT, 33)。

こうして厚い道徳は、差異の政治学を形成する鍵概念として「分配的正義」の議論と結びついて、政治哲学的な文脈において機能することになる。

こうした論者の見解を踏まえるならば、ゲッティンゲン時代からフライブルク時代へのフッサール現象学の発展は、「薄い概念」への限定を脱却し、「厚い概念」を用いる倫理学を確立するプロセスと理解できるだろう。(11) ウィリアムズの企てを念頭におくならば、このプロセスのなかでブレンターノから受け継いだ近代道徳哲学のモデルが克服されると解釈できるかもしれない。ゲッティンゲン時代には、生き方にかかわる問題に取り組むことは、世界観の相対主義に加担することになるとして、厳密な学問的考察から排除されていた。そのときに念頭にあった合理性というのは、薄い道徳によるミニマリズムだったことになる。当事者の生き方にかかわる問いは、最終的にはローカルな回答を排除できない。そうした問いを許容する枠組みは、フライブルク時代になって獲得されたものである。このように、フッサール倫理学は、もともと客観的法則に依拠した道徳的命法としての「客観的命法」や可能な理性主観としての「公平な観察者」などの根本概念によって確立されていた。それらは、言うまでもなく、カントやA・スミスなどの近代の道徳哲学の基盤になる概念であり、それらを現象学的分析の水準で捉えなおしていた。しかし、そのような倫理学は、生き方の探究において限界に直面したために、志向性や意味などの根本概念が修正された。そうして「生の価値」「自己創造」などに根ざした現象学的倫理学が形成されている。その倫理学は、たしかに「自律」や「自己責任」などの用語に彩られているため、近代哲学の遺産を素朴に継承しているようにも見える。しかし、その内実は、道徳的価値の客観性や主体の自己統制能力などが機能しない場面で考察されるものであって、現代倫理学において有効性をもちうるものになっている。しかも、明証による生の革新を実践的合理性の核心部分に位置づけたことは、フッサール現象学に特有の視座からなされており、きわめてユニークなものである。フッサールは実践理性の問いに正面から取り組み、「革新」の合理性を定式化している。フッサール現象学における生き方の探究は、理性論として展開されるものであり、自己形成における革新という実践理性の機能を明るみにだすことで、相対主義や懐疑主義に陥ることを回避している。

厳密学は〔……〕人間の生や人間の生成のあらゆる可能な形式と規範を〔……〕探究する（XXVII, 55）。

厳密学としての現象学的哲学は、理性論という枠組みにおいて、生き方の問いをみずからのうちにかかえている。哲学と生き方の問いは、このようにして結びついている。

註

（1）Bernet 1988; Sinigaglia 1998; Melle 1998.

（2）村上 2001.

（3）「精神的世界の構成」という発想は、人格的態度が『イデーンⅠ』やゲッティンゲン倫理学の「実践理性」と重なることを意味する。しかし、この態度はあらゆる理論に先立つ自然的態度であり、理論的態度（自然主義的態度）を従えてもいて（IV, 180; 183）、この点で「意味」「志向性」「理性」などを理論的地平の外部で機能させる可能性をもつように思われる。

（4）担い手から意味への「傾向」としての「記号的志向（signitive Intention）」を対象の主題的思念としての「表意的志向（signifikative Intention）」から区別することが、一九一四年の『論研』の改稿の主要な論点である。しかし、両者の志向は基本的に絡み合っており、前者の志向が充たされると、意味が媒介となって第二の志向が対象へと向けられる（Vgl. XXVI, 22ff.）。

（5）フッサールは生き方の探究のなかで、「生きる意味」のみならず、「世界の意味」を主題化することがある。一九一九年の草稿で、世界が生きるに値するかどうかという「世界の理性性格」を問題にして、「この場合の世界意味とは目的論的な世界意味である」と述べている（Husserl 1919, 7）。

（6）田中は、テイラーの哲学の現象学的側面（とりわけ道徳現象学）を際立たせている（田中 1994）。

（7）これらはともに人間に特有の「二階の欲求」としてとりあげられている。

（8）強い評価がアイデンティティにかかわる点を重視し、「二階の欲求」の一種ではなく「評価的な信念」と見なす解釈がある（Laitinen 2008, 57）。

（9）記述の「厚み」をめぐる議論は、ライル（Ryle 2009）によって取り上げられ、ギアツ（Geertz 1973）によって広く知られている。

（10）ウィリアムズは、「評価的な概念を身につけうるのは、評価的関心を共有している者だけである」というウィトゲンシュタイン的発想に依拠した議論を展開している（ELP, 128）。ウィリアムズのローカルな倫理学については、都築の発表（都築 2009）に負うところが多い。

(11)　スティールはフッサールとロールズを対比しながら、フッサールに「厚い概念」の倫理学を見いだしている（Steele 2010）。

付録　問いの現象学

本書で考察されたフッサール現象学の展開を、とりわけ倫理学としての展開を振り返ってみることにしたい。そのために、フッサールによる「問い（Frage）」という事象への現象学的アプローチを追いながら、問いの側からフッサール現象学のさまざまな位相を浮き彫りにし、その限界や可能性を明らかにする。フッサールは、「問い」のなかに、疑問的に現れるということが構成される「理論的問い」と、答えを欲する「願望の問い」という二重性を見いだしている（XIX/1, 468）。つまり、問いというのは、もともと「理論的意識」と「情緒的意識」との境界を往来するような現象であり、問いを考察する問題設定や方法の変化において、それぞれの側面が際立ってくる。さらには、問いは、フッサールのみならず、同時期の言語哲学、新カント派、ミュンヘン・ゲッティンゲン学派、フッサール以後の現象学などによっても独自の方法において考察されている(1)。問いという事象へのさまざまなアプローチを追うことは、その意味においても、現象学の可能性と限界を明るみにだすことになるだろう。

一　非客観化作用としての問い——『論研』における疑問文の現象学的解釈

『論研』（一九〇〇—〇一年）第一研究「表現と意味」は、論理学的意味の理念性を確保しながら、表現の有意味性を現象学的に探り当てようとしている。通常の言語使用では、語り手による心的体験の「告知（Kundgabe）」と聞き手による「聴取（Kundnahme）」を通じてコミュニケーションが行われ、表現の物的側面（言語身体）の現実存在が伝達に不可欠な媒体となっている。フッサールによれば、この言語身体の現実存在を捨象しても（表象された語音でも）、表現は「孤独な心的生」において有意味に機能しうる。このとき、「意味のなかで対象への関係が構成される。したがって、意味をもつ表現を使用することと、表現しながら対象へと関係すること（対象を表象すること）とは、同じことである」（XIX/1, 59）とされて、言語使用のなかでも「名指し」「述定」などの理論的・記述的使用が考察の中心に据えられる。こうして《脱実践化》された記号としての「表現」に依拠して現象学的に主題化される意識作用が、意味作用（意味付与作用と意味充実作用）であり、志向性のモデルとなるこの作用は「可能な認識」の機能をもつ「客観化作用」と特徴づけられる（XIX/2, 585）。

『論研』の「問いの現象学」は、「表現と意味」という言語論的考察のなかで、「疑問文の意味の担い手はどのような意識作用であるのか」という問題圏を動いている。注目すべきは、「問う」という意識体験が、願望する、評価する、意志する、命令することなどとともに、「非客観化作用」という実践的・情緒的意識のクラスに組み入れられ、理論的認識としての客観化作用に対置されることである。「客観化作用の表現」の意味の担い手は、意味作用としての客観化作用自身のなかに求めることができるが、「非客観化作用の表現」の意味の担い手については、事情はそれほど単純ではない。フッサールはこの問題を、伝統的論理学における二つの立場の抗争を手がかりに検討している[2]（XIX/2, 737ff.）。一方のアリストテレス的立場によれば、「非客観化作用の表現」の意味の担い手はそれぞれの非客観化作用とされ、疑問文では問いが、願望文では願望が意味付与作用として機能する。他方のボルツァーノ的立場によれば、疑問文は客観的対象についての言明ではないが、言明を発する者の欲望についての判断言明とされ、主観についての判断が意味の担い手となる。

フッサールはさしあたり、疑問文を発した者に対して「誠実性」「適切性」をめぐる「主観的非難」を向けうるが、「真理」をめぐる「事象的非難」を向けえないとして、疑問文を判断言明と見なすボルツァーノを批判する（XIX/2, 738）。疑問文、命令文、願望文などは誠実に表現されたものであるかどうかは問えるが、事象に関する言明ではないので、その真偽を問えるものではなく、言明文に限定されない多様な文の機能形式が容認される。(3) とはいえ、意味を対象への関係性と規定するフッサールが、それ自身は対象への関係性を欠く非客観化作用に意味を担わせることはできない。こうして「まさにたんなる願望や意志〔や問い〕の体験ではなく、それらについての内的直観〔……〕が意味にとって肝要である」（XIX/2, 743）とされて、アリストテレス的立場からも距離が置かれる。こうして、疑問文は言明文に還元されない機能をもつが、その意味の担い手は問いの作用ではなく、その作用についての内的直観（ある種の客観化作用）に見いだされる。

ここでも、すでに第二章で指摘した次の二つの点を際立たせる必要がある。第一に、疑問文の意味の担い手は、発話主観の体験に向けられた内的直観であるため、疑問文は、発話する自我主観との関係を含む主観的・偶因的表現であり、問いの表現はおのずから、話し手が聞き手にみずからの心的体験を表明する「告知」とならざるをえない（XIX/1, 84）。第二に、疑問文は主観的体験のたんなる理論的記述ではないため、問いの体験に向かう意味作用（認識）は、その体験を名指し、述定するわけではない(4)（XIX/2, 747）。

フッサールは、非客観化作用の表現を担う意味作用が「実践的には、しかもコミュニケーション的には」きわめて「重要」であることを見てとりながらも、この作用を「新たな類の意味付与作用」として取り上げることはなく、客観化作用としての意味作用の「偶然的な特殊化」と見なし、客観化作用の一元論の枠内において処理しようとする（XIX/2, 748f.）。しかし、《言語の告知機能》と《意味作用の実践的機能》とを示唆する「非客観化作用の表現」の理論は、『論研』が依拠する二重の限定を、つまり「孤独」のなかで「理論的」に認識する主観への還元を、事実上は失効させている。こうした『論研』の綻びは、言語表現の多元性（言明文、疑問文、願望文）と意味作用の一元性（客観化作用）との強引な両立に起因するものであり、やがてフッサールはこの点において修正を余儀なくされる。

二　言語行為としての問い――ダウベルトとライナッハにおける問いの現象学

ミュンヘン・ゲッティンゲン学派に属すJ・ダウベルトとA・ライナッハは、『論研』から多大な影響を受けつつも、客観化作用の一元論というその主知主義から距離をとり、非客観化作用の表現の可能性を最大限に引き継ぐのみならず、「問いの現象学」に対して対話や著作を通じて独自の貢献をなしている。フッサールが「わたしの『論理学研究』を読み、完全に理解した人」と評したダウベルトは、まさに非客観化作用の表現の解明に欠陥を見いだし、一九〇六年のフッサールとの対話においては、非客観化作用の表現がその作用についての反省的直観の表現であるという点を論難し、反省ではなく「内的気づき」が見いだされるという見解を披露したようである(5)。

ダウベルトがこうした背景からフッサールへの批判をも含めた「問い（Frage）」を執筆していたことは注目に値する(6)。

問いに意味を与えるものは〔……〕事実を確認する作用ではありえない。事実を確認する作用は特殊な性質をもつ作用であろう（客観化作用であろう）が、しかし、それは問いの本質と背反してしまう。問うことと事実を確認することとを同時に行うことは背理である（Daubertiana A I 2, 14）。

ダウベルトによれば、言明文において判断作用が意味を与えるのと同じように、疑問文においては問いの作用が意味を与えることになる。判断とは別種の意味付与作用を容認するこの立場は、『論研』での「アリストテレス的見解」に与するものであり、問うということは表現しつつ問うことである。意味作用としての問いは「事象の問い（Sachfrage）」と呼ばれる側面において、まさに事象との関係をもっており、知覚が「事物」に向かい、「判断」がカテゴリー的に形成された「認識態（Erkenntnisverhalt）」という事態に向かうように、「問い」は「問われている事態」（「開け」と呼ばれる未規定性における事態）としての「疑問態（Frageverhalt）」に向かっている（Daubertiana A I 2, 17）。問いは、事象の問いという側面のみならず、「問いかけ（Anfrage）」という側面をもっており、ここに他者とのコミュニケーション関係が主題化されている。疑問文におけるアクセントによる強調は、こうした他者との対話の場面においてさまざまな効力を発揮している。事象の問いと問いかけは互いに独立したものではなく、たとえば、問いかけへの他者からの返答が、ときには事象に対する規定性をもたらすというように、両者は互いに連関し合っている（Daubertiana A I 2, 25）。

ライナッハは、「民法のアプリオリな基礎」（一九一三年）において、問いの「問いかけ」という側面を「社会的行為（sozialer Akt）」という概念で定式化することで、問いの現象学をある種の言語行為論にまで発展させている。第三章で触れたように、社会的行為とは、「自発的（spontan）」であり、さらには「聞き届けられる必要のある（vernehmungsbedürftig）」行為のことである（RSW/1, 158f.）。

問う〔質問する〕ということも社会的行為であり、その行為は〔……〕ふたたび社会的行為を、狭い意味での「答え〔返答〕」を求めている（RSW/1, 162）。

こうして、問いは聞き届けられる必要があるのみならず、「答え」というさらなる社会的行為を要求する社会的行為と最終的に定式化されている。注目すべきは、社会的行為は「ただ物的なものを通じてのみ把握されうる」というように「社会的行為の告知機能」に言及されることであり（RSW/1, 160）、ここにフッサールの「非客観化作用の表現」の継承（と純化された表現概念の拒絶）を読み取ることができる。

ライナッハの問いの現象学は、社会的行為という表現の次元に限定されるわけではなく、社会的行為に先立ち、その前提となる意識の層にも眼が向けられている。「民法のアプリオリな基礎」においても、社会的行為としての問いは、「確信」ではなく「不確信」の状態を前提にしていると指摘され、確信を抱いているにもかかわらず問うことは「見せかけの問い」と特徴づけられているが（RSW/1, 162）、こうした意識層の分析は、「熟慮、その倫理的、法的意味」（一九一二／一三年）でより詳しく展開されている。問いの行為が成立するためには、そこに至る途上として、不確実性の状態を解消すべく自我が「熟慮（Überlegung）」を行い、態度決定へと至るプロセスが介在している。ライナッハはこうした「熟慮」のプロセスの諸段階に「目的論的統一」を与える「姿勢」に着目し、それを「問いの姿勢（Fragehaltung）」と呼んでいる（RSW/1, 281）。

問いの姿勢は根本現象である。したがって、問いの現象学はそこから出発しなければならないであろう(7)(RSW/1, 282)。

「表現的に問うこと」としての「言葉の衣をまとった問いの行為〔問いの社会的行為〕」は、問いの姿勢から生じ、その姿勢に「表現を授けて」いる(RSW/1, 282)。問いの姿勢は、不確実性の状態を抜けだして態度決定へと至ろうとする「内在的傾向」をもっており、主観はこうした姿勢においていわば「開かれて」おり、「答えを聴く準備ができている」とされる(RSW/1, 283)。こうした解明は、やがてフッサールによって展開される「問いの形式論」の成果と重なり合うことになる。

三　信念の様相としての問い――『イデーンI』における表現論と志向的分析

疑問文の意味をめぐる問題は、ダウベルトによる批判を経てからどのような展開を見せるのだろうか。フッサールは『論研』の初版を回顧して、「疑問文と願望文の現象学的解釈の問題に対するわたしの立場は、本書の初版の公刊後まもなく大幅に変更された」(XIX/2, 536)と述べている。部分的な修正では手に負えないために一九一三年の第二版には反映されなかった決定的な立場変更は、同年の『イデーンI』から読み取ることができる。その新しい現象学の内実を確認したうえで、立場変更の全貌を明らかにしたい。

第一に確認すべきは、願望や意志をも含めたあらゆる作用が「『客観化』作用」とされて、「非客観化作用」の概念が放棄されたことである(III/1, 272)。あらゆる作用は、それ自身において意味を担う「統握」であると同時に、存在へと関与する定立（措定）でもあって、その対象的項として「措定体（Satz）」（意味と定立性格の統一）をもっている。「信念定立」が対象の存在を理論的に措定するのと同様に、「願望定立」や「意志定立」も広義での措定を行い、「願望措定体」や「意志措定体」が形成される（III/1, 260; 305）。「疑問定立」として解明される「問い」は、「推測定立」や「否定定立」と同じく信念定立の様相的ヴァリエーション（設定立性）に組み入れられている（III/1, 257）。

第二に確認すべきは、表現と意味の関係に大きな変化が生じたことである。『イデーンI』における意味概念は、表現の層としての言語的「意味（Bedeutung）」から感性的直観の「意味（Sinn）」へと拡大されており（III/1, 285）、『論研』とは異なって、さしあたりは表現の層を考慮することなく、意味を介した対象への関係という志向性の一般的構造が考察される。このとき、表現の活動の「生産性」は、非表現的意識の志向や充実の活動を「概念的に」取り上げて、「精神的に形成すること」に見いだされる（III/1, 286ff.）。

こうした枠組みのなかで、フッサールはかつての「非客観化作用の表現」の問題をふたたび取り上げて、次のような問題設定を行っている。

表現する意味という媒体は、ロゴスというこの特有の媒体は、信念的なものに特有のものなのだろうか。意味することが意味されるものに適合するさいには、この媒体はあらゆる設定立性それ自身のうちに含まれている信念的なものと合致しているのではないだろうか（III/1, 293）。

ここで問題にされているのは、1表現は理論的にのみ機能するのか、2表現されるものはすでに理論（信念）

的なものを含んでいるのではないか、ということである。1に関しては、この時期には実践的意識が言葉をもたず「沈黙する」とされているし（XXVIII, 63; 64; 68）、『イデーンI』で頻出する「表現的―論理学的」という語法も示すように、表現と論理学的なものとは重なっている。2に関しても、表現が基礎にある願望定立や疑問定立の性格を変えないからこそ願望文や疑問文が形成されるのではあるが（III/1, 287）、「心情体験に〔……〕内在する信念的形式こそが〔……〕純粋に信念定立的な体験としての表現が心情体験に適合することを可能にする」と示唆されており（III/1, 293）、表現される層はもともと潜在的に論理学的なものを含んでいて、それゆえに「論理学的‐表現的に思念される存在」（III/1, 272）となることができる。

すべての作用、もしくはすべての作用相関項は、それ自身のうちに〔……〕「論理学的なもの」を含みもっている。それはつねに論理学的に明示化されることができる（III/1, 271）。

ここではたしかに、ダウベルトの考えたように、問いの作用が意味を担い、事象への関係性をもつことが認められている。しかし、フッサールにしてみれば、このことは非客観化作用が意味を担うというよりも、非客観化作用が客観化作用へと回収されたことになる。(8) それゆえ、疑問文は「命題の一般性」をもつ「疑問措定体」を論理学的に表現しており、潜在的には判断言明と見なされるのであり、その実践的機能を見いだすことは難しい。この立場は、疑問文を体験についての判断とするボルツァーノの立場に近いが、疑問文が主観的判断ではなく事象に関する言明であるとする点で、ボルツァーノよりも客観性への志向の強い主知主義に帰着している。このような「述定的判断の普遍性」に依拠する「論理学的理性の全支配」（III/1, 272; XXVIII, 57; 59; 61）のテーゼが導入された背景には、現象学はたんなる記述心理学ではなく、理性論であらねばならないという発想がある。『イデーンI』の限界は、志向を充実することで現実性を証示するという理性概念（理論的にのみ機能する理性）の狭隘さに求められるべきであろう。その後のフッサールの思索は、志向性や理性概念の練り直しに向けられており、問いの現象学もその場面で展開されることになる。(9)

四　判断の実践性格としての問い――「意志の現象学」から『経験と判断』へ

『イデーンI』において、「問いの現象学」の焦点は、表現と意味の言語論的考察から広義の意味作用としての志向的体験の分析へとしだいに推移していた。そこでは「問い」は信念定立の様相とされただけであるが、続く「意志の現象学」（一九一四年）講義では、ライナッハの「問いの姿勢」の解明を彷彿させる「問いの形式論」（XXVIII, 116）が展開されていて、『イデーンI』から一九二〇年代の立場への架橋の役割を果たしている。

ここでは問いの一般的構造として二つの点が指摘される（XXVIII, 115-123）。第一に、問いは「疑い」や「推測」に「基づけられて」いなければならず、疑いや推測ではなく確信が基礎にある問い（フッサールの例によれば「教師が生徒に立てたり、試験官が受験者に立てたりする問い」）は、「見せかけの問い」である。第二に、疑いが生じただけではまだ問いは成立せず、たんなる「疑い」が「問い」になるためには、問いに特有の「答えを目論むこと」「答えへの志向」が必要とされる。こうした指摘において問いが占める位置の新しさに注目すべきであろう（ただしこれは『イデーンI』に対する新しさであって、ライナッハに対する新しさではない）。この場面では、「疑い」から始まって、「問う志向」が生じ、「答え」によって「充実」される一連のプロセス全体が視野に収められ、問いが志向と充実からなる理性の目的論的プロセスに関与することが示されている。さらには、「存在の問い」「信念の問い」に類似した「実践的問い」「意志の問い」が考察されており、問いは理論的認識のプロセスに参与するのみならず、「実践的熟慮」のプロセスを形成することが示唆される。こうした「問いの形式論」は『イデーンⅠ』からの前進を示しているが、問いそれ自身は「願望」や「期待」ではなく（XXVIII, 118）、問いから実践的・情緒的ニュアンスは剥ぎ取られたままである。(10)

「問いの形式論」を受け継いで、新たな「問いの現象学」を展開しているのが、『経験と判断』に収められている一九二〇年前後の判断論であり、問いは知覚経験に基づく判断の成立の場面で解明されている（EU, 371-380; Vgl. auch XI, 58-64）。知覚経験において経験の斉一性が破れて、信念の抗争や動揺が生じたとき、認識主観としての自我はそうした抗争のなかで受動的に生じる「様相化された確信」に動機づけられる。(11) 認識する主観は抗争や分裂などの不確実性の状態を抜けだすために、「判断決断」に向かおうと「努力」するが、このときに「自我の能動的な振る舞いとしての問い」が生じることになる。こうした「問い」においては、動揺する信念に依拠して「カテゴリー的対象性」としての「問い」が構成されるのであり、問いは「答え」としての判断を予料して形成されるため、「判断」と同じスタイルをもっている。「問い」とは判断としての答えによる充実を求める「志向」であり、「答え」とは問いが判断決断によって「充実」されたものである。ここでは次の点を確認すべきであろう。

問うことは、判断や認識の領分に不可分に属し、〔……〕認識する理性やその形成体についての学問としての論理学に必然的にともに入り込んでいるけれども、〔……〕問うことそれ自身は判断様相性ではない（EU, 373)。

「判断様相性ではない」ということが積極的に意味しているのは、問いの「志向」が判断決断への「願望」や「意志」という性格をもち、「答え」による「充実」がその願望の「満足（Befriedigung）」という性格をもつということである（EU, 373f.）。ここでは、二〇年代の志向性理論の成果が反映され、問いのパトス性が指摘されるようになっている。こうして、それまでの問いの現象学を一新する見解が表明される。

問うことは判断へとかかわる実践的な振る舞いである（EU, 373）。

ここではまず、判断における「志向」と「充実」の連関（現象学的に定式化された理性）が、『論研』や『イデーンI』とは異なって、「問い」と「答え」から不可分の営みとされている。さらに、問いと答えが実践的・パトス的領域に属しているゆえに、判断する理性の志向・充実という目的論的プロセスそのものが「意志」「努力」「願望」「満足」という新たなニュアンスを獲得している。

あらゆる理性は同時に実践理性であり、論理学的理性もまたそうなのである（EU, 373）。

「問いの現象学」は、『論研』で《脱実践化》を通じて「客観化作用」と定式化された志向性に、実践的パトス的契機を復権させて、志向性をいわば《再実践化》していることになる。このことは、『論研』で意味の理念性を擁護するために取り除かれた実践的・情緒的要素（たとえば明証の感情説）を取り戻し、志向性やその理性的機能を心理学化するわけではなく、むしろ、理性そのものがまとっている実践的・パトス的性格をはじめて浮き

彫りにしている。(12)

五　現象学的還元としての問い

問いの現象学は『論研』における「疑問文」の現象学的解釈の次元から始まり、『イデーンI』や「意志の現象学」を経由して、『経験と判断』での「判断論」の次元へと帰着した。しかし、フッサールの分析は、さらに別の次元(問いの哲学的・倫理的次元)を指し示している。(13) 現象学の営みそのものが、とりわけ現象学的還元が、ある種の問いと見なされており、これによって、フッサールの問いの現象学はみずからの営みへと遡及的に関係づけられることになる。しかも、ハイデガー、メルロ＝ポンティ、レヴィナスらの問いの現象学も、この次元に呼応している。

フッサールは、判断の決定や確実性に向かう「たんなる問い」「端的な問い」とたんなる判断確実性に向かうわけではない「正当化の問い」とを区別している(EU, 377)。たんなる問いというのは、認識の未規定性や不確実性を抜けだすために、いわば判断の欠損部分を補完する問いであり、その目標は判断の規定性や確実性である。

問い——願望志向は、決断に向かう。すなわち、それは不確実性〔……〕を前提にする。答えは、〈願望志向の〉充実であり、確実性(あるいは蓋然性)を満足とともに打ち立てることである(VIII, 329)。

これに対して、「正当化の問い」は「特殊な問い」であり、判断の「確実性」や対象の「自体性」を目ざすのではなく、「正当性」を目ざしている（VIII, 329）。すでに「絶対的な確実性」が獲得されているとしても、それにもかかわらずその確実性の「正当性」や「根拠」に向けて発することができる。[14]

この問いは、事象への関心というよりも事象についての判断の正当性への関心に貫かれており、いわば「規範化」を目論んで判断の正当性を吟味するような「批判」の営みである（Vgl.auch, XXXVII, 259-282）。とりわけ重要なのは、正当性の問いが判断や確信を「差し控え（sich enthalten）」、「問いに付す（in Frage stellen）」ことであろう（EU, 378）。フッサールは現象学的還元を念頭に置きながら「自然的に根拠づけられた権利の自明性のなかで以前に所有していたものすべてが、問いに付される」（VII, 270）と述べているが、このことは「問い」が「現象学的還元」の特徴づけに寄与することを示している。存在者の総体としての世界についての判断が完全な確実性を備えている場合、そこには端的な問いが生じる余地はもはやない。にもかかわらず、そのような判断がなおも正当であるかどうかを問うことができる。このような正当化の問いは、世界信念の確実性をあえて「問いに付す」ものであり、現象学的還元によって実現される。

問いの現象学は、このように「現象学的還元の現象学」として展開されうるのであり、ここでは現象学みずからの問いの営みが再帰的に主題化され、現象学が「正当化」や「批判」の営みであることが明らかになる。みずからの問うことを問うというこの次元は、ハイデガー、メルロ＝ポンティが問いについて語っていることに対応する。ハイデガーの『存在と時間』の「問いの形式的構造」の分析は、「存在の意味への問い」というハイデガー哲学の根本問題についての先行的な見通しであった（SZ, 5ff.）。メルロ＝ポンティは最晩年の『見えるものと見えないもの』において、哲学的な問いかけ（interrogation）を、問うこと自身を問うような「二乗された問い」[15]と定式化していた。そこではまさに「問いかけ」が何らかの欠損を埋めるものではなく、問う者自身が問われるような営みであることが指摘されている。

さらには、現象学的還元が普遍的な存在措定としての自然的態度の一般定立を「差し控え」、「正当性」や「規範」を求めて、すでに獲得された自明性を「問いに付す」ような営みであるならば、現象学を営んでいる哲学的生とは、存在の彼方としての「善のイデア」「正しさ」への方向性に貫かれた「善き生」ということになる（XXVII, 33; 35; XXXV, 45; 304; 390）。とりわけ二〇年代以降、フッサールは哲学者の「自律」や「自己責任」について公式に語るようになるが、こうした哲学する生の倫理的次元への言及は、「正当化の問い」の志向的分析に現象学的根拠をもっていると言える。フッサールの「問い」が哲学的理性の倫理的性格を示しているかぎりにおいて、それはレヴィナスの「審問（mise en question）[16]」へと通じる可能性を秘めている。とはいえ、フッサールの「問いに付す」ことは、自我がみずからの信念を自分で吟味することを意味しており、そこでは他者が積極的な役割を果たすことはない。この点において、問いを他者による審問と特徴づけるレヴィナスと際立った対照をなしている。

註

（1）サリーチェは、ブレンターノやマイノンクなどの論者を取り上げて、問いの現象学を展開している（サリーチェ 2010）。

（2）Benoist 2002; Künne 2003.

（3）非客観化作用の表現の解明の場面ではなく、志向的体験の本質契機としての作用質料（内容）と作用性格の区別に言及されるさいには、「同じ内容があるときはたんなる表象の内容であり、別のときは判断の内容であり、さらに別の場合には問いや疑念や願望などの内容でありうる」（XIX/1, 426）と、判断と問いが同じ内容をもつことが示唆される。これはフレーゲが「思想」（一九一八年）において「文疑問」と「主張文」が共通の内容（思想）をもつとした立場に通じている（Frege 2003）。「内容」と「性格」の概念は『イデーンⅠ』の「意味」と「定立性格」の概念へと引き継がれ、対象を構成する意識の本質契機として取りだされている。

（4）先の引用で「名指し」と言われるように、この点でのフッサールの立場は揺らいでいる。

（5）Smid 1985.

（6）「問い」は『哲学および現象学研究年報（Jahrbuch）』に掲載予定であったが、ダウベルトの完璧主義が災いして今日まで公刊されず、Daubertiana A I 2 として Bayerische Staatsbibliothek に所蔵されている。この文献の複写と引用を許可してくださった Reinhold Smid 博士と、複写の手続きに尽力くださった Nachlassreferat の Jutta Wagner 氏に謝意を記す。なお「問い」の内容は以下の文献で紹介されている。Schuhmann/B. Smith 1987; Schuhmann 2004b.

（7）これがダウベルトへの批判となる可能性がある（Schuhmann 1987）。

（8）ダウベルトの批判が有効に機能するには、『論研』や『イデーンⅠ』とは別の意味作用が提示されなければならない。

（9）「非客観化作用の表現」の理論は、すべての表現を論理学的言明とする「述定的判断の普遍性」が終着点ではない。『イデーンⅡ』の「精神的世界の構成」においては、「表現」のなかに『論研』での「指標」を通じた「告知」が取り込まれたうえで、精神的世界の対象一般が表現と意味との統一と見なされ、価値や用途や目的手段の連関が「精神的意味」と特徴づけられる（村上 2001）。二〇年代の講義では「命令や願望文は決して理論的命題（判断）ではない」とされ、さらには「理論的命題」が「実践的に転換される」ことで「実践的機能」を受け取り、「指示や実践的教示という性格をまとう」とされる（XXXVII, 21）。『FTL』（一九二九年）では、表現の意味を形成する作用が「思考」（ロゴス）と呼ばれたうえで、「判断することであろうが、願望や意欲や問いや推測することであろうが、思考すると言われる」とされ、問いが「端的で本来的な問う言明」を形成する「意味作用」の役割を果たすことが認められる（XVII, 27f.）。ここでは『論研』での「言語の多元性」と「意味作用の一元性」との両立とも、『イデーンⅠ』での双方の一元性とも異なって、「われわれは、言語と思考の合致の普遍性を確保する」という形で、言語と意味作用の双方の多元性が容認されている。こうした立場へと移行するまでには、理論的なものに還元されない志向性の機能が探り当てられる必要がある。

（10）ここでは「他の人格に向けられた問いかけ」のなかに「願望」が認められるが、これは純粋な問いに願望が重なった「複合的現象」と理解されている（XXVIII, 118）。

（11）『受動的総合の分析』では、対立・抗争する可能性としての「疑問的可能性」「誘引する可能性」（XI, 43）に言及されるが、これは受動性としての「疑い」や「問い」の相関項であり、『イデーンI』の信念様相性の解明が知覚の受動性の場面に受け継がれている。ヴァルデンフェルスはこの次元における問いの可能性に言及している（Waldenfels 1994, 40ff.）。

（12）こうした帰結は、新カント派（ヴィンデルバント、初期のリッケルト）による「判断（承認・拒絶）」の「価値評価」への解消とは異なっている。フッサールは、理論と実践を二分したうえで前者を後者に解消したのではなく、理論の実践性格を指摘している。

（13）この三つの次元の区別については以下から示唆を得た（Boudier 1983）。

（14）正当化の問いは、確信を前提にしてもよいという点で、問いの本質に反する可能性があり、確信をあえて問うことのできる特異な問いである。フッサールやミュンヘン学派からの影響下で、R・インガルデンは「問い」の本質を、内容や存在に関する規定性としての「知られていないもの」や「欠損」に見いだしている（Ingarden 1925, 130ff.）。この立場を一貫するならば、正当化の問いは容認されないだろう。

（15）Merleau-Ponty 1964, 158. メルロ＝ポンティにおける「問い」をめぐる問題の詳細については以下を参照（井原 2003）。

（16）「理論的なものの様相性として問いを解釈することも審問される」、「審問とは〔……〕思考が世界内に場所を占めているというその実証性について、思考自身が不安を覚え、目覚めるということを意味する」（Lévinas 1997, 174; 185）。レヴィナスがジャンヌ・ドゥロムの「問いの現象学」を受け継いでいることが以下で指摘されている（関根 2000）。フッサールの「明証」とレヴィナスの「目覚め」との関連を指摘しつつ、理性の倫理的次元を考察した論考として以下のものがある（田口 2005）。

あとがき

本書は、二〇〇七年二月に慶應義塾大学文学研究科に受理され、審査を経て二〇〇八年一月に学位を取得した博士論文「認識と倫理——フッサール研究」がもとになっている。提出してから五年ちかくの歳月が経過しており、そのあいだに国内外の研究事情も大きく変化した。フッサール倫理学に関する研究が進み、博士論文を執筆した当時には公刊されていない研究もかなりの数にのぼっている。本書の出版にあたっては、そうした文献をできるかぎり参照したが、注でごく簡単に触れるにとどまったものもある。

筆者がフッサール倫理学に関する研究にはじめて取り組んだのは、第三回フッサール研究会における発表「哲学の始まりと終わり——フッサールにおける理論と実践」（大学セミナーハウス、二〇〇四年三月）においてである。現象学的還元の動機（哲学者が哲学を始める理由）をめぐる考察が倫理学の問題と関連することを指摘したもので、本書の主題の萌芽にもなっている。それ以来、フッサールを中心とする現象学派の倫理学に関連する研究に取り組んでおり、それらが本書（や博士論文）のなかに組み込まれている。それぞれの対応箇所を示すことは差し控えるが、初出を一覧しておきたい。

「志向性と創造——フッサールの意志の現象学」（『倫理学年報』第五四集、日本倫理学会、六七—八二頁、二〇〇五年三月）

「哲学の始まりと終わり――現象学的還元の動機をめぐって」(『フッサール研究』第三号、科学研究費補助金(平成一六年度科学研究費補助金(基盤研究B)新資料・新研究に基づく、フッサール現象学国際的研究の新しい地平の開拓)研究成果報告書(課題番号 14310003)、一七九―一八八頁、二〇〇五年三月)

「フッサール現象学の倫理的転換――『ロゴス』論文から『改造』論文へ」(『可能性としての実存思想 実存思想論集 第XX号』、実存思想協会、一三三―一五〇頁、二〇〇六年一月)

「問いの現象学――フッサール、ダウベルト、ライナッハをめぐって」(『現象学年報』第二二号、日本現象学会、八五―九四頁、二〇〇六年一一月)

「感情のロゴス・理性のパトス――フッサールの倫理学史とフッサール倫理学の可能性」(『フッサール研究』第四・五号、(平成一八年度科学研究費補助金(基盤研究B)「いのち・からだ・こころ」をめぐる現代的問題への応用現象学からの貢献の試み(課題番号 1832003)資料集)、一六〇―一六九頁、二〇〇七年三月)

「志向性と自己創造――フッサールの定言命法論」(『倫理学年報』第五六集、日本倫理学会、一二五―一四一頁、二〇〇七年三月)

「フッサールにおける生の浄福――感情の現象学のために」(『哲学』第五八号、日本哲学会、二六八―二七九頁、二〇〇七年四月)

「フッサールはどこまでアリストテレス主義者か――ヘイナマー教授の講演に寄せて」(『現象学年報』第二四号、日本現象学会、一一三―一一八頁、二〇〇八年一一月)

「何が善いのか――フォン・ヒルデブラントにおける善さの担い手の問題」(『フッサール研究 特集「フッサールと初期現象学」』第七号、フッサール研究会、一五―一三三頁、二〇〇九年三月)

「生き方について哲学はどのように語るのか　現象学的還元の「動機問題」を再訪する」（『現代思想　総特集フッサール　現象学の深化と拡大』第三七巻・第一六号、青土社、五一―五六頁、二〇〇九年一二月）

また、これらの研究論文とは別に、『現代思想　総特集フッサール　現象学の深化と拡大』には、本書の研究テーマと関連の深い翻訳（フッサール「評価と行為の現象学　形式的および実質的な価値論と実践論」）と解題が掲載されている（ともに八重樫徹との共同作業）。

博士論文を書き上げ、本書を出版するにあたっては、多くの方たちのお世話になっている。まずは、博士論文の主査であるのみならず、学部からの指導教官でもある斎藤慶典先生（慶應義塾大学）のお名前をあげさせていただく。つねに泰然と見守ってくださった先生のもとでなければ、博士論文を書き上げることも、研究者になることもできなかった。自分が大学で学生を抱えてからいっそう、先生の教育のかけがえのなさを実感している。谷徹先生（立命館大学）、故・中川純男先生（慶應義塾大学）には、博士論文の副査として拙い論文を丁寧に読んでいただき、貴重なコメントをいただいた。谷先生は、京都において合評会の機会を設けてくださった。公開審査の折には、村上靖彦氏（大阪大学）、稲垣諭氏（東洋大学）にも論評していただいた。そうした方々からの厳しい質問や意見はその後の研究の原動力でありつづけている。

学会や研究会においてお世話になった皆様にも感謝申し上げたい。学生時代から、榊原哲也先生（東京大学）、浜渦辰二先生（大阪大学）、三村尚彦先生（関西大学）、山口一郎先生（東洋大学）、和田渡先生（阪南大学）からご指導いただいている。榊原先生の大学院の授業では、フッサールのテキストに真摯に取り組む姿勢を教えていただいた。田口茂氏（山形大学）と武内大氏（東洋大学）は、尊敬する研究者として、哲学上の議論からはもちろん、何気ない会話からも重要な示唆をいただくことがおおい。田口氏には『現代思想』の翻訳・解題にあたって全面的なアドバイスをいただいた。大学院の先輩である荒畑靖宏氏（成城大学）には、指導教官の授業後の長時間の勉強会において哲学書の読解力を鍛えていただいた。

学会のワークショップやシンポジウムの場がきっかけとなって、現象学的倫理学をめぐって、村田憲郎氏（東海大学）、横地徳広氏（弘前大学）、木村正人氏（高千穂大学）、池田喬氏（東京大学）と議論できたことも、貴重な財産になっている。今回の出版にあたっては、植村玄輝氏（日本学術振興会特別研究員SPD・立正大学）、八重樫徹氏（日本学術振興会特別研究員PD・大阪大学）に原稿を読んでもらい、コメントをいただいた。すべてに対応できたわけではないが、本書に少しでも緊張感があるとしたら、彼ら若手研究者の厳しい視線のおかげである。

こうしてみると、お名前をあげることができなかった方々をふくめて、研究者のコミュニティがなければ、本書が成立することはなかった。哲学・倫理学をめぐる学術的対話が当たり前のようにできる環境にいたことは、筆者にとって大きな財産であった。高知という地方都市の大学に赴任してから、ハビトゥスを共有するコミュニティの価値を意識するようになった。現在の研究活動の意義を理解し、尊重してくださる学内外の方々にも、心より感謝申し上げたい。

知泉書館の小山光夫氏は、人文学の学術研究書の出版が困難な時代にあって、本書の出版を快諾してくださった。心よりお礼申し上げたい。最後に、これまで筆者を全面的に支えてくれた父と母に、本書を捧げることをおゆるしいただきたい。

二〇一一年九月

高知にて

吉川　孝

（付記）本書は、科学研究費助成事業・基盤研究（C）「現象学的倫理学としてのミュンヘン・ゲッティンゲン学派の研究」の研究成果の一部である。このほかにも、博士論文の執筆期間をふくめ、いくつかの科学研究費（代表者として、特別研究員奨励費「現象学における自然と精神の問題」、若手研究（B）「ミュンヘン・ゲッティンゲン学派の実践哲学に関する研究」、分担者として、基盤研究（B）「多極化する現象学の新世代組織形成と連動した「間文化現象学」の研究」、基盤研究（C）「共同行為の責任と倫理に関する学際的研究」）による研究成果が本書に反映されている。

吉川　孝（よしかわ・たかし）

1974 年生。慶應義塾大学文学研究科後期博士課程修了。博士（哲学）。日本学術振興会特別研究員（PD），成城大学非常勤講師を経て，現在，高知県立大学文化学部准教授。

〔主要業績〕「志向性と自己創造―フッサールの定言命法論」（『倫理学年報』第 56 集，日本倫理学会，2007 年），『ヨーロッパ現代哲学への招待』（共著，梓出版，2009 年），翻訳：フッサール「行為と評価の現象学」（『現代思想　総特集フッサール』青土社，2009 年，共訳）。

〔フッサールの倫理学〕　ISBN978-4-86285-118-5

2011 年 11 月 5 日　第 1 刷印刷
2011 年 11 月 10 日　第 1 刷発行

著　者　吉　川　　孝
発行者　小　山　光　夫
製　版　ジ　ャ　ッ　ト

発行所　〒113-0033 東京都文京区本郷1-13-2　電話03（3814）6161 振替00120-6-117170　http://www.chisen.co.jp　株式会社 知 泉 書 館

Printed in Japan　印刷・製本／藤原印刷

人　名　索　引

ア　行

アウグスティヌス（Augstinus）　74
アリストテレス（Aristoteles）　14, 16, 20, 26, 36, 59, 162, 242–45, 260
アンリ（Henry, Michel）　12, 16, 125, 138–42, 207–09, 224
伊集院礼子　37
井原健一郎　257
インガルデン（Ingarden, Roman）　78, 257
ヴァルデンフェルス（Waldenfels, Bernhard）　17, 257
ヴァンデヴェルデ（Vandevelde, Pol）　17
ヴィトゲンシュタイン（Wittgenstein, Ludwig）　238
ウィリアムズ（Williams, Bernard）　12, 16, 234–36, 238
ヴィンデルバント（Windelband, Wilhelm）　172, 182, 257
植村玄輝　57, 78, 262
ウェルトン（Welton, Donn）　120, 182
ウォルツァー（Walzer, Michael）　12, 16, 235–36
エラン（Hering, Jean）　78
遠藤孝　19
エンブリー（Embree, Lester）　17, 59, 123
オイケン（Eucken, Rudolf）　72
大橋良介　181
小倉志祥　19
オヨス・バスケス（Hoyos Vasquez, Guillermo）
オルト（Orth, Ernst Wolfgang）　20

カ　行

ガイガー（Geiger, Moritz）　77, 78, 203
門脇俊介　123, 163, 223
カウフマン（Kaufmann, Fritz）　78
ガダマー（Gadamer, Hans-Georg）　18, 19
カッシーラー（Cassirer, Ernst）　204
カドワーズ（Cudworth, Ralph）　56
ガブサー（Gubser, Michael）　20
ガリンガー（Gallinger, Augst）　77
カント（Kant, Immanuel）　12, 14, 16, 20, 24, 72, 81–84, 91, 94, 117, 118, 121, 149, 162, 163, 166–69, 171–73, 181, 182, 185, 198–202, 204, 212, 214, 231, 237, 241, 257
ギアツ（Geertz, Crifford）　238
キルケゴール（Kierkegaard, Søren Aabye）　204
キュネ（Künne, Wolfgang）　255
クスター（Kuster, Friederike）　17
工藤和男　20
グマイネール＝プランツェル（Gmainer-Pranzl, Franz）　20
クラーク（Clake, Samuel）　56
クロウェル（Crowell, Steven Galt）　20, 123, 124, 224
ケイギル（Caygill, Howard）　20
ケルン（Kern, Iso）　17, 39, 204, 223
コベト（Cobet, Thomas）　20
コイレ（Koyré, Alexandre）　78
後藤弘志（Goto, Hiroshi）　16, 18–20
コンラート（Conrad, Theodor）　77, 78
コンラート＝マルティウス（Conrad-Martius, Hedwig）　78

サ　行

榊原哲也　17, 78, 162, 261

ザハヴィ（Zahavi, Dan） 17
サリーチェ（Salice, Alessandro） 255
ジリオッティ（Gigliotti, Gianna） 17
島田喜行 20
シャップ（Schapp, Wilhelm） 78
シャフツベリー（Earl of Shaftesbury） 56
シュタイン（Stein, Edith） 61, 78, 162, 238
シュティルナー（Stirner, Max） 83
シュトンプフ（Stumpf, Carl） 27, 32, 37
シュパーン（Spahn, Christine） 15, 17, 19, 224
シューマン（Schuhmann, Karl） 38, 39, 102, 103, 161, 256
シェーラー（Scheler, Max） 7, 12, 18, 19, 21, 27, 61, 62, 71–75, 77, 108, 161
シニガリア（Sinigaglia, Corrado） 238
シレス・イ・ボラス（Siles i Borras, Joaquim） 15, 17, 59
スタインボック（Steinbock, Anthony） 20
スティール（Steele, Margaret） 20, 239
スピーゲルバーグ（Spiegelberg, Herbert） 78
スミート（Smid, Reinhold） 256
スミス（Smith, Adam） 122, 124, 193, 237
スミス（Smith, Barry） 17, 50, 256
スミス（Smith, David Woodruff） 17, 59
関根小織 257
ゼップ（Sepp, Hans Rainer） 19, 20
ソクラテス（Socrates） 52

タ　行

ダウベルト（Daubert, Johannes） 77, 78, 244, 245, 247, 249, 256, 260
田口茂 182, 225, 257, 262
武内大 205, 262
田中健夫 19
田中智彦 238
チェンティ（Centi, Beatrice） 17
チョウ（Cho, Kwan-Sung） 19
都築貴博 238
ティーティエン（Tietjen, Hartmut） 182
テイラー（Taylor, Charles） 12, 16, 204, 232, 234, 238
ディルタイ（Dilthey, Wilhelm） 15
デカルト（Descartes, Runé） 7, 18, 86, 126, 127, 129, 130, 137, 172, 180–82, 190, 191, 197, 223
デリダ（Derrida, Jacques） 44, 57
ドゥロム（Delomme, Jeanne） 257
ドノホー（Donohoe, Janet） 15, 19, 225
ドラモンド（Drummond, John J.） 14, 15, 17–20, 214, 224
トリンチャ（Trincia, Francesco Saverio） 161
トワルドフスキ（Twardowski, Kazimierz） 36, 39

ナ　行

中村雅樹 123
中山純一 20
ニーチェ（Nietzsche, Friedrich Wilhelm） 83
ニーノン（Nenon, Thomas） 19, 162, 225

ハ　行

ハート（Hart, James G.） 14, 17, 19, 20, 181, 204, 225
ハイデガー（Heidegger, Martin） 12, 16, 98, 103, 125–27, 129, 130, 138, 161–63, 203, 207–09, 213, 223, 253, 254
バックリー（Buckley, R. Philip） 224
パスカル（Pascal, Blaise） 74
ハチソン（Hutcheson, Francis） 56
浜渦辰二 57, 261
バルガス・バハラノ（Vargas Bejarano, Julio C.） 19, 60, 162
ヒューム（Hume, David） 59, 82, 83
フィッシャー（Fischer, Aloys） 77
フィヒテ（Fichte, Johann Gottrieb） 12,

14, 18, 166–71, 176, 181, 182
フェラレッロ（Ferrarello, Susi） 19
フォン・ヒルデブラント（Von Hildebrand, Dietrich） 12, 61, 78, 161, 210, 224, 260
深谷昭三 19
藤田伊吉 182
プフェンダー（Pfänder, Alexander） 12, 61, 62–64, 67, 77, 78, 102, 151, 161, 162
ブノワ（Benoist, Jocelyn） 58, 255
プラトン（Platon） 182
フランクファート（Frankfurt, Harry G.） 17
フレーゲ（Frege, Gottlob） 255
フレーリヒ（Fröhlich, Günter） 20
プレヒトル（Prechtl, Peter） 20, 204
ブレンターノ（Brentano, Franz） 6, 12, 13, 20–29, 32–38, 56, 58, 59, 72, 73, 77, 99, 104, 110, 111, 116, 117, 123, 127, 146, 171, 172, 182, 195, 217, 236, 255
フンケ（Funke, Gerhard） 20, 59
ヘイナマー（Heinämaa, Sara） 20, 203, 260
ベイヤー（Beyer, Christian） 19
ベル（Bell, Winthrop） 78
ベルネット（Bernet, Rudolf） 17, 58, 161, 223, 238
ヘルト（Held, Klaus） 17
ポイカー（Peucker, Henning） 19, 20, 59
ボディール（Boudier, C. Struyker） 257
ポリ（Poli, Roberto） 19
ブレイナード（Brainard, Marcus） 19, 182
堀栄造 19, 37
ボルツァーノ（Bolzano, Bernhard） 36, 39, 176, 182, 242, 243, 249

マ　行

マールバッハ（Marbach, Eduard） 18, 223
マイノンク（Meinong, Alexius） 253
マイヤー（Mayer, Verena） 17
マカリスター（McAlister, Linda L） 123
マッキー（Mackie, John Leslie） 20
マリガン（Mulligan, Kevin） 20
水谷雅彦 19
村上靖彦 238, 256, 261
メルテンス（Mertens, Karl） 19, 161
メルロ＝ポンティ（Merleau-Ponty, Maurice） 12, 208, 223, 253, 254, 257
メレ（Melle, Ullrich） 13, 14, 19, 20, 36, 58, 60, 103, 161, 162, 205, 238
森村修 19, 20

ヤ　行

八重樫徹 19, 20, 58, 123, 182, 204, 261, 262
山口一郎 15, 19, 261
吉川孝 17, 19, 20, 37, 182, 204, 224

ラ　行

ライティネン（Laitinen, Arto） 238
ライナッハ（Reinach, Adolf） 12, 61, 62, 67, 68, 70, 71, 77, 78, 81, 102, 161, 224, 244–46, 250, 260
ライル（Ryle, Gilbert） 238
ラング（Rang, Bernhard） 38, 39
ラントグレーベ（Landgrebe, Ludwig） 162, 182
リー（Lee, Nam-In） 19, 58, 182, 225
リクール（Ricoeur, Paul） 12, 16, 67, 125, 135–37, 207, 208
リッケルト（Rickert, Heinrich） 172, 173, 182, 257
リップス（Lipps, Hans） 78
リップス（Lipps, Theodor） 62, 77, 161
リノフナー＝クライデル（Rinofner-Kreidl, Sonja） 20, 161, 225
ルフト（Luft, Sebastian） 17, 20, 205
レヴィナス（Lévinas, Emmanuel） 12, 16, 123, 125, 130–34, 142, 161, 207–09, 213, 214, 224, 253, 255, 257
ロイドルト（Loidolt, Sophie） 20

事 項 索 引

ア 行

カ 行

サ　行

タ　行

ナ　行

ハ　行

マ　行

ヤ　行

ラ　行

ワ　行

文献一覧

1．フッサールのテキスト

フッサール全集（Husserliana: Edmund Husserl Gesammelte Werke）

Band I: *Cartesianische Meditationen und Pariser Vorträge*, hrsg. von S. Strasser, 1963.

Band II: *Die Idee der Phänomenologie. Fünf Vorlesungen*, hrsg. von W. Biemel, 1973.

Band III/1: *Ideen zu einer reinen Phänomenologie und phänomenologischen Philosophie. Erstes Buch: Allgemeine Einführung in die reine Phänomenologie*, hrsg. von K. Schuhmann, 1976.

Band IV: *Ideen zu einer reinen Phänomenologie und phänomenologischen Philosophie. Zweites Buch: Phänomenologische Untersuchungen zur Konstitution*, hrsg. von M. Biemel, 1969.

Band V: *Ideen zu einer reinen Phänomenologie und phänomenologischen Philosophie. Drittes Buch: Die Phänomenologie und die Fundamente der Wissenschaften*, hrsg. von M. Biemel,1971.

Band VI: *Die Krisis der europäischen Wissenschaften und die transzendentale Phänomenologie. Eine Einleitung in die phänomenologische Philosophie*, hrsg. von W. Biemel,1969.

Band VII: *Erste Philosophie（1923/24）. Erster Teil: Kritische Ideengeschichte*, hrsg. von R. Boehm, 1956.

Band VIII: *Erste Philosophie（1923/24）. Zweiter Teil: Theorie der phänomenologischen Reduktion*, hrsg. von R. Boehm, 1959.

Band XI: *Analysen zur passiven Synthesis. Aus Vorlesungs- und Forschungsmanuskripten（1918-1926）*, hrsg. von M. Fleischer, 1966.

Band XII: *Philosophie der Arithmetik. Mit ergänzenden Texten（1890-1901）*, hrsg. von L. Eley, 1970.

Band XIII: *Zur Phänomenologie der Intersubjektivität. Texte aus dem Nachlass. Erster Teil: 1905-1920*, hrsg. von I. Kern, 1973.

Band XIV: *Zur Phänomenologie der Intersubjektivität. Texte aus dem Nachlass. Zweiter Teil: 1921-1928*, hrsg. von I. Kern, 1973.

Band XV: *Zur Phänomenologie der Intersubjektivität. Texte aus dem Nachlass. Dritter Teil: 1929-1935*, hrsg. von I. Kern, 1973.

Band XVI: *Ding und Raum. Vorlesungen 1907*, hrsg. von U. Claesges, 1973.

Band XVII: *Formale und transzendentale Logik. Versuch einer Kritik der logischen Vernunft. Mit ergänzenden Texten*, hrsg. von P. Janssen, 1974.

Band XVIII: *Logische Untersuchungen. Erster Band: Prolegomena zur reinen Logik. Text der 1. und 2. Auflage*, hrsg. von E. Holenstein, 1975.

Band XIX/1: *Logische Untersuchungen. Zweiter Band Erster Teil: Untersuchungen zur Phänomenologie und Theorie der Erkenntnis*, hrsg. von U. Panzer, 1984.
Band XIX/2: *Logische Untersuchungen. Zweiter Band Zweiter Teil: Untersuchungen zur Phänomenologie und Theorie der Erkenntnis*, hrsg. von U. Panzer, 1984.
Band XX/1: *Logische Untersuchungen. Ergänzungsband. Erster Teil. Entwürfe zur Umarbeitung der VI. Untersuchung und zur Vorrede für die Neuauflage der Logischen Untersuchungen （Sommer 1913）*, hrsg. von U. Melle, 2002.
Band XX/2: *Logische Untersuchungen. Ergänzungsband. Zweiter Teil. Texte für die Neufassung der VI. Untersuchung: Zur Phänomenologie des Ausdrucks und der Erkenntnis （1893/94 - 1921）*, hrsg. von U. Melle,2005.
Band XXI: *Studien zur Arithmetik und Geometrie. Texte aus dem Nachlass （1886-1901）*, hrsg. von I. Strohmeyer, 1983.
Band XXII: *Aufsätze und Rezensionen （1890-1910）*, hrsg. von B. Rang, 1979.
Band XXIII: *Phäntasie, Bildbewusstsein, Erinnerung. Zur Phänomenologie der anschaulichen Vergegenwärtigungen. Texte aus dem Nachlass （1898-1925）*, hrsg. von E. Marbach, 1980.
Band XXIV: *Einleitung in die Logik und Erkenntnistheorie. Vorlesungen 1906/07*, hrsg. von U. Melle,1984.
Band XXV: *Aufsätze und Vorträge （1911-1921）*, hrsg. von T. Nenon und H. R. Sepp, 1987.
Band XXVI: *Vorlesungen über Bedeutungslehre. Sommersemester 1908*, hrsg. von U. Panzer, 1987.
Band XXVII: *Aufsätze und Vorträge （1922-1937）*, hrsg. von T. Nenon und H. R. Sepp, 1989.
Band XXVIII: *Vorlesungen über Ethik und Wertlehre （1908-1914）*, hrsg. von U. Melle,1988.
Band XXX: *Logik und allgemeine Wissenschaftstheorie. Vorlesungen Wintersemester 1917/18. Mit ergänzenden Texten aus der ersten Fassung von 1910/11*, hrsg. von U. Panzer,1996.
Band XXXIV: *Zur phänomenologischen Reduktion. Texte aus dem Nachlass （1926-1935）*, hrsg. von S. Luft, 2002.
Band XXXV: *Einleitung in die Philosophie. Vorlesungen 1922/23*, hrsg. von B. Goossens, 2002.
Band XXXVII: *Einleitung in die Ethik. Vorlesungen Sommersemester 1920 und 1924*, hrsg. von H. Peucker, 2004.
Band XXXVIII: *Wahrnehmung und Aufmerksamkeit. Texte aus dem Nachlass （1893-1912）*, hrsg. von T. Vongehr und R. Giuliani, 2004.

フッサール全集・資料集（Husserliana: Materialien）

Band I: *Logik. Vorlesung 1896*, hrsg. von E. Schuhmann, 2001.
Band III: *Allgemeine Erkenntnistheorie. Vorlesung 1902/03*, hrsg. von E. Schuhmann, 2001.
Bnad V: *Urteilstheorie. Vorlesung 1905*, hrsg. von E. Schuhmann, 2002

フッサール全集・記録集（Husserliana: Edmund Husserl Dokumente）

Dokumente I: K. Schuhmann, *Husserl-Chronik. Denk-und Lebensweg Edmund Husserls*, 1977.

Dokumente III/3: *Briefwechsel*. Band III: Die Göttinger Schule, hrsg. von K. Schuhmann, Kluwer, 1994.

Dokumente III/5: *Briefwechsel*. Band V: Die Neukantianer, hrsg. von K. Schuhmann, Kluwer, 1994.

上記以外のフッサールのテキスト

Husserl, Edmund（1968）: *Brief an Roman Ingarden*, Martinus Nijhoff, 1968.

――――（EU）: *Erfahrung und Urteil*, hrsg. von L. Landgrebe, PhB 280, Felix Meiner, 1985.

――――（1919）: "Naturwissenschaftliche Psychologie, Geisteswissenschaft und Metaphysik（1919）", T. Nenon/ L. Embree（eds.）*Issues in Husserl's Ideas II*, Kluwer, 1996, 1-7.

――――（WW）: "Wert des Lebens.Wert der Welt. Sittlichkeit（Tugend）und Glückseligkeit <Februar 1923>", *Husserl Studies* 13, 1997, 201-235.

2．参考文献（外国語）

Aristoteles（Metaphysica）: *Metaphysica*.（『形而上学（上・下）』出隆訳，岩波文庫，1961 年）

Benoist, Jocelyn（2002）: "Non-Objectifying Acts", D. Zahavi/ F. Stjernfelt（eds.）*One Hundred Years of Phenomenology*, Phaenomenologica 164, Kluwer, 2002, 41-50.

――――（2008）: "Sur le concept de "remplissement"": *Husserl* , Cerf, 2008, 195-222.（「「充実」概念について」，植村玄輝訳『現代思想 総特集 フッサール 現象学の深化と拡張』Vol.37-16，2009 年，254-274 頁）。

Bernet, Rudolf（1978）: "Endlichkeit und Unendlichkeit in Husserls Phänomenologie der Wahrnehmung", *Tijdschrift voor Filosofie* 40/2, 1978, 251-269.

――――（1988）: "Husserl's Theory of Signs Revisited", R. Sokolowski（ed.）*Edmund Husserl and the Phenomenological Tradition. Essays in Phenomenology*, The Catholic University of America Press, 1988, 1-24.

――――（1994）: "An Intentionality without Subject or Object?", *Man and World* 27, 1994, 231-255.

Bernet, Rudolf/ Kern, Iso/ Marbach, Eduard（1996）: *Edmund Husserl Darstellung seines Denkens*, Felix Meiner, 1996.（『フッサールの思想』千田義光・鈴木琢真・徳永哲郎訳，哲書房，1994 年）

Beyer, Christian（2008）: "Husserl on Understanding Persons", online available（http://www.csmn.uio.no/events/2008/smith_husserl_ii_docs/080830%20Beyer,Christian,%20Husserl%20on%20understanding%20persons.pdf）.

Boudier, C. Struyker（1983）: "Husserl and the Logic of Question", *Analecta Husserliana* XIV, 1983, 387-410.

Brainard, Marcus（2007）: "For a New World: On the Practical Impulse of Husserlian Theory". *Husserl Studies* 23, 2007, 17-31.

Brentano, Franz（USE）: *Vom Ursprung sittlicher Erkenntnis*, PhB 55, Felix Meiner, 1969.（「道

徳的認識の源泉について」,『世界の名著 51　ブレンターノ　フッサール』水地宗明訳,中央公論社，1970 年)。

――――（PES/2）：*Psychologie vom empirischen Standpunkt*. Band 2. Von der Klassifikation der psychischen Phänomene, PhB 193, Felix Meiner, 1971.（「精神現象の分類に就いて」，『世界大思想全集 43』佐藤慶二訳，春秋社，1929 年）。

――――（PES/1）：*Psychologie vom empirischen Standpunkt*. Band 1. PhB 192, Felix Meiner, 1973.

――――（1977）：*Grundlegung und Aufbau der Ethik*, PhB 309, Felix Meiner, 1977.

Buckley, R. Philip（1992）：“Husserl’s Notion of Authentic Community”, *American Catholic Philosophical Quarterly* 66 ,1992, 213-227.

――――（1996）：“Husserl’s Rational "Liebesgemeinschaft"”, *Research in Phenomenology* 26（1）,1996, 116-129.

Caygill, Howard（2005）：“Crisis and Renewal: Husserl’s Kaizo Articles of 1923-24”, G.Banham（ed.）*Husserl and the Logic of Experience*, Palgrave Macmillan, 2005, 184-201.

Centi, Beatrice/ Gigliotti, Gianna（2004）：B.Centi/ G.Gigliotti（eds.）*Fenomenologia della ragion pratica. L'Etica di Edmund Husserl*, Quaderni di Filosofia 2, Bibliopolis, 2004.

Cho, Kwan-Sung（2001）：“Das personale Ich und sein ethisches Leben. Rekonstruktion und Interpretation anhand der Werke und Manuskripte Husserls”, J. K. Cho/ J. S. Hahn（eds.）*Phänomenologie in Korea*, Karl Alber, 2001, 82-128.

Cobet, Thomas（2003）：*Husserl, Kant und die praktische Philosophie. Analyse zur Moralität und Freiheit*, Königshausen und Neumann, 2003.

Crowell, Steven Galt（2002）：“Kantianism and Phenomenology”, J. J. Drummond/ L. Embree（eds.）*Phenomenological Approaches to Moral Philosophy: A Handbook*, Contributions to Phenomenology 47, Kluwer, 2002, 47-67.

――――（2005）：“Phenomenology, Value Theory, and Nihilism”, R. Bernet/ D. Welton/ G. Zavota（eds.）*Edmund Husserl Critical Assessments of Leading Philosophers* V, Routledge, 2005, 99-118.

Daubert, Johannes（Daubertiana A I 2）：Frage, Daubertiana A I 2（Manuskpript）, Bayerische Staatsbibliothek.

Derrida, Jacques（1967）：*La voix et le phénomène*, Presses Universitaires de France, 1967. 3ed. 2003.（『声と現象』林好雄訳，ちくま学芸文庫，2005 年）。

Drummond, John. J.（1995）：“Moral Objectivity: Husserl’s Sentiments of the Understanding”, *Husserl Studies* 12, 1995, 165-183.

――――（2002）：“Aristotelianism and Phenomenology”, J. J. Drummond/ L. Embree（eds.）*Phenomenological Approaches to Moral Philosophy: A Handbook*, Contributions to Phenomenology 47, Kluwer, 2002, 15-45.

――――（2006）：“Respect as a Moral Emotion: A Phenomenological Approach”, *Husserl Studies* 22, 2006, 1-27.

———— (2008) : “Moral Phenomenology and Moral Intentionality”, *Phenomenology and the Cognitive Sciences* 7, 2008, 35–49.

———— (2010) : “Self-Responsibility and Eudaimonia”, C. Ierna, H. Jacobs, F. Mattens (eds.) *Edmund Husserl 150 Years: Philosophy, Phenomenology, Sciences*, Springer, 2010, 411–30.

Drummond, John J./Embree, Lester (2002) : J. J. Drummond/ L. Embree (eds.) *Phenomenological Approaches to Moral Philosophy: A Handbook*, Contributions to Phenomenology 47, Kluwer, 2002.

Donohoe, Janet (2004) : *Husserl on Ethics and Intersubjectivity: From Static to Genetic Phenomenology*, Humanity Books, 2004.

Embree, Lester (1992) : “Some Noetico-Neomatic Analyse of Action and Practical Life”, J. J. Drummond/ L. Embree (eds.) *The Phenomenology of the Noema*, Contributions to Phenomenology 10, Kluwer, 1992, 157-210.

———— (2000) :“The Phenomenological Derivation of Oughts and Schalls from Ises or Why it is Right to Take the Stairs”, O. K. Wiegand et al. (eds.) *Phenomenology of Kant, German Idealism, Hermeneutics and Logic : Philisophical Essays in Honor of Thomas M. Seebohm*, Contributions to Phenomenology 39, Kluwer, 2000, 89-88.

Ferrarello, Susi (2010) : “On the Rationality of Will in James and Husserl,” *European Journal of Pragmatism and American Philosophy* 2-1, 2010,1-12.

Fichte, Johann Gottrieb (FW-V) : *Die Anweisung zum seligen Leben, oder auch die Religionslehre*, Fichtes Werke V, Walter & Co., 1971.

Frankfurt, Harry G. (2004) : *The Reasons of Love*, Princeton University Press, 2004.

Frege, Gottlob (2003) : “Gedanke”, *Logische Untersuchungen*, 5.Auflage, Vandenhoeck & Ruprecht, 2003, 72-91.

Fröhlich, Günter (2011) : Form und Wert. *Die komplentären Begründungen der Ethik bei Imanuel Kant, Max Scheler und Edmund Husserl.* Orbis Phänomenologicus Studien Band 23, Königshausen und Neumann, 2011.

Funke, Gerhard (1983) : “Kant und Husserl. Vom Primat der praktischen Vernunft Teil 2”, *Perspektiven der Philosophie* 9, 1983, 199-215.

Gadamer, Hans-Georg (1987) : “Wertethik und praktische Philosophie”, Gesammelte Werke 4/11, 1987, 203-215.

Geertz, Clifford (1973) : *The Interpretation of Cultures*, Basic Books, 1973. (『文化の解釈学〈1〉』吉田禎吾・中牧弘允・柳川啓一・板橋作美訳, 岩波書店, 1987年)。

Gmainer-Pranzl, Franz (2001) : “Die Lebensform ‘echter Humanitat’ Vernunft und Ethik in Husserls“Kaizo”-Artikern”, H. Sauer/ F. Gmainer-Pranzl (hrsg.) *Leben-Erleben-Begreifen: zur Verbindung von Person und Theologie; Festgabe für Johannes Signer zum 80.Geburstag*, Peter Lang. 2001, 180-199.

Goto, Hiroshi (2004) : *Der Begriff der Person in der Phänomenologie Edmund Husserls. Ein Interpretationsversuch der Phänomenologie als Ethik im Himblick auf den Begriff der*

Habitualität, Königshausen und Neumann, 2004.

Gubser, Michael（2009）：“An Image of a Higher World; Ethical Renewal in Franz Brentano and Edmund Husserl”, *Santalka Filosofia* 17-3. 2009, 39-49.

Hart, James G.（1986）: “A Précis of a Husserlian Philosophical Theology”, S. Laycock/ J. Hart（eds.）*Essays in Phenomenological Theology*, SUNY Press, 1986, 89-168.

———（1990a）：“I, We, and God: Ingredients of Husserl’s Theory of Community”, S. IJsseling（ed.）*Husserl-Ausgabe und Husserl-Forschung*, Phaenomenologica 115, Kluwer, 1990, 125-150.

———（1990b）：“Axiology as the Form of Purity of Heart: A Reading of. Husserliana XXVIII”, *Philosophy Today* 34, 1990, 206-221.

———（1992a）：*The Person and the Common Life: Studies in a Husserlian Social Ethics*, Phaenomenologica 126, Kluwer, 1992.

———（1992b）“Entelechy in Transcendental Phenomenology: A Sketch of the Foundation of Husserlian Metaphysics”, *American Catholic Philosophical Quarterly* 66/2, 1992, 189-212.

———（1992c）：“The Entelechy and Authenticity of Objective Spirit: Reflections on Husserliana XXVII”, *Husserl Studies* 9, 1992, 91-110.

———（1993）：“Phenomenological Time :Its Religious Significance”, *Religion and Time*, E.J.Brill, 1993, 265-296.

———（1994）：“The Study of Religion in Husserl's Writings”, D. Mano/ L. Embree（eds.）*Phenomenology and the Cultural Disciplines*, Contributions to Phenomenology 16, Kluwer, 1994, 265-296.

———（1995）：“Husserl and Fichte: With Special Regard to Husserl’s Lectures on ‘Fichte’s Ideal of Humanity’”, *Husserl Studies* 12, 1995, 135-163.

———（1997）：“The Summum Bonum and Value Wholes: Aspects of a Husserlian Axiology and Theology”, J. G. Hart/ L. Embree（eds.）*Phenomenology of Values and Valuing*, Contributions to Phenomenology 28, Kluwer, 1997, 193-230.

———（2003）“Wisdom, Knowledge, and Reflective Joy: An Exchange Between Aristotle and Husserl”, *The New Yearbook for Phenomenology and Phenomenological Philosophy* 3, 2003, 53-84.

———（2006）：“The Absolute Ought and the Unique Individual”, *Husserl Studies* 22, 2006, 223-240.

Hart, James G./ Embree, Lester（1997）：J. G. Hart/ L. Embree（eds.）*Phenomenology of Values and Valuing*. Contributions to Phenomenology 28, Kluwer, 1997.

Heidegger, Martin（HGA/9）: *Wegmarken*, Gesamtausgabe 9, Vittorio Klostermann, 1976.（『道標』ハイデッガー全集第 9 巻，辻村公一，ハルトムート・ブフナー訳，創文社，1985 年)。

———（HGA/20）: *Prolegomena zur Geschichite des Zeitbegriffs*, Gesamtausgabe 20, Vittorio Klostermann, 1979.（『時間概念の歴史への序説』ハイデッガー全集第 20 巻，常俊宗三郎，嶺秀樹，レオ・デュムペルマン訳，創文社，1988 年)。

———（HGA/31）: *Vom Wesen der menschlichen Freiheit. Einleitung in die Philosophie*, Gesamtausgabe 31, Vittorio Klostermann, 1982.（『人間的自由の本質について』ハイデッガー全集第31巻，齋藤義一，ヴォルフガング・シェラーダー訳，創文社，1987年）。

———（SZ）: *Sein und Zeit*, 19.Aufl. Max Niemeyer, 2006.

———（HGA/17）: *Einführung in die phänomenologische Forschung*, Gesamtausgabe 17, Vittirio Klostermann, 1994.（『現象学的研究への入門』ハイデッガー全集第17巻，加藤精司，アロイス・ハルダー訳，創文社，2001年）。

Held, Klaus（1985）:*Edmund Husserl, Phänomenologische Methode*. Ausgewählte Texte I, Reclam, 1985.（『20世紀の扉を開いた哲学　フッサール現象学入門』浜渦辰二訳，九州大学出版会，2000年）。

———（1986）: *Edmund Husserl, Phänomenologie der Lebenswelt*. Ausgewählte Texte II, Reclam, 1986.（『20世紀の扉を開いた哲学　フッサール現象学入門』浜渦辰二訳，九州大学出版会，2000年）。

———（1989）: "Husserl und die Griechen", E. W. Orth（hrsg.）: *Phänomenologische Forschungen* Band 22, 1989, 137-176.（「フッサールとギリシア人」，小川侃編『現象学の最前線 古代ギリシア哲学・政治・世界と文化』晃洋書房，1994年）。

Henry, Michel（1963）: *L'essencs de la manifestation*, Presses Universitaires de France, 1963.（『現出の本質』北村晋・阿部文彦訳，法政大学出版局，2005年）。

———（PM）: *Phénoménologie matérielle*, Presses Universitaires de France, 1990.（『実質的現象学　時間・方法・他者』中敬夫・野村直正・吉永和加訳，法政大学出版局，2000年）。

Hoyos Vasquez, Guillermo（1976）: *Intentionalität als Verantwortung : Geschichtsteleologie und Teleologie der Intentionalität bei Husserl*, Phaenomenologica 67, Martinus Nijhoff, 1976.

Ingarden, Roman（1925）: "Essentiale Fragen. Eine Beitrag zu dem Wesensproblem", *Jahrbuch für Philosophie und phämomenologische Forschung* 7, 1925, 125-304.

Kant, Immanuel（KW-V）: *Kritik der praktischen* Vernunft, Kants Werke Akademie Textausgabe V, Walter de Gruyter, 1968.

———（KW-IV）*Die Grundlegung zur Metaphysik der Sitten*, Kants Werke Akademie Textausgabe IV, Walter de Gruyter, 1968.

Kern, Iso（1964）: *Husserl und Kant. Eine Untersuchung über Husserls Verhältnis zu Kant und zum Neukantianismus*, Phaenomenologica 16, Martinus Nijhoff. 1964.

Kierkegaard, Søren Aabye（1843）: *Furcht und Zittern*, Gesammelte Werke ABT4, 2.aufl. Gütersloher Verlagshaus , 1986.（「おそれとおののき」,『世界の大思想31　キルケゴール』桝田啓三郎訳，河出書房新社，1972年）。

Künne, Wolfgang（2003）: "Are Question Proposition?", D. Fisette（ed.）*Husserl's Logical Investigations Reconsidered*, Contributions to Phenomenology 48, Kluwer, 2003, 83-93.

Kuster, Friederike（1996）:*Wege der Verantwortung. Husserls Phänomenologie als Gang durch die Faktizität*, Phaenomenologica 138, Kluwer, 1996.

Laitinen, Arto（2008）: *Strong Evaluation without Moral Sources. On Charlles Taylor's*

Philosophical Anthoropology and Ethics, Walter de Gruyter, 2008.
Landgrebe, Ludwig（1982）: "Das Problem des Anfangs der Philosophie in der Phänomenologie Husserls", *Faktizität und Individuation*, Felix Meiner, 1982, 21-37.
Lee, Nam-In（2000）: "Practical Intentionality and Transcendental Phenomenology as a Practical Philosophy", *Husserl Studies* 17, 2000, 49-63.
――――（2003）: "Phenomenology of Intersubjectivity in Husserl and Levinas", *Husserl Studies in Japan* Vol.1, A Collaboration Supported by the Grant-in-Aid for Scientific Research of JSPS（Japan Society for the Promotion of Science）2003, 155-180.
Lévinas, Emmanuel（TIPH）: *La théorie de l'intuition dans la phénoménologie de Husserl*, Alcan, 1930.（『フッサール現象学の直観理論』桑野耕三，佐藤真理人訳，法政大学出版局，1991 年）。
――――（TI）: *Totalité et infini*, Phaenomenologica 8, Martinus Nijhoff, 1961.（『全体性と無限――外部性についての試論』合田正人訳，国文社，1989 年）。
――――（1974）: *Autrement qu'être ou au-delà de l'essence*, Martinus Nijhoff, 1974.（『存在の彼方へ』合田正人訳，講談社学術文庫，1999 年）。
――――（1997）: *De dieu qui vient à l'idée*, J.Vrin, 1998.（『観念に到来する神について』内田樹訳，国文社，1997 年）。
Loidolt, Sophie（2009）: "Husserl and the Fact of Practical Reason – Phenomenological Claims toward a Philosophical Ethics", *Santalka. Filosofija* 17（3）, 2009, 50-61.
Lipps, Theodor（1905）: *Die ethischen Grundfragen*, Voss, 1905.
Lotz, Christian（2006）: "Action: Phenomenology of Wishing and Willing in Husserl and Heidegger", *Husserl Studies* 22, 2006, 121-135.
Luft, Sebastian（2007）: "From Being to Givenness and Back: Some Remarks on the Meaning of Transcendental Idealism in Kant and Husserl", *International Journal of Philosophical Studies* 15（3）, 2007, 367-394.
Mayer, Verena（2009）: *Edmund Husserl*, Beck C. H., 2009.
McAlister, Linda L.（1982）: *The Development of Franz Brentano's Ethics*, Humanities Press, 1982.
Melle, Ullrich（1984）: "Einleitung des Herausgebers", *Husserliana* Band XXIV, Kluwer, 1984
――――（1988）: "Einleitung des Herausgebers", *Husserliana* Band XXVIII, Kluwer, 1988.
――――（1989）: "Zu Brentanos und Husserls Ethikansatz. Die Analogie zwischen den Vernunftarten", *Brentano Studien* 1, 1989, 109-120.
――――（1990）: "Objektivierende und nicht-objektivierende Akte", S. IJsseling（ed.）*Husserl-Ausgabe und Husserl-Forschung*, Phaenomenologica 115, Kluwer, 1990, 35-45.
――――（1991）: "The Development of Husserl's Ethics", *Etudes phénoménologiques* 13-14, 1991, 115-135.
――――（1992）: "Husserls Phänomenologie des Willens", *Tijdschrift voor filisophie* 54, 1992, 280-305.

――――（1995）：“Selbstverwirklichung und Gemeinschaft in Husserls Ethik, Polithik und Theologie”, *Tijdschrift voor filisophie* 57, 1995. 111-128.

――――（1997）：“Einleitung des Herausgebers”. Edmund Husserl “Wert des Lebens.Wert der Welt. Sittlichkeit（Tugend）und Glückseligkeit <Februar 1923>”, *Husserl Studies* 13, 1997.

――――（1998）：“Signitive und Signifikative Intention”, *Husserl Studies* 15, 1998, 167-181.

――――（2002）：“Edmund Husserl: From Reason to Love”, J. J. Drummond/ L. Embree（eds.）*Phenomenological Approaches to Moral Philosophy: A Handbook*, Contributions to Phenomenology 47, Kluwer, 2002, 229-248.

――――（2004）：“Husserls Personalistische Ethik”, B. Centi/ G. Gigliotti（eds.）*Fenomenologia della ragion pratica, L'Etica di Edmund Husserl*, Bibliopolis, 2004, 327-356.

Merleau-Ponty, Maurice（1945）*Phénoménologie de la perception*, Gallimard, 1945.（『知覚の現象学 1』竹内芳郎，小木貞孝訳，みすず書房，1967 年。『知覚の現象学 2』竹内芳郎，木田元，宮本忠雄訳，みすず書房，1974 年）。

――――（1964）: *Le visible et l'invisible*, Gallimard, 1964.（『見えるものと見えないもの』滝浦静雄・木田元訳，みすず書房，1989 年）。

Mertens, Karl（1998）: “Husserl's Phenomenology of Will in His Reflections on Ethic”, N. Depraz/ D. Zahavi（eds.）*Alterity and Facticity. New Perspectives on Husserl*, Phaenomenologica 148, Kluwer, 1998, 121-138.

Mulligan, Kevin（1998）：“From Appropriate Emotions to Values”, *The Monist*, 1998, 161-188.

――――（2004）：“Husserl on the Logics of Valuing, Values and Norms”, B. Centi/ G. Gigliotti（eds.）*Fenomenologia della ragion pratica, L'Etica di Edmund Husserl*, Bibliopolis, 2004, 177-225.

Nenon, Thomas（1990）：“Willing and Acting in Husserl's Lectures on Ethics and Value Theory”, *Man and World* 24, 1990, 301-309.

――――（2004）“Husserl's Conception of Reason as Authenticity”, *Philosophy Today* 47, 2004, 65-72.

Orth, Ernst Wolfgang（1993）：“Interkultualität und Inter-Intentionalität. Zu Husserls Ethos der Erneuerung in seinen japanischen Kaizo-Artikeln”, *Zeitschrift für philosophische Forschung* 47, 1993, 333-351.

Peucker, Henning（2004）：“Einleitung des Herausgebers” zu *Husserliana* XXXVII, Kluwer, 2004.

――――（2007）：“Husserls Criticism of Kant's Ethics”, *Journal of the History of Philosophy* 45（2）, 2007, 309-319.

――――（2008a）：“Grundlagen der praktischen Intentionalität”, Lebenswelt und Wissenschaft, XXI. Deutscher Kongress für Philosophie, 2008. online available（http://www.dgphil2008.de/fileadmin/download/Sektionsbeitraege/13-2_Peucker.pdf）.

――――（2008b）： “Husserl's Theories of Willing”, *Proceedings of the 38th Annual Meeting of the Husserl Circle in Milwaukee*, 2008, 112-125. online available（http://www.csmn.

uio. no/events/2008/smith_husserl_ii_docs/080901%20Peucker,Henning,%20Husserl's%20 Theories%20of%20Willing.pdf).

Pfänder, Alexander（PW）: *Phänomenologie des Willens. Motive und Motivation*, Johann Ambrosius Barth, 1963, 1-121.

――――（1911）: *Phänomenologie des Willens. Motive und Motivation*, Johann Ambrosius Barth, 1963, 123-156.

――――（1913-16）: “Zur Psychologie der Gesinnungen”, *Jahrbuch für Philosophie und phänomenologische Forschung* Band I, 1913, 325-404; Band III, 1916, 1-125.

Prechtl, Peter（1991）: “Husserls Gedanken zur praktischen Venunft in Auseinandersetzung mit Kant”, *Perspektiven der Philosophie* 17, 1991, 291-314.

Poli, Roberto（2008）: “Person and Value”, *Pensamiento* 64（242）, 2008, 591-602.

Rang, Bernhard（1979）: “Einleitung des Herausgebers” zu *Husserliana* XXII.1979.

Reinach, Adolf（RSW/1）: “Zur Theorie des negativen Urteils（1911）”, *Adolf Reinach Sämtliche Werke* 1, Philosophia, 1989, 95-140.

――――（RSW/1）: “Die aprioroschen Grundlegungen des bürgerlichen Rechtes（1913）”, *Adolf Reinach Sämtliche Werke* 1, Philosophia, 1989, 141-278.（「法の現象学について，民法の先験的基礎」松坂佐一訳，『名古屋大学法政論集』第 143 号，467-567 頁，第 144 号，619-661 頁，1992 年）。

――――（RSW/1）: “Die Überlegung; ihre ethische und rechtliche Bedeutung（1912/13）”, *Adolf Reinach Sämtliche Werke* 1, Philosophia, 1989, 279-312.

――――（RSW/1）: “Die Grundbegriff der Ethik”, *Adolf Reinach Sämtliche Werke* 1, Philosophia, 1989, 335-337.

Ricoeur, Paul（VI）: *Le volontaire et l'involontaire*, Editions Montaigne, 1950.（『意志的なものと非意志的なもの I-III』滝浦静雄・竹内修身・中村文郎訳，紀伊国屋書店，1933 年）。

Rickert, Heinrich（1904）: *Der Gegenstand der Erkenntnis*, 2.Aufl., J.C.B. Mohr, 1904.（『認識の対象』山内得立訳，岩波文庫，1922 年）。

Rinofner-Kreidl, Sonja（2010）: “Husserl’s Critique of Kant’s Categorical Imperative”, P. Vandevelde/ S. Luft（eds.）*Epistemology, Archaeology, Ethics: Current Investigations of Husserl's Corpus*（*Issues in Phenomenology and Hermeneutics*）, Continuum, 2010, 188-210.

Roth, Arois（1960）: *Edmund Husserls ethische Untersuchungen. Dargestellt anhand seiner Vorlesungsmanuskripte*, Phaenomenologica 7, Martinus Nijhoff, 1960.（『エドムント・フッサール倫理学研究―講義草稿に基づく叙述』藤本正久・桑野耕三訳，北樹出版，1982 年）。

Ryle, Gilbert（2009）: “The Thinking of Thoughts: What is ‘Le Penseur’ Doing?” *Collected Papers*. Volume2, Routledge, 2009, 494-510.

Scheler, Max（SGW/2）: *Der Formalismus in der Ethik und die materiale Wertethik*. Gesammelte Werke Band 2, Francke, 1980.（『倫理学における形式主義と実質的価値倫理学（上，中，下）』シェーラー著作集 1-3，吉沢伝三郎訳，新装復刊，白水社，2002 年）。

———（SGW/7）: *Wesen und Formen der Sympathie*, Gesammelte Werke Band 7, Francke, 1973, 7-258.（『同情の本質と諸形式』シェーラー著作集 8 , 青木茂･小林茂訳, 新装復刊, 白水社，2002 年）。

———（SGW/7）: *Die deutsche Philosphie der Gegenwart*, Gesammelte Werke Band 7, Francke, 1973, 259-330.

Schuhmann, Karl（1973）: *Die Dialektik der Phänomenologie 1:Husserl über Pfänder*, Phaenomenologica 56, Martinus Nijhoff, 1973.

———（1987）: "Johannes Dauberts Kritik der Theorie des negativen Urteils von Adolf Reinach", K.Mulligan（ed.）*Speech Act and Sachverhalt Reinach and the Foundations of Realist Phenomenology* Primary Sources in Phenomenology 1, Martinus Nijhoff, 1987, 227-238.

———（1991）: " Probleme der Husserlschen Wertlehre", *Philosophisches Jahrbuch* 98, 1991, 106-13.

———（2004a）: "Husserls Idee der Philosophie", *Husserl Studies* 5, 1988, 235-256. *Selected Paper on Phenomenology*, Kluwer, 2004, 61-78.

———（2004b）: "Die Entwicklung der Sprechakttheorie in der Münchener Phänomenologie", *Phänomenologische Forschungen* 21. *Sprach, Wirklichkeit, Bewusstsein Studien zum Sprachproblem in der Phänommenologie*, Karl Alber, 1988,133-166. *Selected Papers on Phenomenology*, Kluwer, 2004, 79-99.

———（2004c）: "Husserls doppelter Vorstellungsbegriff: Die Texte von 1893", *Brentano Studien* 3, 1990/91,119-136. *Selected Papers on Phenomenology*, Kluwer, 2004, 101-117.

Schuhmann, Karl/ Smith, Barry（1987）: "Question: An Essay in Daubertian Phenomenology", *Philosophy and Phenomenological Research* XLVII, No.3, 1987, 353-384.

Sepp, Hans Rainer（1994）: "Husserl über Erneuerung Ethik und Sozialität", H.M.Gerlach/H.R.Sepp（hrsg.）*Husserl in Halle*：*Spurensuche im Anfang der Phänomenologie*, Peter Lang, 1994, 109-130.

———（1997）: *Praxis und Theoria. Husserls transzendentalphänomenologische Rekonstruktion des Leben*, Karl Alber, 1997.

Siles i Borras, Joaquim（2010）: *The Ethics of Husserl's Phenomenology*, Continuum, 2010.

Sinigaglia, Corrado（1998）: "Zeichen und Bedeutung. Zu einer Umarbeitung der Sechsten Logischen Untersuchung", *Husserl Studies* 14, 1998, 179-217.

Smid, Reinhold（1985）: "An Early Interpretation of Husserl's Phenomenology: Johannes Daubert and the 'Logical Investigations'", *Husserl Studies* 2. 1985, 267-290.

Smith, Adam（1759）:*The Theory of Moral Sentiments*, 1759.（『道徳感情論（上・下)』水田洋訳，岩波文庫，2003 年）。

Smith, Barry（1988）: "Materials Toward a History of Speech Act Theory", A. Eschbach（ed.）*Karl Bühler's Theory of Language*, John Benjamins Publishing Company, 1988, 125-52.

Smith, Barry/ Smith, David Woodruff（1995）: B. Smith/ D. W. Smith（eds.）*The Cambridge*

Companion to Husserl, Cambridge University Press, 1995.

Smith, David Woodruff（2007）: *Husserl*, Routledge, 2007.

Spahn, Christine（1996）: *Phänomenologische Handlungstheorie Edmund Husserls Untersuchungen zur Ethik*, Königshausen und Neumann, 1996.

Spiegerberg, Herbert（1982）: *The Phenomenological Movement : a Historical Introduction*, 3rd rev. and enl. ed. / with the collaboration of Karl Schuhmann, Martinus Nijhoff, 1982.（『現象学運動（上・下）』立松弘孝監訳，世界書院，2000 年）。

Steele, Margaret（2010）: "Husserl and Rawls: Two Attempts to Free Moral Imperatives From their Empirical Origin", P. Vandevelde/ S. Luft（eds.）*Epistemology, Archaeology, Ethics: Current Investigations of Husserl's Corpus*（*Issues in Phenomenology and Hermeneutics*）, Continuum, 2010, 211-223.

Stein, Edith（1925）: "Eine Untersuchung über den Staat", *Jahrbuch für Philosophie und phänomenologische Forschung* 1, 1925, 1-117. Edith Stein Gesamtausgabe Band 7, Herder, 2006.（『国家研究』道躰章弘訳，水声社，1997 年）。

Steinbock, Anthony（1994）: "The Project of Ethical Renewal and Critique: Edmund Husserl's Early Phenomenology of Culture", *Southern Journal of Philosophy* 32（4）, 1994, 449-464

Stumpf, Carl（1873）: *Über den psychologischen Ursprung der Raumvorstellung*, S. Hirzel, 1873.

Taylor, Charles（TPP/1）: "What is Human Agency ? ", *Philosophical Papers 1: Human Agency and Language*, Cambridge University Press, 1985, 16-44.

――――（1989）: *Sources of the Self : The Making of the Modern Identity*, Cambridge University Press, 1989.（『自我の源泉 近代的アイデンティティの形成』下川潔，桜井徹，田中智彦訳，名古屋大学出版会，2010 年）。

Tietjen, Hartmut（1980）: *Fichte und Husserl. Letztbegründung, Subjektivität und praktische Vernunft im transzendentalen Idealismus*, Vittorio Klostermann, 1980.

Trincia, Francesco Saverio（2007）: "The Ethical Imperative in Edmund Husserl", *Husserl Studies* 23, 2007, 169-186.

Vandevelde, Pol/ Luft, Sebastian（2010）: P. Vandevelde/ S. Luft（eds.）Epistemology, Archaeology, Ethics: Current Investigations of Husserl's Corpus（Issues in Phenomenology and Hermeneutics）, Continuum, 2010.

Vargas Bejarano, Julio C.（2006）: *Phänomenologie des Willens. Seine Struktur, sein Ursprung und seine Funktion in Husserls Denken.* New Studies in Phenomenology Band 3, Peter Lang, 2006.

Von Hildebrand, Dietrich（1916）: "Die Idee der sittlichen Handlung", *Jahrbuch für Philosophie und phänomenologischen Forschungen* Band 3, 1916, 126-251.

――――（1922）: "Sittlichkeit und ethische Werterkenntnis. Eine Untersuchung über ethische Strukturprobleme", *Jahrbuch für Philosophie und phänomenologische Forschung* Band 5, 1922, 462-602.

Waldenfels, Bernhard（1994）: *Antwortregister*, Suhrkamp, 1994.

――――（1993）: *Arbeit an den Phänomenen : Ausgewählte Schriften / Edmund Husserl*, Fischer Taschenbuch, 1993.
Welton, Donn（1991）: "Husserl and the Japanese", *Review of Metaphysics* 44, 1991. 575-606.
――――（2003）: "The Systhematicity of Husserl's Transzendental Philosophy: From Static to Genetic Method", *The New Husserl: A Critical Reader*, Indiana University Press, 2003, 255-288.
Williams, Bernard（ELT）: *Ethics and the Limits of Philosophy*, Harvard University Press, 1985.（『生き方について哲学は何が言えるか』森際康友・下川潔訳，産業図書，1993年）。
Windelband, Wilhelm（1884）: "Beiträge zur Lehre vom negativen Urteil", *Straßburger Abhandlungen zur Philosophie*, J.C.B. Mohr, 1884, 165-195.（『否定判断論』枝重清喜訳，岩波書店，1923年）。
Walzer, Michael（TT）: *Thick and Thin: Moral Argument at Home and Abroad* , University of Notre Dame Press, 1994.（『道徳の厚みと広がり――われわれはどこまで他者の声を聴き取ることができるのか』芦川晋・大川正彦訳，風行社，2004年）。
Zahavi, Dan（2003）: *Husserl's Phenomenology* , Stanford University Press, 2003.（『フッサールの現象学』工藤和男・中村拓也訳，晃洋書房，2003年）。

3．参考文献（邦語）

伊集院礼子（2001）:『像と平面構成 I』晃洋書房，2001年。

井原健一郎（2003）:「問いの問い――メルロ＝ポンティの「哲学的問いかけ」について」,『メルロ＝ポンティ研究』第7・8合併号, メルロ＝ポンティ・サークル, 2003年, 17-33頁。

植村玄輝（2007）:「内世界的な出来事としての作用――ブレンターノ、フッサール、ライナッハ」,『現象学年報』第23号，2007年，109-117頁。

――――（2009）:「意味はなぜ現象学の問題になるのか――フッサールの『論理学研究』再訪」,『哲学の探究』第36号，哲学若手研究者フォーラム，2009年，71-84頁。

遠藤孝（1973）:『現象学的価値倫理学――現象学的倫理の価値序列』理想社，1973年。

大橋良介（1997）:「フッサールのフィヒテ解釈」,『フィヒテ研究５』日本フィヒテ協会，晃洋書房，1997年，9-25頁。

小倉志祥（1970）:「フッサールの倫理学」,『哲学雑誌　現象学』第85巻・第757号，哲学会，58-77頁。

門脇俊介（1987）:「現象学における「動機づけ」の概念」,『山形大学紀要（人文科学）』第11巻，第2号，1987年，37-60頁。

――――（2002）:『理由の空間の現象学 表象的志向性批判』創文社，2002年。

――――（2010）:『破壊と構築　ハイデガー哲学の二つの位相』東京大学出版会, 2010年。

工藤和男（2000）:「フッサール倫理学とカント批判」,『文化学年報』第49輯，同志社大学文化学会，2000年，80-96頁。

――――（2009）:「フッサール倫理学の可能性」,『文化学年報』第58輯，同志社大学文

化学会，2009 年，99–118 頁。

後藤弘志（2009a）：「フッサールにおける習性概念の倫理的および方法的意義――シャフツベリーおよびカントとの対決を通して」，『倫理学年報』第 58 集，日本倫理学会，2009 年，189–202 頁。

――――（2009b）：「フッサールにおける快楽主義批判」，『倫理学研究』第 19 号，広島大学倫理学研究会，2009 年，69–82 頁。

――――（2011）：『フッサールの現象学の倫理学的解釈　習性概念を中心に』ナカニシヤ出版，2011 年。

榊原哲也（1992）：「言語行為と現象学――A・ライナッハを手がかりにして」，『論集 10』東京大学文学部哲学研究室，1992 年，87–103 頁。

――――（2008）：「フッサール」，『哲学の歴史 10　危機の時代の哲学　現象学と社会批判』中央公論社，2008 年，101–176 頁。

――――（2009）：『フッサール現象学の生成［方法の成立と展開］』東京大学出版会，2009 年。

サリーチェ，アレッサンドロ（2010）：「問いの現象学」（八重樫徹訳），『論集 29』東京大学大学院人文社会系研究科・文学部哲学研究室，2010 年，40–52 頁。

島田喜行（2009a）：「フッサールの「道徳的自我」」，『倫理学研究』第 39 号，関西倫理学会編，2009 年，113–124 頁。

――――（2009b）：「フッサールのヒューム道徳哲学批判」，『立命館哲学』第 20 集，2009 年，53–71 頁。

――――（2010）：「フッサール倫理思想と超越論的現象学との接続点――『倫理学入門』におけるホッブズ批判を手がかりに」，『フッサール研究』第 8 号，2010 年，40–49 頁。

関根小織（2000）：「ジャンヌ・ドゥロムの問いの現象学」，『フランス哲学・思想研究』第 5 号，2000 年，128–142 頁。

田口茂（2005）：「覚醒する理性――レヴィナスとフッサールにおける認識と「倫理」」，『フランス哲学・思想研究』第 10 号，2005 年，170–182 頁。

――――（2009）：「〈視ること〉の倫理　フッサールにおける「理性」概念の再定義」，『現代思想　総特集フッサール　現象学の深化と拡張』Vol.37-16，青土社，2009 年，36–50 頁。

――――（2010）：『フッサールにおける〈原自我〉の問題　自己の自明な〈近さ〉への問い』法政大学出版局，2010 年。

武内大（2010）：『現象学と形而上学　フッサール・フィンク・ハイデガー』知泉書館，2010 年。

田中健夫（1975）：「現象学的倫理学の可能的方途――フッサールにおける現象学的倫理学の批判的検討」，『倫理學年報』第 24 集，1975 年，79–90 頁。

田中智彦（1994）：「チャールズ・テイラーの人間観――道徳現象学の観点から」，『早稲田政治公法研究』第 46 号，1994 年，109–138 頁。

都築貴博（2009）：「近代道徳哲学と徳倫理学――ウィリアムズの所論を踏まえて」日本倫理学会第 60 回大会，主題別討議「『アリストテレスの徳倫理学』に望みはあるか？」における発表，2009 年 10 月 19 日，南山大学。

中村雅樹（1997）：『ブレンターノの倫理思想』晃洋書房，1997 年。

中山 純一（2009）：「フッサール後期倫理思想における「愛」の問題」，『フッサール研究　特集フッサールと初期現象学』第 7 号（電子ジャーナル），フッサール研究会，2009 年，73–86 頁。

浜渦辰二（1995）：『フッサール間主観性の現象学』創文社，1995 年。

深谷昭三（1991）：『現象学と倫理』晃洋書房，1991 年。

藤田伊吉（1963）：『ボルツァーノの哲学』創文社，1963 年。

ヘイナマー，サラ（2008）：「フッサールの革新の倫理学——個人主義的アプローチ」（飯野由美子訳），『現象学年報』第 24 号，日本現象学会，2008 年，1–12 頁。

堀栄造（1992）：「フッサールの倫理学——1914 年の「倫理学および価値論についての根本問題に関する講義」に基づいて」，『大分工業高等専門学校研究報告』第 28 号，1992 年，133–140 頁。

———（1993）：「フッサールの倫理学の根本概念——分別性の概念」，『大分工業高等専門学校研究報告』第 29 号，1993 年，164–171 頁。

———（2003）：『フッサールの現象学的還元——1890 年代から「イデーンⅠ」まで』晃洋書房，2003 年。

水谷雅彦（1992）：「エートスの現象学と現象学のエートス—フッサール現象学における人間主義と拡大主義」，『現象学と倫理学』日本倫理学論集 27，1992 年，3–21 頁。

村上靖彦（2001）：「非理念的意味と身体性——フッサール『論理学研究』第一研究と『イデーンⅡ』第五十六節をめぐって」，『現象学年報』第 17 号，日本現象学会，2001 年，179–186 頁。

森村修（1990）：「形式的倫理学としての純粋倫理学——フッサール倫理学の一断面」，『倫理学年報』第 40 号，1990 年，165–182 頁。

———（1998）：「フッサールと西田幾多郎の「大正・昭和時代（1912-1945）」——『改造』論文と『日本文化の問題』における「文化」の問題」，『法政大学教養部　紀要』第 104 号，人文科学編，1998 年，39–67 頁。

八重樫徹（2006）：「フッサールの言語行為論——「コミュニケーションの現象学」にむけて」，『論集 25』東京大学大学院人文社会系研究科・文学部哲学研究室，2006 年，271–284 頁。

———（2007a）：「フッサールにおける意志と行為」，『論集 26』東京大学大学院人文社会系研究科・文学部哲学研究室，2007 年，246–259 頁。

———（2007b）：「明示化としての反省と現象学者の良心——フッサール「ロンドン講演」を中心に」，『現象学年報』第 23 号，2007 年，165–173 頁。

———（2009）：「フッサール倫理学における道徳的実在論と懐疑主義批判————フッサールとマッキーを「対決」させつつ」，『論集 28』東京大学大学院人文社会系研究科・文学部哲学研究室，2009 年，64–77 頁。

———（2010）：「フッサールにおける「真の自我」——フライブルク期倫理学の再構成」，『現象学年報』第 26 号，2010 年，135–142 頁。

山口一郎（2008）：『人を生かす倫理——フッサール発生的倫理学の構築』知泉書館，2008 年。

吉川孝（2004）:「心と世界――超越論的問題をめぐって」,『哲学』第111集, 三田哲学会編, 2004年, 31–60頁。

――――（2005）:「志向性と創造――フッサールの意志の現象学」,『倫理学年報』第54集, 日本倫理学会, 2005年, 67–82頁。

――――（2006）:「フッサール現象学の倫理的転換――『ロゴス』論文から『改造』論文へ」,『可能性としての実存思想』実存思想論集ＸＸ, 実存思想協会, 2006年, 133–150頁。

――――（2007a）:「志向性と自己創造――フッサールの定言命法論」,『倫理学年報』第56集, 日本倫理学会, 2007年, 125–141頁。

――――（2007b）:「フッサールにおける生の浄福――感情の現象学のために」,『哲学』第58号, 日本哲学会, 2007年, 268–279頁。

――――（2008）:「フッサールはどこまでアリストテレス主義者か――ヘイナマー教授の講演に寄せて」,『現象学年報』第24号, 日本現象学会, 2008年, 13–18頁。

――――（2009a）:「何が善いのか――フォン・ヒルデブラントにおける善さの担い手の問題」,『フッサール研究　特集フッサールと初期現象学』第7号（電子ジャーナル）, フッサール研究会, 2009年, 15–23頁。

――――（2009b）:「書評・山口一郎著『人を生かす倫理――フッサール発生的倫理学の構築』」,『現象学年報』第25号, 日本現象学会, 201–204頁。

――――（2009c）:「生き方について哲学はどのように語るのか　現象学的還元の「動機問題」を再訪する」,『現代思想　総特集フッサール　現象学の深化と拡大』Vol.37-16, 青土社, 51–56頁。

――――（2011）:「「ケアリング」における自己の問題――労働と職業のはざまで」,『高知女子大学紀要・文化学部編』第60巻, 2011年, 57–69頁。